W0281181

ullstein

Das Buch

Ihr fehlen die Farben, das Licht, die Gerüche Afrikas – China Keitetsis neues Leben in Europa ist nicht leicht. Sie ist allein in einem kalten Land und weiß nicht, wer von ihrer Familie überhaupt noch lebt. Am meisten aber vermisst sie ihre beiden Kinder, die sie in Afrika zurücklassen musste. Erst nachdem ihre schlimmsten seelischen Wunden verheilt sind, findet China die Kraft, sich auf die Suche nach ihnen zu machen. In einer bildhaften und berührenden Sprache schildert China Keitetsi ihr neues Leben zwischen Afrika und Europa, erzählt von der aufreibenden Suche nach Hoffnung und Glück. Ihr erfolgreiches Engagement für andere ehemalige Kindersoldaten macht Mut, die Augen vor den Grausamkeiten dieser Welt nicht zu verschließen.

Die Autoren

China Keitetsi wurde 1976 in einem kleinen Dorf im Westen Ugandas geboren. Mit knapp neun Jahren wurde sie Kindersoldatin. Über zehn Jahre kämpfte und marschierte sie, bis ihr die Flucht nach Europa gelang. 1999 kam sie in Dänemark an und lebt heute in der Nähe von Kopenhagen. Mehrere Monate im Jahr ist sie in der ganzen Welt unterwegs und wirbt um Unterstützung für den von ihr ins Leben gerufenen Verein »Hilfe für ehemalige Kindersoldaten und afrikanische Kriegsopfer e.V.«. Ebenfalls unterstützt wird China Keitetsi von der Organisation missio (www.missio.de), die gemeinsam mit ihr ein Projekt in Ruanda fördert.

Bruni Prasske, Jahrgang 1961, studierte Interkulturelle Pädagogik und engagierte sich für Asylbewerber. Sie arbeitete als wissenschaftliche Assistentin, als Sozialarbeiterin in Flüchtlingsunterkünften und bei Einwanderungsprojekten in den USA. Seit vielen Jahren ist sie eine neugierige Reisende. Sie ist Autorin der Bestseller *Mögen deine Hände niemals schmerzen*, *Amazonaskind* und *Küsse in der Moschee*, deren Thema Menschen in fremden Kulturen sind; außerdem arbeitet sie als Journalistin, u. a. für *Die Zeit*.

China Keitetsi
mit Bruni Prasske

Tränen zwischen Himmel und Erde

Mein Weg zurück ins Leben

Ullstein

Besuchen Sie uns im Internet:
www.ullstein-taschenbuch.de

Umwelthinweis:
Dieses Buch wurde auf chlor- und säurefreiem Papier gedruckt.

Ungekürzte Ausgabe im Ullstein Taschenbuch
1. Auflage Februar 2009
2. Auflage 2009
© Ullstein Buchverlage GmbH, Berlin 2007/Marion von Schröder Verlag
Umschlaggestaltung: HildenDesign, München
(nach einer Vorlage von Eisele Grafik-Design, München)
Titelabbildung: Harald Oppitz/missio und Kazuyoshi Nomachi/Corbis
Satz: LVD GmbH, Berlin
Gesetzt aus der Minion
Druck und Bindearbeiten: CPI – Ebner & Spiegel, Ulm
Printed in Germany
ISBN 978-3-548-37244-0

Inhalt

Prolog: Wer ich war, wer ich bin

Ich war eine Kindersoldatin. Zehn Jahre lang musste ich ein Leben führen, das für die meisten Menschen unvorstellbar ist. Die seelischen und körperlichen Wunden aus dieser Zeit werden mich für immer begleiten. Inzwischen bin ich dreißig Jahre alt und lebe in Frieden. Doch bis dahin war es ein weiter Weg.

Dänemark hat mich gerettet. Das kleine Land im Norden Europas hat mir das Leben geschenkt. Wenn ich an Dänemark denke, dann taucht in meiner Fantasie ein Elternpaar auf, das mich an die Hand nimmt. Es sind Eltern, die für mich da waren, als ich sie am dringendsten brauchte, die mich gut behandelten, die meine Wunden versorgten, mich weinen ließen, meine Tränen trockneten und meine Seele reinigten. Eltern, die mich wie ein Kind haben spielen lassen, auch wenn ich schon dreiundzwanzig Jahre alt war, als ich im Sommer 1999 zu ihnen kam. Dänemark schenkte mir Freunde, Lehrer, Betreuer, Therapeuten, Ärzte, Nachbarn und lächelnde Mitmenschen, die mein Vertrauen in das Menschsein wachsen ließen. Ich bekam Mütter und Väter, wie ich sie als Kind nie erlebt hatte und die eine verdorrte afrikanische Blume hegten, damit sie eines Tages zeigen konnte, welche Blüten in ihr stecken.

Bevor ich nach Europa kam, war mein Lebenslicht fast erloschen. Von meinem geschundenen Körper und meiner verletzten Seele ging nur noch ein schwacher Funken aus. Ein Leben voller Misshandlungen lag hinter mir. Seitdem ich denken konnte, gehörten Schläge zu meinem Leben. Als ich vor der Gewalt meines Elternhauses davonlief, bin ich bei den Kindersoldaten gelandet. Dort wurde ich zum Töten gezwungen.

Hunger, Gewalt, Verletzungen und Tod waren meine ständigen Begleiter. Ich lernte nichts anderes kennen. Die wenigen

Momente des Wohlbefindens waren schnell getrübt. Ich war selber fast noch ein Kind, als ich meinen Sohn gebar, einige Jahre später meine Tochter. Beide Kinder musste ich in Afrika zurücklassen, ohne zu wissen, wo sie waren und wie es ihnen erging. Die Ungewissheit um ihr Schicksal zerrte in gleichem Maße an mir wie meine erlittenen Traumata.

Meiner Heimat Uganda bin ich als Achtzehnjährige entflohen, desertiert von meinem Posten beim Militär. Ich flüchtete nach Südafrika, wo neue Gefahren auf mich lauerten. Der lange Arm meiner Heimat ließ mich auch im Exil nicht zur Ruhe kommen. Man entführte und folterte mich. Schließlich gelang mir erneut die Flucht, und das Schicksal führte mich nach Dänemark.

Aber die Dämonen der Vergangenheit folgten mir auf dem Weg in die Sicherheit meiner neuen Heimat. Es war eine harte und beschwerliche Arbeit, sie abzuschütteln und ihnen die Macht über mein Innerstes zu nehmen. Heute tauchen sie viel seltener auf. Das verdanke ich den liebevollen Menschen, die mich in ein neues Leben geführt haben. Auf diesem Weg wurden mir unzählige Hände gereicht und Herzen geöffnet.

Mein Leben erfuhr eine große Wende, nachdem mein erstes Buch über mein Leben als Kindersoldatin im Jahre 2002 veröffentlicht wurde. Unter dem Titel *Sie nahmen mir die Mutter und gaben mir ein Gewehr* habe ich meine Erlebnisse als Kindersoldatin veröffentlicht. Das Schreiben hat mir bei meiner Heilung geholfen. Ich habe mir die Qualen von der Seele geschrieben. Ich fühlte Erleichterung und Gerechtigkeit. Mein Gesicht verlor ein wenig Traurigkeit. Mein erstes Buch hat meine Feinde aufgeschreckt, hat sie zu den gemeinen Waffen der Bedrohung und Verleumdung greifen lassen, aber ich lasse mich nicht mehr einschüchtern. Meine Heilung hat mich wachsen lassen, und ich – die ehemalige Kindersoldatin aus einem kleinen Dorf in Uganda – war 2002 in der Lage, vor der Versammlung der Vereinten Nationen in ihrem Hauptquartier in New York zu sprechen.

Beinahe ein Jahrzehnt meines Lebens kannte ich nur die Maschinenpistole als treue Begleiterin, und plötzlich wurde ich von Kofi Annan empfangen und zu einem Rednerpult geführt, damit die Mächtigen dieser Welt meine Geschichte hörten. Von diesen Ereignissen und von dem langen Kampf um ein neues und friedlicheres Leben und vor allem von der Suche nach meinen Kindern erzähle ich in meinem neuen Buch – *Tränen zwischen Himmel und Erde.*

Seitdem ich meine Kinder in Afrika zurückgelassen hatte, haben mich die Fragen nach ihrem Schicksal gequält. Als ich endlich genug Kräfte gesammelt hatte, habe ich mich auf die Suche nach meinem Sohn und meiner Tochter begeben. Bangen und Hoffen zerrissen meine Seele, aber ich folgte dem einen großen Ziel: Ich musste sie finden und unter meine Obhut bringen! Es war eine der schwersten Aufgaben meines Lebens und beinahe wäre ich daran gescheitert.

Vor erst wenigen Monaten wurden meine kleine Tochter und ich, bei dem Versuch der Ausreise aus Südafrika, nur durch ein gemeinsames Foto von mir und Nelson Mandela vor weiterem schrecklichem Unheil gerettet.

Auf dem langen Weg zu meinem neuen ICH begegnete mir die Liebe. Ein Mann gab mir das Vertrauen zu Männern zurück. Mein Herz klopfte in einem anderen Rhythmus, meine Gedanken bekamen eine freundlichere Färbung. Durch die Liebe eröffnete sich mir eine Welt, in der ich zur Frau werden konnte und in der ich lachend in den Spiegel schauen kann.

Im letzten Jahr hat mich der deutsche Bundespräsident Horst Köhler eingeladen und nach meiner Meinung gefragt. Er wollte von mir erfahren, welche Schritte ich im Kampf gegen die Rekrutierung von Kindersoldaten in Afrika für sinnvoll halte und wie den Kindern zu helfen sei.

Die ehemalige Ministerpräsidentin von Schleswig-Holstein, Heide Simonis, bot mir ihre Hilfe an und war so herzlich zu mir, dass ich sie gern als meine Mutter gehabt hätte.

Ich reiste in viele Länder und berichtete über die Verbrechen an Kindern, die als Soldaten in den Krieg geschickt werden, deren Seelen auch heute noch geraubt und deren Körper als Kanonenfutter geopfert werden. Vielerorts werde ich heute als »die Stimme der Kindersoldaten« bezeichnet.

Ich habe noch viele Träume! Einer davon ist, ehemaligen Kindersoldaten beim Überleben und Wachsen zur Seite zu stehen, ihnen ein Heim zu schaffen, in dem sie Kinder sein dürfen und zu Erwachsenen reifen können. Ich wünsche mir, dass es ihnen eines Tages so gut gehen kann wie mir. Ich habe es geschafft und konnte meinem Schicksal als Kindersoldatin entfliehen. Aber 250 000 andere Kinder warten noch auf Hilfe.

Bei der Erfüllung dieses Traums helfen mir Menschen in aller Welt. Mein besonderer Dank gilt meinen vielen Unterstützern in Dänemark und Deutschland, die besonders eifrig und engagiert für eine bessere Welt eintreten.

China Keitesi, im Sommer 2007

Mein rotes Fahrrad

Als ich am 21. Juni 1999 in Dänemark ankam, sah ich aus wie ein Junge. Meine Haare waren kurz geschoren und das Leiden hatte meine Wangen ausgehöhlt. Ich trug Männerkleidung und war ungeschminkt. Mein Gesicht war noch nie mit Make-up in Berührung gekommen. Ich war unendlich müde und mein Körper von Wunden übersät, aber mein Herz pochte wild und entschlossen.

Am Flughafen von Kopenhagen wurde ich erwartet. Eine Frau, deren Namen ich nicht verstand, war sehr nett zu mir. Sie lächelte und strich mir sanft über den Arm. Ob ich einen guten Flug hatte, wollte sie wissen, und ob es mir gut gehe. Sie freue sich sehr, dass ich in Kopenhagen angekommen sei. Die Frau schien alles Mögliche über mich zu wissen. Der UNHCR, der Hohe Flüchtlingskommissar der Vereinten Nationen, der für meine Ausreise aus Südafrika nach Dänemark verantwortlich war, hatte ihr vermutlich Informationen über mich gegeben. Ich war dankbar, dass sie mir keine weiteren Fragen stellte, sondern mich liebevoll in Empfang nahm und nach draußen zu einem Auto führte. Ein schöneres Willkommen in einer fremden Welt hatte ich mir nicht vorstellen können. Die Dame erklärte mir, wir würden an den Ort fahren, an dem ich zunächst wohnen würde. Von der langen Reise sei ich sicher müde und möchte mich bestimmt ausruhen. Ich nickte ihr zu.

»Dort ist es, China. Hier hast du vorerst ein Zimmer. Es gibt eine Menge Mitarbeiter, die du jederzeit fragen kannst, wenn du etwas brauchst«, sagte sie, und ich nahm meinen Mut zusammen, um nach ihrem Namen zu fragen.

»Birgitte Knudsen. Das ist sicher ein schwerer Name für dich. Nenn mich einfach Birgitte.«

Wir standen vor einem sehr alten Gebäude aus roten Steinen. Diakonissen-Stift wurde das Haus genannt. Die hohen Mauern, der Efeubewuchs und ein Kirchturm schüchterten mich ein. Bisher hatte ich nur wenige dieser alten Gemäuer gesehen und noch nie eines betreten.

Innen sah es überhaupt nicht mehr beängstigend aus. Vor den großen Fenstern standen Blumen, und das Sonnenlicht beschien die breiten Flure. Alles wirkte friedlich, und die Menschen, denen wir begegneten und mit denen Birgitte sprach, lächelten mich freundlich an. Ich bekam ein eigenes Zimmer, und Birgitte versuchte, mir das Notwendigste zu erklären. Zum Essen ging ich in einen Speisesaal, wo ich an einer langen Tafel saß und wo mir freundliche Gesichter aufmunternd zunickten. An den Wänden hingen Gemälde, auf denen elegante Damen und Herren zu sehen waren. Solche Menschen hatte ich noch nie im Leben gesehen. Sie trugen merkwürdige Kleidung, mit der man sich bestimmt nicht bewegen konnte. Erst später erfuhr ich, dass es sich um die Königsfamilie handelte. Über allem funkelte ein prächtiger Kronleuchter, und selbst die Decke war bemalt. Ich hatte Mühe, zu begreifen, warum ich in diesem Schloss zu Gast sein durfte. Dänemark schien tatsächlich das Paradies aus meiner wirren Fantasie zu sein. Ein Land von Weißen, die mit ihrer zarten und verletzlichen Haut ohne Kummer und Sorgen in Frieden und Wohlstand lebten. In den vier Jahren, die ich nach meiner Flucht aus Uganda in Südafrika gelebt hatte, habe ich häufig gesehen, dass die Weißen für schwere Arbeiten ihre Dienstboten haben und sich selber nur um angenehme Dinge kümmern.

Es war ein Schock, der mir kurzzeitig den Atem nahm und mich in mein Zimmer fliehen ließ, als ich in der Küche einen Dänen sah, der den Boden wischte. Der junge Mann hielt einen schmutzigen Lappen in seinen weißen Händen! Der für mich unglaubliche Anblick zeigte mir, dass ich noch viel zu lernen hatte.

Birgitte begleitete mich bei meinen ersten Schritten in ein neues Leben. Wenn wir durch die Straßen gingen, dann starrte ich die Menschen an. Ich sah Kinder, die an den Händen ihrer Mütter gingen. Sie trugen saubere Kleidung und sahen glücklich aus. An einer Fußgängerampel konnte ich meinen Blick nicht von der kleinen weißen Hand eines Mädchens in der großen weißen Hand ihrer Mutter lassen. Das Bild zog mich magisch an. Wie warm mochte sich die große Hand anfühlen? Wie geborgen die Kinderhand in der Mutterhand?

Das Mädchen sah meinen Blick, lächelte und schaute dann weg, als ich nicht zurücklächelte. Aber ich war unfähig zu lächeln, ich starrte nur und hätte am liebsten mit dem Mädchen getauscht, mich an der Hand ihrer Mutter festgehalten und eine Kindheit gelebt, die ich nie hatte. Wenn die Kinder auf den Straßen glücklich und sorglos aussehen, dann musste Kindheit etwas Wunderbares sein, überlegte ich. Wie hatte Burt Leenschool, mein Helfer beim UNHCR in Südafrika, gesagt? *China, in Dänemark wirst du die Chance haben, deine verpasste Kindheit nachzuholen.* Erst vor wenigen Tagen hatte er mir das letzte Mal gegenübergesessen, und ich konnte mir nicht vorstellen, was er mit seinen Worten gemeint hatte. War das wirklich möglich? Eine Kindheit nachholen, sie aus den Abgründen der Gewalt, der Waffen, des Krieges und der Ungerechtigkeiten hervorholen? Mein Leben als Soldatin vergessen und noch einmal von vorne beginnen? Die Gedanken verwirrten mich. Es war zu viel für mich. Aber seine Worte gingen mir nicht aus dem Kopf.

Schon nach meinem ersten Spaziergang durch Kopenhagen hatte ich das Gefühl, nichts lieber sein zu wollen als ein sorgloses Kind in Dänemark. Dabei fühlte ich mich manchmal sehr alt, und die quälende Frage, wo und wie meine beiden Kinder jetzt lebten, durfte ich mir gar nicht erst stellen. Es hätte mir den Boden unter den Füßen weggezogen und die Nächte zu einer einzigen Tortur werden lassen.

An einem der nächsten Tage holte Birgitte mich wieder ab und wir fuhren in das Büro der Einwanderungsbehörde. Dort musste ich eine Menge Papiere unterzeichnen. Einige davon sollte ich stets bei mir behalten und andere zu Hause aufbewahren. Ich wusste nicht, wohin damit, und steckte sie in meine Hosentaschen. Man gab mir Geld, viel Geld, zumindest sahen die Scheine sehr kostbar aus. Ich verstand die Währung nicht. In den letzten vier Jahren, in denen ich das Leben eines Flüchtlings in Südafrika führen musste, waren nie mehr als ein paar Dollar in meinem Besitz gewesen. Ich hatte von dem existieren müssen, was ich mir durch Gelegenheitsjobs verdienen konnte. Meistens hatte es gerade zum Überleben gereicht. Birgitte fuhr mit mir in ein Einkaufszentrum. Dort war alles sehr schick und unvorstellbar sauber. Nirgends lag Abfall herum und niemand bettelte. Ich solle mir kaufen, was ich fürs Erste brauche, gab sie mir zu verstehen. Sie würde an einer verabredeten Stelle auf mich warten und ich solle mir ruhig Zeit lassen.

Ich entdeckte ein Geschäft für Mobiltelefone. Fasziniert schaute ich mir die enorme Auswahl an und versuchte, die Zahlen auf den Preisschildern mit den Scheinen in meiner Tasche abzugleichen. Zwei Telefone gefielen mir besonders gut. Eines war blau und eines silbern. Ich kaufte beide und war sehr stolz auf meinen neuen Besitz. Sie verschwanden in meinen großen Hosentaschen und Birgitte fuhr mich nach Hause.

Am nächsten Tag hatten wir wieder viel zu erledigen. Birgitte meldete mich bei einer Schule an, wo ich Dänisch lernen sollte. Dann vereinbarte sie Termine mit verschiedenen Ärzten und einem Psychologen. Sie erklärte mir merkwürdige Dinge, wie das Lösen einer Fahrkarte an einem Automaten und die Orientierung anhand eines Stadtplans. Sie meinte, es sei hilfreich für mich, wenn ich mir alles gut merkte. Sie schien genau zu spüren, was ich in meinem damaligen Zustand aufnehmen konnte. Manchmal verstand ich nicht, wovon sie sprach, aber trotzdem versuchte ich, sie freundlich anzuschauen und zustimmend zu nicken. Birgittes Englisch war viel besser als meins. Ich war es nicht gewohnt, mich korrekt auszudrücken, sondern hatte in Südafrika nur ein gebrochenes Englisch gelernt. Immerhin konnten wir uns verständigen.

Als Birgitte meinte, es sei sicher eine gute Idee, ein Mobiltelefon zu kaufen, damit wir uns jederzeit erreichen konnten, klopfte mein Herz und das Blut schoss mir ins Gesicht. Ich traute mich nicht, ihr zu sagen, dass ich bereits zwei Telefone besaß. Am nächsten Tag hatte ich drei Mobiltelefone, ohne dass es jemanden gab, der mich anrief oder den ich damit hätte anrufen können. Es dauerte eine Weile, bis einer der Apparate zum ersten Mal klingelte.

Birgitte war immer für mich da. Sie war die Person an meiner Seite, die Entscheidungen traf, die ich selber nicht treffen konnte. Sie war da, um mir beizustehen, und manchmal hatte ich das Gefühl, dass sie sogar für mich dachte. Sie tat es an meiner Stelle und in meinem Sinne. Sie benutzte Worte, die ich mir merken wollte, weil sie richtig und passend waren, ohne dass ich allein auf die Idee gekommen wäre, sie auszusprechen. Es gab Momente, in denen sie mir sagte, ich sei sicher müde und solle doch ein wenig schlafen. Ich konnte nur dankbar zustimmen, unfähig, es selber gesagt zu haben. Sie gab mir Hilfestellungen und führte mich zu anderen Menschen, die mir ebenfalls halfen. Diese Menschen und dieses Land Dänemark erschienen mir immer häufiger wie eine Familie, wie Eltern und ältere Geschwister, die mich wachsen ließen.

Birgitte versuchte mir zu zeigen, dass ich auch *Nein* sagen könne, wenn ich etwas nicht wolle, aber dafür war es in den ersten Wochen noch zu früh. Meine liebe Helferin würde sicher nicht lockerlassen, bis ich auf meinen eigenen Füßen stehen konnte.

Doch zunächst sollte ich Rad fahren lernen.

»China, du brauchst ein Fahrrad«, sagte sie eines Morgens. »Du solltest mobiler werden. Kannst du Rad fahren?«

Mir waren die vielen Radfahrer bereits aufgefallen und ich war neidisch auf ihre Fahrkünste. Ich hatte noch nie auf einem Fahrrad gesessen und konnte Birgitte vor lauter Aufregung kaum zuhören. Ich sollte ein Fahrrad bekommen! China, das Mädchen aus einem kleinen Dorf in Uganda, das immer nur barfuß im Staub unterwegs gewesen ist. Das Mädchen, das nach dem Aufstehen kilometerweit laufen musste, um Wasser zu holen und die Feuerstelle anzuheizen. Der Rauch hatte in meinen Augen gebrannt, aber ich hatte kräftig pusten müssen, um die Flammen zu entfachen, denn es war meine Aufgabe gewesen, das Wasser zu kochen, bevor mein Vater aufstand. Wenige Jahre später hatten meine dünnen Kinderbeine in übergroßen Soldatenstiefeln aus Gummi gesteckt, was das Laufen auch nicht leichter gemacht hatte. Und nun: ein eigenes Fahrrad!

»Damit kannst du zur Schule fahren«, sagte Birgitte, und ich konnte es kaum abwarten, dass wir ein Fahrrad besorgten.

In einem Einkaufszentrum standen lange Reihen chromblitzender Räder und ich durfte mir eins aussuchen. Birgitte ließ mir die freie Wahl, und ich prüfte die Räder, ohne zu wissen, was ich prüfen sollte. Schließlich entschied ich mich für ein rotes Exemplar.

Ich war so aufgeregt, dass ich es kaum erwarten konnte, bis ich es endlich ausprobieren durfte. Auf dem Nachhauseweg schaute ich mir die Radfahrer genauer an und versuchte, ihre Technik zu begreifen. Manche rasten in hohem Tempo dahin, andere fuhren eher gemächlich, aber selbst kleine Kinder hielten mühelos die Balance.

So schwer konnte es also nicht sein. Vor den Gebäuden des Stifts verlief eine Straße, die zum Parkplatz führte. Hier gab es kaum Verkehr und ich hatte somit ein ideales Übungsgelände.

Schon das Aufsteigen war ein Kunststück. Nach wenigen Versuchen hatte ich blutige Knie, aber das störte mich nicht. Allerdings achtete ich darauf, mir nicht die Zähne auszuschlagen. Das hatte ich selbst in den schlimmsten Gefechten geschafft, also sollte es mir auch hier gelingen. Immer wieder fiel ich hin, aber meinen ersten Übungstag beendete ich erst, als ich vollkommen erschöpft war. Ich hatte noch kein einziges Mal auf dem Sattel gesessen. Aus meinem Fenster im zweiten Stock konnte ich das Fahrrad vor dem Eingang stehen sehen. Es war wunderschön. Das schönste Fahrrad neben all den anderen. Immer wieder lief ich zum Fenster und schaute hinaus. Ich vergaß sogar das Abendessen und schlief erschöpft und zufrieden ein. Aber in meinen Träumen tauchte das Fahrrad auf, ich sah mich üben und schwanken, aber bevor ich auf dem Boden aufschlug, erwachte ich. Als ich meine Augen öffnete, war es hell. Ich schaute auf die Uhr, fast Mitternacht! Was war los? Was war mit der Uhr? Ich lief in den Flur. Niemand war zu sehen. Ich drückte den Fahrstuhlknopf. Beim Haupteingang hing eine Uhr, auf der ich die Zeit verglich. Es war wirklich Nacht. Es war kein einziges Geräusch zu hören. Alle schliefen. Ich war verwirrt. Wie konnte es mitten in der Nacht hell sein? Ich traf niemanden, den ich fragen konnte, warum um diese Uhrzeit das Tageslicht noch nicht erloschen war. Ich traute mich nicht, an eine der vielen Türen zu klopfen. War ich verrückt geworden? Schlief ich womöglich noch und war alles nur ein Traum? Woher kam das Licht? Wieso ging die Sonne nicht unter? War etwas Schlimmes passiert? Ich schaute mich um und fühlte mich plötzlich unendlich fremd.

Ohne mich zu waschen oder zu frühstücken, lief ich am nächsten Tag zu meinem roten Fahrrad. Die Sonne schien inzwischen von der anderen Seite in den Hof hinein als gestern Abend. Zumindest der Lauf der Sonne schien auch in Dänemark nicht anders zu sein als in Afrika. Morgens kam sie von Osten. Ich beruhigte mich damit, dass die dänische Sonne wohl einfach nur viel später schlafen ginge als die afrikanische.

Unermüdlich übte ich im Schatten der hohen Mauern auf dem gepflasterten Weg vor der Kirche. Einmal sah ich, wie die Leiterin des Stifts mich durch das Fenster beobachtete und später lange mit Birgitte sprach. Immer wieder stürzte ich, meine Wunden schmerzten, und ich versuchte, möglichst nicht auf den rechten Arm zu fallen. Er war mir als Kind von meinem Vater gebrochen worden und nie richtig verheilt. Ein Bein hatte ich mir im Krieg so schwer verletzt, dass ich auch darauf achten musste. An die Wundmale auf meinem Rücken versuchte ich nicht einmal zu denken. Auch meine Hände waren vernarbt und erinnerten mich an durchlittene Qualen aus meiner Vergangenheit. Aber ich gab nicht auf. Als ich endlich auf dem Sattel saß, durchströmte mich ein berauschendes Gefühl. Ich hatte es geschafft! Ich saß auf dem Rad, aber im nächsten Moment gehorchte der Lenker mir nicht mehr. Meistens fiel ich auf den Rasen am Wegesrand. Das tat fast gar nicht weh. Einmal war ich so wütend darüber, dass ich nach zwei Tagen immer noch nicht weiter als fünf Schritte fahren konnte, dass ich schweißgebadet und fluchend in mein Zimmer rannte. Bevor ich mich aufs Bett warf, schaute ich noch einmal aus dem Fenster. Ich fand keine Ruhe. Es musste doch zu schaffen sein! Alle konnten Fahrrad fahren, der Hausmeister, die Köchin, der junge Mann, der die Küche sauber machte, selbst die kleinen Kinder auf der Straße. Ich gönnte mir nur eine kleine Pause. Als ich mich einigermaßen beruhigt hatte, war ich schon wieder auf dem Weg nach unten.

Am dritten Tag war es so weit. Weder die Pedalen noch der Lenker, der Sattel oder die Reifen konnten mir einen Streich spielen. Ich beherrschte mein rotes Fahrrad! Es gehorchte mir! China Keitetsi würde nie wieder zu Fuß gehen! Ich konnte es kaum erwarten, Birgitte mein Kunststück vorzuführen.

Als ich den ersten Afrikaner in Kopenhagen sah, rief ich ihm schon von weitem einen Gruß zu und winkte. Er schaute mich irritiert an und ging einfach weiter. Ähnliches passierte mir häufiger, und ich verstand nicht warum. Manche grüßten zurück, aber besonders die afrikanischen Frauen warfen mir misstrauische Blicke zu. Sie schienen erforschen zu wollen, welch merkwürdiges Wesen sie so freudig begrüßte. Irgendwann gestand mir eine Afrikanerin, die ich auf der Straße angesprochen hatte, dass sie mich für einen Jungen gehalten habe. Sie wollte außerdem wissen, warum ich einen kahl geschorenen Schädel habe und weite Männerhosen trüge. Ob ich etwa auf der Straße lebe, wollte sie wissen, und ob ich gesund sei. Ich wusste nicht, was ich ihr antworten sollte. Trotzdem freute ich mich immer riesig, wenn ich Afrikaner sah. Es war so, als trügen sie auch einen Teil von mir auf ihrer Haut. Dort, wo sie herkamen, war es vielleicht so ähnlich wie bei mir. Ein Teil meiner Seele war noch in Afrika. Ihnen ging es vielleicht genauso.

Manchmal schaute ich mir die dänischen Frauen genauer an. Einige der jungen Damen erschienen mir wie Feen, die aus einer Traumwelt entsprungen waren. Ihre zarte und makellose Haut, die langen blonden Haare und die hellen Augen schüchterten mich ein. Ihre Erscheinung war meilenweit von meiner entfernt und in ihrer Nähe kam ich mir hässlich und unbedeutend vor. Wenn Menschen wie zerbrechliches Porzellan aussahen, was mussten sie dann über mich denken? Schnell verscheuchte ich solche Gedanken, denn sie waren eine zusätzliche Tortur für mich. Es war einfacher, mich an den lieben Menschen zu erfreuen, die mir überall begegneten.

Einer von ihnen war Knud Held Hansen. Er tauchte eines Tages im Diakonissen-Stift auf. Ich traf ihn in der Küche und er lächelte mich freundlich an. Wir waren allein im Raum, aber dieser Mann strahlte etwas aus, das mich bleiben ließ. Ich spürte sofort, dass er mir nicht gefährlich werden würde und ich nicht auf der Hut sein müsste. Entgegen meines sonstigen Verhaltens fasste ich sofort ein gewisses Vertrauen zu dem fremden Mann. Es fiel mir schwer, das genaue Alter eines Weißen zu schätzen, aber er schien mein Vater sein zu können. Knud lud mich auf einen Kaffee ein, und ich wollte nicht ablehnen, obwohl ich eigentlich keinen Kaffee mochte. Er erzählte mir von sich und seiner Familie. Dabei strahlte er mich mit unschuldigen Augen an. Er sei verheiratet, habe drei erwachsene Kinder und sei nur für eine kurze Zeit im Stift, erklärte er mir. Seine Heimatstadt sei einige hundert Kilometer entfernt in Jütland.

Später zeigte er mir die Sehenswürdigkeiten von Kopenhagen und ich hätte am liebsten seine Hand genommen und mich von ihm führen lassen. Im Tivoli, dem Vergnügungspark von Kopenhagen, setzte ich mich in eine Schaukel und wollte nicht aufhören, hin- und herzuschwingen. Hansen ließ mich alle Fahrgeschäfte ausprobieren, die ich wollte. Ich war so aufgeregt, dass es überall in mir kribbelte.

Er fragte nach meinem kahlen Kopf und ob meine Haare nachwachsen würden. Ich wusste nicht, was ich sagen sollte. Es gab so viele Geschichten, die ich nie erzählt hatte und an die ich mich nicht erinnern wollte. Wie hätte der freundliche Mann reagiert, wenn ich ihm gesagt hätte, dass ich dreiundzwanzig Jahre alt sei und einen neunjährigen Sohn und eine vierjährige Tochter habe, von denen ich nicht einmal wusste, wo und wie sie lebten?

Ich fand selten eine Gelegenheit, mein Geld auszugeben, und so hütete ich die Kronen-Scheine in meiner Tasche. Es gab nicht viel, was ich brauchte, und keinen Ort, an den ich allein gehen wollte, um etwas zu kaufen. Irgendwann entdeckte ich einen Telefonladen, der Gespräche nach Afrika anbot. Ich überlegte nicht lange und wählte eine der wenigen Nummern in Soweto in Südafrika, die ich mir notiert hatte. Eine unbekannte Männerstimme antwortete, aber der Fremde kannte meinen alten Kumpel Boxer und hatte ihn schon nach kurzer Zeit aufgetrieben.

»Where the hell are you? Wo zum Teufel steckst du?«, schrie er in den Hörer und lachte sein verrauchtes Lachen.

»In Copenhagen. Denmark.«

»What's that? Was ist das denn? Ein Land? Eine Stadt? In Afrika?«

Boxer war einst mein Wegbegleiter gewesen. Ein verwegener Kerl, ein paar Jahre älter als ich und ein ehemaliger Soldat, der genau wie ich desertiert und unserem Heimatland Uganda entflohen war. Ich kannte ihn noch aus Kriegstagen. Damals hatte er den Gang eines jungen Mannes, der immer einen Ausweg findet und dem alles zuzutrauen war. Stets trug er ein langes Messer am Gürtel und hatte zusätzlich immer ein Bajonett dabei. Er nahm das Leben, wie es kam, ohne sich den Kopf über Dinge zu zerbrechen, die er ohnehin nicht ändern konnte. Als ich ihn nach meiner überstürzten Flucht in Kenia traf, war er wie ein

Licht am Ende des Tunnels. Ein Vertrauter in der beängstigenden Fremde, deren Regeln ich nicht verstand. Nairobi mit seinem hektischen Verkehr, dem unvorstellbaren Lärm, den modernen Gebäuden und den vielen Menschen war für mich ebenso undurchdringlich wie der Dschungel. Schon damals war Boxer von Alkohol und Entbehrungen gezeichnet und bei unserer ersten, zufälligen Begegnung so betrunken, dass er kaum stehen konnte.

Ihm habe ich zu verdanken, dass ich es quer durch Afrika geschafft habe. Er hat mich über zahlreiche Grenzen geführt. Mich, die achtzehnjährige Deserteurin, ehemalige Kommandantin, Leibwächterin eines bedeutenden und in Misskredit geratenen Politikers, gefürchtete Kindersoldatin, schwanger, heimatlos, allein und verzweifelt. Ich hatte damals tausend Dollar in der Tasche und keine Ahnung, wie mir diese Summe ein neues Leben ermöglichen sollte.

Boxer sollte jetzt seinen Teil von meinem Geld abbekommen. Ich wusste zu genau, wie hart das Leben in Soweto war, dem Armenviertel bei Johannesburg, und wie wertvoll dort jeder einzelne Geldschein war. Wenig später schickte ich ihm fünfzig Dollar und freute mich über die Vorstellung, wie er die Summe an einem Bankschalter entgegennahm, dabei an mich dachte und das Geld bereitwillig ausgab. In seiner Lage war es ein kleines Vermögen, eine Art Lebenshilfe, ein Weg zum Vergessen, ein Freundschaftsbeweis für die nächsten Tage oder einfach nur ein Dutzend warmer Mahlzeiten und Rauschzustände, die ihn die Welt für eine Weile vergessen lassen würden.

Nach einigen Monaten im Diakonissen-Stift bekam ich mein eigenes Appartement. Birgitte zeigte mir das Mietshaus, führte mich in meine erste eigene Wohnung und übergab mir den Schlüssel.

Was sollte ich von diesem Land halten, das so großzügig zu mir war? Sie gaben mir eine eigene Wohnung! Ich konnte es nicht glauben. Dänemark meinte es wirklich besonders gut mit mir. Sie schickten mich zu Ärzten, die erstaunte Blicke auf meinen geschundenen Körper warfen, mir Fragen stellten und mir Erleichterung verschaffen wollten. Mein Magen war ein großes Problem. Man steckte mir eine Kamera in den Hals und schaute hinein.

»Ihr Magen ist nicht normal«, sagte der Arzt, »ganz und gar nicht normal. Er ist extrem angegriffen. Das hängt mit Ihrem schweren Trauma zusammen. Eine Behandlung wird schwierig.«

Mehrmals in der Woche ging ich zu einem Therapeuten, der sich langsam zu mir vortastete. Ich besuchte eine Schule, lernte die fremde Sprache, und nun bekam ich auch noch eine Wohnung und viele neue Papiere, die ich irgendwo ablegte. So viele Papiere hatte ich in meinem ganzen Leben noch nicht gesehen. Meine Unterschrift war auf unzähligen Dokumenten gelandet. Auf vielen dieser Unterlagen waren Daten vermerkt, Jahreszahlen, Monatsnamen, auf manchen sogar Uhrzeiten. Nie zuvor war ich so oft nach meinem Geburtsdatum gefragt worden. Dort, wo ich herkam, bedeuteten Daten nicht viel. Eine Mutter kann sich an die Geburten ihrer Kinder erinnern, vielleicht auch noch an das Wetter, ob es heiß, trocken oder regnerisch war, ob eine Hebamme an ihrer Seite war oder ihre eigene Mutter, aber das Jahr oder der Monat spielen in der Erinnerung kaum eine Rolle. Birgitte sprach von unbekannten Dingen, wie *Mietvertrag, Heizkosten-, Strom- und Wasserabrechnung,* erklärte mir die technische Ausstattung meiner Wohnung und wohin ich den Müll bringen musste. Und dann zeigte sie mir, wie man mit einem Gasofen kochte. Um es mir zu demonstrieren, kochte sie ein Gericht mit Hähnchen, denn sie wusste bereits, dass Hähnchen meine Lieblingsspeise war. Zum Schluss erklärte sie mir die Backröhre und dass sich darin wunderbar Hähnchen grillen ließen. Ein Traum wurde wahr! Dann richtete Birgitte mir ein Konto ein. Ich war überwältigt. Ein eigenes Bankkonto! Mein Name stand auf einer Karte, die mir Zugang zu Bargeld ermöglichte.

Es war ein besonderer Moment, als mein Kühlschrank geliefert wurde. Einen Augenblick lang hatte ich das Gefühl, dieser Kühlschrank sei alles, was mir in meinem Leben bisher gefehlt hatte. Ein eigener Kühlschrank! Ich stopfte ihn voll mit Hähnchen aus dem Supermarkt. Bei mir gab es nur noch Grillhähnchen.

Ich suchte mir Möbel bei IKEA aus, kaufte mir einen Fernseher und einen CD-Player. Ich war glücklich. Nun verbrachte ich viele Stunden des Tages damit, meine Möbel zu verrücken, Bilder und andere Dinge an den Wänden zu befestigen, im Einkaufszentrum nach weiterer Ausstattung für mein Appartement zu suchen und die vielen Angebote zu studieren, die in Form von Reklameheftchen jeden Tag unter meiner Tür hindurchgeschoben wurden. Ich bekam das Gefühl, diese Dinge kaufen zu müssen, denn sie schienen wichtig zu sein. Schließlich machte sich jemand die Mühe, mich jeden Tag darüber zu informieren, was es in Dänemark zu kaufen gab. Meine Wohnung wurde immer voller. Als ich ein Geschäft für gebrauchte Haushaltsgegenstände ausfindig machte, konnte ich mich überhaupt nicht mehr bremsen. Bald gab es kaum noch Platz in meinen vier Wänden. Birgitte erklärte mir, dass Duftsteine ausschließlich für die Toilette gedacht seien und man sie nicht an die Wohnzimmerwand nagele. Sie zeigte mir auch, dass die große Dose Raumspray, aus der ein herrlich kräftiger Sprühstrahl herausschoss, nicht als Körperdeodorant zu benutzen sei. Einmal war sie ein wenig verärgert und versuchte, mir begreiflich zu machen, dass mein Fußboden nur mit sehr wenig Wasser zu wischen sei, weil das empfindliche Holz sonst leide. Dafür war es leider zu spät, denn ich hatte in meinem Leben noch nie von Fußböden gehört, die kein Wasser vertrugen. Ich hatte es gut gemeint und wollte mein neues Appartement so sauber wie möglich wischen, und dazu gehörte nun einmal eine Menge Wasser.

In meinem neuen Leben gab es feste Zeiten und Termine, aber da diese Dinge zuvor keine Rolle gespielt hatten, bereiteten mir die Regeln erhebliche Probleme. Nun hatte ich sogar einen Stundenplan und musste jeden Tag zur Schule. Es fiel mir schwer, mich auf die neue Sprache einzustellen und mich an meine Mitschüler zu gewöhnen. Sie waren ganz anders als ich, viel älter und kamen überwiegend aus Ländern, von denen ich noch nie etwas gehört hatte. Unsere Dänischkenntnisse waren zu dürftig, um uns richtig unterhalten zu können. Aber manchmal wurde ich im Unterricht doch etwas Persönliches gefragt. Das war meistens eine Qual für mich, denn jede noch so belanglose Frage führte in den Abgrund meiner Vergangenheit. *Woher kommst du? Wo sind deine Eltern? Du hast Kinder? Wirklich? Wie alt sind sie? Warum hast du so jung geheiratet?*

Jede Antwort führte zu weiteren Fragen, bis ich merkte, dass es einfacher war, wenn ich log. Wie sollte ich ihnen erklären, warum ich aussah wie ein männlicher Teenager, aber bereits einen neunjährigen Sohn hatte? Woher eine plausible Antwort dafür nehmen, dass ich kein Foto von meinen Kindern hatte? Nicht selten suchte meine Zunge sich den einfachsten Weg und sprach Halbwahrheiten und Erfundenes aus. Immer wenn ich wirklich sagen wollte, was ich fühlte oder was mit mir geschehen war, dann streikte mein Mund. Er bewegte sich einfach nicht und ich blieb stumm. Ich versuchte, den Fragen auszuweichen und mich auf andere Dinge zu konzentrieren, die für mein neues Leben wichtig waren.

In dieser Zeit war ich sehr aufgeregt und konnte kaum Schritt halten mit den vielen Veränderungen in meinem Leben. Nach der Schule beeilte ich mich, so schnell wie möglich nach Hause zu kommen, ein Bier aus meinem eigenen Kühlschrank zu nehmen und den Fernseher einzuschalten. Es gab so vieles, was ich bisher noch nie gesehen hatte, und in meinem Fernseher gab es das in Hülle und Fülle. Der Apparat zeigte mir eine neue Welt. Ich brauchte nur dazusitzen und mir alles anzuschauen. Niemand stellte mir Fragen, ich musste nicht reden, und ein klein wenig bildete ich mir ein, dass ich ein Teil der Geschichten in meinem Fernsehgerät wurde.

Eines Tages entdeckte ich »Tom and Jerry«. Vom ersten Moment an verliebte ich mich in die beiden. Ich war verrückt nach ihnen und tat alles, um keine Folge zu verpassen. Es war die erste Trickfilmserie meines Lebens. Jerry war mein absoluter Liebling. Egal was die Maus dem Kater Tom auch Böses antat, ich war immer auf ihrer Seite.

Ich verbrachte meine gesamte Freizeit vor dem Fernseher, und als ich entdeckte, dass es eine Videothek in meiner Nähe gab, wo ich Filme ausleihen konnte, bedeutete es den Himmel auf Erden für mich. Ich versank in die Welt der Filme. Irgendwann bekam ich ein schlechtes Gewissen, denn um die Filme in Ruhe anzuschauen, hatte ich mein Telefon abgestellt und mich von allem isoliert. Nun konnte mich niemand mehr erreichen und mir irgendwelche Fragen stellen. Manchmal kam eine Postkarte von Knud Held Hansen und erinnerte mich daran, dass er an mich dachte und dass es sicher noch andere Menschen in Dänemark gab, die auch an mich dachten und denen mein Schicksal nicht gleichgültig war.

Wenn Dänemark wie ein Elternpaar für mich geworden ist, überlegte ich schließlich, dann sollte ich mit meinem neuen Zuhause, meiner neuen Familie und meinem neuen Garten anders umgehen. Ja ich hatte manchmal das Gefühl, in einen dänischen Garten gepflanzt worden zu sein. Ich war ein afrikanischer Baum, der sich an die neue Erde gewöhnen musste und der versuchen sollte, anzuwachsen und Lebenskraft aus diesem fremden Boden zu ziehen. Später würden dann die exotischen Blüten, Blätter und Früchte austreiben. Ja, diesen Gedanken musste ich zulassen! Ich musste mich verwurzeln und der Welt öffnen, um meinem großen Ziel, das tief in meinem Herzen vergraben war, einen Schritt näher zu kommen. Eines Tages musste ich meine Kinder finden! Noch ließen die Gedanken daran, wo sie waren und was mit ihnen geschehen sein könnte, mich taumeln und in Alpträume stürzen, aus denen ich schwach und gebrochen erwachte.

Dem Hohen Flüchtlingskommissar der Vereinten Nationen in Südafrika hatte ich nicht einmal von der Existenz meiner Tochter erzählt. Ich hatte Angst davor gehabt, dass eine junge Frau mit einer derartig chaotischen Familiengeschichte in keinem sicheren Land Aufnahme finden würde. Nur von meinem Sohn wussten sie, aber die Umstände erlaubten es nicht, ihn kurzfristig aus Uganda zu holen und gemeinsam mit mir nach Dänemark zu schicken. Ich selbst hatte ihn bereits viele Jahre nicht mehr gesehen und hatte nur sehr wenige Informationen über sein Leben. Nur dass sein Vater in der Zwischenzeit gestorben war, hatte ich auf Umwegen erfahren.

Ich musste stark werden, musste Wurzeln in den dänischen Boden schlagen, mich verankern und dann nach meinen Kindern suchen.

Dreimal in der Woche besuchte ich, für jeweils zwei Stunden, einen Therapeuten. Ich fand heraus, dass jede einzelne Stunde bei ihm eine Menge Geld kostete. Aber Dänemark bezahlte es für mich. Dänemark wollte, dass ich gesund und stark wurde. Ich versuchte mein Bestes und bemühte mich bald darum, meine Fernsehwelt mit der wahren Welt zu ergänzen. Mein Therapeut fand behutsame Worte und ich fasste Vertrauen zu ihm. Aus Südafrika war ich die Gespräche mit Therapeuten durch meine Behandlung in einer Trauma-Klinik gewohnt. Meinen dortigen Therapeuten hatte ich sogar meine neue Adresse in Kopenhagen geschickt. Sie sollten wissen, dass ich ein neues und besseres Leben begonnen hatte. Aber es war ungleich schwerer, im richtigen Leben zu bestehen als auf dem heimischen Sofa. Ich wusste nicht, was ich mit den Menschen reden sollte, denen ich zufällig begegnete. Ich fühlte mich klein, unbedeutend, manchmal sogar wertlos. Es gab Momente, in denen ich mir wünschte, mich in Luft auflösen zu können oder im Boden zu versinken. Schamesröte stieg mir ins Gesicht, ohne dass es jemand bemerken konnte. Ich war in einem Land voller glücklicher Menschen gelandet, in einem Land, wo gelächelt wurde, wo man sich gegenseitig half, in einem Land, wo Hunde Namen hatten und sogar fotografiert wurden und die Aufnahmen der Vierbeiner in kostbaren Rahmen im Regal aufgestellt wurden. Es gab sogar Hundesalons, wo ihnen Nägel und Fell geschnitten wurden. Wenn sie krank waren, wurden sie von speziellen Ärzten behandelt. Und wenn ein Hund starb, dann bekam er sogar ein hübsches Grab. In Uganda sind meine gefallenen Kameraden irgendwo im Busch in einem Gemeinschaftsgrab verscharrt worden, auf das kein Angehöriger jemals eine Blume legen wird.

Einmal traf ich eine meiner Nachbarinnen vor dem Haus. Ich kannte sie, weil ich schon häufiger bei ihr geklingelt hatte, um mir Zutaten zum Kochen auszuleihen. Es war ein stürmischer Tag und wir beide waren nass geregnet. Sie lud mich zum Tee ein, damit wir uns aufwärmen konnten. Als sie ihre Tür aufgeschlossen hatte, rief sie in die Wohnung hinein:

»Mami ist wieder zu Hause!«

Uns kam ein Hund entgegen, der sie freudig begrüßte, mit dem Schwanz wedelte und zu lachen schien. Ich war unendlich eifersüchtig auf diesen Hund und hätte gern mit ihm getauscht. Es gab so viel Liebe in diesem Land, dass sogar etwas für die Hunde übrig blieb. Diese Worte »Mami ist wieder zu Hause« waren mit Freude und Liebe gesprochen worden. Wenn meine Stiefmutter nach Hause kam, dann erwarteten mich zumeist Prügel, Nahrungsentzug und Demütigung. Um wie viel wertvoller war das Leben in Dänemark! Ich schämte mich für meine Erfahrungen der permanenten Erniedrigung. Und gleichzeitig keimte der Wunsch in mir auf, ebenfalls lieben zu können und einen Teil der empfangenen dänischen Liebe eines Tages zurückgeben zu können.

Manchmal überschlugen sich meine Gedanken und ich rannte hinaus in den Regen, schaute in den Himmel und sang für meine gefallenen Kameraden, die viel zu jung von dieser Welt gegangen waren.

»Dort oben im Himmel seid ihr sicher glücklicher, als ihr es jemals unten auf der afrikanischen Erde wart. Das Leben war so hart und grausam zu euch!«

Manchmal versiegten meine Tränen, nachdem ich zu ihnen

gesprochen hatte. Ich musste mich selber davon überzeugen, dass es ihnen dort oben im Himmel besser ging.

Ich musste dafür sorgen, dass mein eigener Schmerz mich nicht lähmte, ich musste mich dem Therapeuten noch viel weiter öffnen, damit er mir Kraft geben konnte und ich mit der gewonnenen Energie nach meinen Kindern suchen und für sie sorgen konnte. Wenn ich doch nur wüsste, ob meine kleine Tochter lebte!

Sobald ich einen Gedanken an meine Tochter zuließ, kamen die Alpträume mit gewaltiger Wucht und ließen mich Gottes Namen schreien: »Oh mein Gott, ich liebe dich! Ich liebe dich! Ich liebe dich! Lass meine Gedanken versiegen, schenke mir Vergessen und ein wenig Ruhe! Mein Kopf zerspringt! Oh God, I love you!«

Ach, wenn Knud Held Hansen und seine Familie doch nur in meiner Nähe leben würden! Ich brauchte ihre Liebe. Ich vertraute Knud und hatte nicht die Kraft, noch jemand anderem so zu trauen wie ihm. Er war so unschuldig. Aus seinen Augen und seinem Blick sprach die pure Unschuld! Zuvor hatte ich noch nie einen derart unschuldigen Mann kennen gelernt. Wenn er doch nur bei mir sein könnte! Die Gespräche mit ihm gaben mir so viel Kraft. Selbst meine Haare ließ ich wachsen. Es waren seine lieben Worte, die sie wachsen ließen. Seinetwegen schaute ich mir die Menschen mit anderen Augen an, selbst Männern konnte ich nun Gutes zutrauen. Aber ich durfte kein Risiko eingehen. Jemanden an mich heranzulassen und dann womöglich verletzt zu werden, war sehr gefährlich für mich. Tief in meinem Innern spürte ich eine enorme Angst davor. Ich musste sehr vorsichtig sein. Knud konnte ich trauen. Er würde mich sicher niemals enttäuschen. Seine Augen sprachen immer freundlich und ehrlich zu mir.

Knud rief mich an, schickte mir Briefe, tröstete mich, und wenn er mich besuchen kam, dann wünschte ich, er könne für immer bleiben. Wenn er in meiner Nähe war, dann verschwand die Angst, dann hatte ich das Gefühl, einen richtigen Vater an meiner

Seite zu haben. Einmal besuchte er mich zusammen mit seiner Mutter. Ich konnte es kaum glauben! Ein Mann in seinem Alter hatte eine Mutter, die gesund und rüstig war und mitten im Leben stand. Ich servierte ihnen Grillhähnchen, und nachdem wir das Fleisch gegessen hatten, machten sie mir den Vorschlag, es beim nächsten Mal vielleicht mit Beilagen zu probieren. Kartoffeln würden dazu passen. Bisher hatte ich noch nicht über so etwas nachgedacht. Es war wunderbar, wenn Hansen bei mir war.

Aber meistens saß ich allein auf meinem Sofa und kämpfte mit meinen Erinnerungen. Ich versuchte vergeblich, mich an das Gesicht meines leiblichen Vaters zu erinnern. Selbst wenn ich mich noch so sehr bemühte, an sein Erscheinungsbild zu denken, tauchte immer nur das Bild seiner Füße auf. Es war stets die gleiche Szene, die ich mir vorstellte: Mein Vater kam abends nach Hause, setzte sich auf den Stuhl und streckte seine Beine vor mir aus. Währenddessen hielt ich mich in seiner Nähe auf und hoffte, er würde mich bitten, seine Füße zu waschen. Unauffällig wartete ich in einer Ecke des Zimmers, bereit, ihm mit Freuden zu dienen, denn nur so hatte ich eine Chance, meinem Vater nahe zu sein und ihn sogar zu berühren. Aber wenn ich ihm tatsächlich mal die Füße wusch, war ich mir nicht sicher, ob er mich überhaupt bemerkte. Es sind diese Füße, an die ich mich erinnere, nicht sein Gesicht.

Ich musste mich damit abfinden, dass Hansen nicht immer für mich da sein konnte. Er hatte seine eigene Familie. Ich musste lernen, auch anderen Menschen so zu trauen wie ihm, und ich musste lernen, andere zu lieben, und zusätzlich musste ich lernen, mögliche Verletzungen zu ertragen.

In der Nähe meines Appartements gab es einen Park. Dort hatte ich einen Lieblingsbaum. Er war groß und hatte herabhängende Äste, die fast bis zum Boden reichten. Unter seinem Blätterdach blieb man selbst bei Regenschauern trocken. Der Baum hatte sicher kräftige Wurzeln, die tief in die Erde hinabreichten. Ich lehnte mich an seinen Stamm, steckte mir eine Zigarette an und versuchte, nicht nachzudenken. Dieser Baum stellte mir keine Fragen und verlangte keine Antworten, der Baum ließ mich schweigen, er verurteilte mich nicht und vor ihm musste ich meinen Blick niemals senken. Mit seinem kräftigen Stamm an meinem Rücken ertappte ich mich manchmal dabei, wie ich lächelte und meine Anspannung verlor. In seinem Schutz konnte ich dem Sonnenuntergang zusehen und hoffen, dass er meine Schmerzen zu sich nahm. Der Baum milderte meinen Hunger nach Liebe und ließ mich auf eine ruhige Nacht hoffen.

Egal wohin ich schaute, alles war friedlich, und nichts sah so aus, wie ich es aus Afrika kannte. Wenn mich die weißen Wände meines Appartements anstarrten, dann fragte ich mich oft, ob ich überhaupt hierher gehörte. Eine Wohnung für mich allein, ein Gasherd, in dem ich Hähnchen grillen konnte, ein Fernseher, kaltes und warmes Wasser in Hülle und Fülle und eine unwirkliche Stille. All diese Dinge standen mir zur Verfügung, sie waren mir gegeben worden, ohne dass ich darum gebeten hatte. So war mein neues Leben. Dort, wo ich herkam, musste ich immer selbst für mich sorgen, und in zahlreichen gefährlichen Situationen war ich sogar für das Leben anderer verantwortlich gewesen. Ich bewachte Politiker und ihre Familien, jederzeit bereit, auf Angreifer zu schießen und mein Leben zu opfern. Ich war berüchtigt für meinen Mut. Ich war ein »Ding«, das mitsamt seiner Waffe effektiv eingesetzt werden konnte. Erfahrene Kindersoldaten galten als besonders gute Leibwächter. Wir kleinen »Dinger« opferten uns bedingungslos für unsere Herren. Als Teenager war ich gefürchtet und mein Boss rühmte sich mit meinem Schutz.

Aber all das war nun Vergangenheit.

Die Dämonen des Winters

Als der Sommer sich neigte, zeigte Dänemark mir ein neues Gesicht. Fast über Nacht verschwand das Grün aus der Welt. Die Baumkronen färbten sich rot, gelb und braun, um schließlich ihre bunten Blätter abzuwerfen und kahle Äste zurückzulassen. Nach dieser wundersamen Verwandlung sah mein Lieblingsbaum traurig und nackt aus. Das Gras im Park verlor seine Farbe und plötzlich gab es keine Blumen mehr. In meiner Vorstellung vom Paradies blühten die Blumen das ganze Jahr über. Ich musste den Gedanken zulassen, dass Dänemark zwar nicht das Paradies aus meiner Fantasie war, aber doch ganz ähnlich paradiesisch. Frei von Kämpfen, Verfolgern und Waffen.

Der Himmel war grau, und ich konnte mir nicht erklären, wo die Sonne geblieben war. Tagelang zeigte sie sich überhaupt nicht mehr, und wenn der Himmel doch einmal wolkenfrei war, dann verschwand die Sonne schon am Nachmittag am Horizont und kam erst am späten Vormittag des nächsten Tages zurück. Ich bekam eine große Sehnsucht nach ihren wärmenden Strahlen. In meiner Heimat war ich jeden Morgen von der Sonne begrüßt worden. Sie war immer schon da, wenn ich erwachte. Der Anblick der dicken grauen Wolken ließ mich von einem strahlenden afrikanischen Himmel träumen. Ich dachte sogar an die afrikanischen Bäume und Büsche, denen ich früher nie Beachtung geschenkt hatte, die ich sogar gehasst hatte, weil ich als Soldatin beschwerliche Märsche durch unwegsames Buschland zurücklegen musste. Mit meinem hungrigen Magen und dem geschulterten Gewehr hatte ich nie Augen für die Schönheit der Täler und Flüsse in Uganda gehabt. Wildtiere waren unsere ständigen Begleiter, und oft halfen nur unsere Waffen, sie loszuwerden. Die wenigen Weißen, denen ich damals begegnete, hatten mich allenfalls verwirrt, wenn sie von der Schönheit Afrikas sprachen und sich sogar freiwillig in die Sonne setzten.

Nun lernte ich den kalten dänischen Wind kennen. Auf den Straßen zeigten sich noch weniger Menschen als sonst. Wenn ich aus dem Fenster schaute, sah ich manchmal stundenlang niemanden vorübergehen. Ich bekam das Gefühl, allein auf der Welt zu sein. Nur in den frühen Morgenstunden konnte ich mich darauf verlassen, dass die Hundehalter mit ihren »Lieblingen« vor die Tür gingen. Manche Tiere waren so klein wie Katzen, und ich wollte zunächst nicht glauben, dass es sich bei ihnen wirklich um Hunde handelte. Andere Rassen waren groß wie Ziegen oder sogar Kälber, einige hatten lange Haare, Locken oder blonde Strähnen, andere waren fast nackt und trugen Jacken und Pullover, die sie wärmten. Als ich zum ersten Mal sah, wie eine Frau darauf wartete, dass ihr Hund seinen Haufen machte, um diesen sofort in eine Plastiktüte zu schieben und in ihrer Tasche verschwinden zu lassen, war ich fassungslos. Ich wusste nicht, ob ich mich übergeben, lachen, schreien oder den Anblick ganz schnell vergessen sollte. Wenn ich das in Afrika erzählte! Niemand würde mir glauben. Von nun an beobachtete ich die Hunde und ihre Halter noch genauer. Meine Nachforschungen ergaben, dass niemand sein Tier schlecht zu behandeln schien. Im Gegenteil, die Menschen sprachen ständig mit ihren Hunden. Es hat mich immer brennend interessiert, ob die Hunde auch Englisch verstanden, aber ich traute mich nicht zu fragen. Der Hund meiner Nachbarin schien sogar die Filme im Fernsehen zu verstehen. Einmal saß er mit uns im Wohnzimmer und schaute auf den flimmernden Bildschirm. Außerdem kannte der Hund die Verkehrsregeln. Er trabte nur bei »Grün« über die Fußgängerampel, während ich ging, sobald die Straße frei war.

In diesem Land gab es keine Gefahren. Hier war alles ruhig und sicher. Seit Wochen hatte ich keinen Gedanken mehr daran verschwendet, dass mir etwas zustoßen könne. Für mich war es unvorstellbar geworden, in Dänemark jemals wieder menschliches Blut zu sehen. Seitdem ich hier war, hatte ich bis auf meine eigenen verletzten Knie nicht die kleinste Wunde gesehen. Niemand schlug sich und nie hörte ich einen Schuss. Ich konnte mich kaum noch an den Klang einer Maschinenpistole erinnern. Als Soldatin war ich nicht nur mit den Geräuschen der verschiedenen Waffen vertraut gewesen, sondern meine Jahre im Kampf hatten mich derart geschult, dass ich sogar hören konnte, ob die Kugel ihr Ziel, den Körper des Feindes, getroffen hatte. Damals waren meine Waffe und meine Zigaretten meine einzigen Freunde gewesen. Das Gewehr hatte die Rolle einer Mutter übernommen, die immer an meiner Seite war. Ein Leben ohne Waffe und Kampf war unvorstellbar gewesen. Und nun war ich in einem Land des Friedens angekommen, in dem die Menschen Waffen nur aus dem Fernsehen kannten. Die Dänen selber bekämpften sich nie. Warum sollten sie es auch? Man bekämpft doch niemanden, der einen anlächelt!

Hier gab es schlichtweg nichts und niemanden, gegen den man kämpfen konnte. Hier vermisste ich nicht einmal meine Waffe. In Kopenhagen konnte ich mich auf eine Parkbank setzen, ohne vorab das Terrain zu inspizieren, ohne mich ständig nach Feinden umzudrehen und ohne Angst vor einer hinterhältigen Attacke. Als Kindersoldatin waren Angriffe, Verwundungen, Verstümmelungen und Tod meine ständigen Begleiter, aber in meiner neuen Heimat verlor ich langsam jeglichen Sinn für Gefahren. Je genauer ich das Verhalten von Hunden studierte und ihre Umsicht an Straßenkreuzungen registrierte, desto ernsthafter überlegte ich, mir ebenfalls ein Tier anzuschaffen. Dänische Hunde kannten sich eindeutig besser mit den Ampeln aus als ich. Nur die Angst vor dem kalten Morgenwind hielt mich davon ab, denn eines hatte ich schnell begriffen: Egal wie menschlich die Hunde auch waren, sie konnten nicht auf die Toilette gehen, sondern erledigten ihr Geschäft draußen vor der Tür.

Eines Morgens traute ich meinen Augen nicht. Die Welt vor meinem Fenster war weiß! Weiß wie Milch! Als hätten alle dänischen Kühe ihre Milch über das Land ergossen, war alles von einem ebenmäßigen Weiß überzogen! Die Häuser trugen weiße Mützen, die Wege und Straßen waren weiß und selbst auf den kahlen Ästen der Bäume lag eine weiße Schicht. Der erste Schnee meines Lebens war noch schöner, als ich ihn mir ausgemalt hatte. Mit ihm kam eine unwirkliche Stille, die mich an meiner Hörfähigkeit zweifeln ließ. Ich vernahm keine Geräusche mehr. Das Land schien unter einer dicken weißen Decke zu schlafen. Als ich in den Supermarkt ging, wunderte ich mich darüber, dass es noch immer frisches Gemüse gab. Genau wie im Sommer waren die Regale und Kisten auch jetzt prall gefüllt mit Obst und Gemüse jeglicher Form und Farbe. Wer brachte all diese Dinge in den Supermarkt und woher kamen sie?

*

Die Dämonen der Vergangenheit kamen fast immer abends zu mir. Sie schlichen sich in mein Appartement, und ich versuchte, sie von mir abzulenken und nicht in meinen Kopf zu lassen. Manchmal tat ich so, als hätte ich sie nicht bemerkt. Wenn ich beschäftigt war, würden sie vielleicht nicht über mich herfallen. Die Dämonen hatten unerträgliche Erinnerungen dabei. Ich versuchte, sie mit lustigen Vorführungen abzulenken. In meinem Wohnzimmer führte ich afrikanische Tänze auf. Ich tat es den Zulus nach oder versuchte, mich an die wenigen anderen Tänze zu erinnern, die ich irgendwo gesehen hatte. Aber die Dämonen hatten mich längst erwischt. Es gab keinen Ort, an dem ich mich vor ihnen verstecken konnte. Sie krochen mit mir unter die Decke und quälten mich. Ich drückte meine eigenen Hände und wünschte mir, es wären die Hände meiner leiblichen Mutter. Sie würde mir helfen, aber ich war zu verängstigt, um nach dem Verbleib meiner Mutter zu forschen. Wo mochte sie abgeblieben sein? Warum hatte ich das furchtbare Gefühl, die hungrige Erde hätte sie schon lange zu sich genommen? Manchmal kamen die Dämonen mit den Erinnerungen an meinen ersten Einsatz als Kindersoldatin unter meine Decke.

Der Traum fing immer harmlos an. Er zeigte ein kleines Mädchen von hinten. Es sah aus wie andere Mädchen in ihrem Alter, dünn, mit zarten Ärmchen und staubigem Haar. Das Mädchen war noch keine kämpfende Soldatin, weil es viel zu schwach und unerfahren für eine eigene Waffe war. Acht oder neun Jahre alt, in Lumpen gekleidet und schmutzig. Das Mädchen musste gemeinsam mit anderen Kindern auf der Straße spielen. Das war ihr Auftrag. In der Ferne tauchte ein LKW auf. Man sah Rauchschwaden aus dem Auspuff aufsteigen, und schon bald konnte man erkennen, dass es mehrere Transporter waren. Ein Konvoi der Regierungstruppen. Die Kinder hatten den Befehl, unbedingt auf der Straße sitzen zu bleiben, egal wie nah der Konvoi kam. Die Fahrzeuge mussten zum Halten gezwungen werden. Der führende LKW bremste im letzten Moment. Nun rannten die Kinder davon und suchten Deckung. Schon sausten ihnen Kugeln um die Ohren und der Lärm mischte sich mit Schreien. Irgendwann war es ruhig, aber der Traum war noch nicht vorbei. Im nächsten Moment krachten wieder Schüsse. Jeder Schuss ein Treffer. Jeder Schuss ein Toter.

Wenn ich Glück hatte, erwachte ich, bevor die Schädel unserer Feinde getroffen wurden und ein ganz bestimmtes Geräusch die Nacht erfüllte. Dieser Traum unterschied sich in nichts von dem, was ich damals erlebt hatte. Er war so klar und deutlich, als hätte jemand die Szene gefilmt und würde sie mir immer wieder zeigen wollen. Ich war es, die auf der Straße gesessen hatte, damals noch ohne Uniform, denn die gab es in der Größe eines abgemagerten acht- oder neunjährigen Mädchens nicht.

Die Hinrichtungen müssten sein, war uns Kindern damals erklärt worden. Man könne die Gefangenen schließlich nicht laufen lassen. Sie seien es nicht wert, zu leben. Sie seien nichts weiter als *Feinde*. Dieses Wort bekam im Laufe der Jahre eine immer größere Bedeutung. Zur Belohnung für den erfolgreichen Angriff durften wir mit dem Anführer der Widerstandsbewegung, mit Yoweri Museveni an einem Tisch sitzen. Er war der Erfinder der Heeresverbände mit Kindersoldaten. Heute ist er der Präsident Ugandas.

In manchen Nächten tauchte das Bild meines Sohnes vor meinen Augen auf, ohne dass ich wusste, wie er inzwischen aussah. In Südafrika hatte der UNHCR mir gesagt, dass er mir in zwei Monaten nach Dänemark folgen könne. Diese Zeit war abgelaufen, ohne dass etwas passiert war. Ob die Organisation schlechte Nachrichten für mich hatte? Ob er niemals kommen durfte? Ob ein Nachfragen die Lage verschlimmern würde? Noch eine einzige schlechte Nachricht und mein Herz würde aufhören zu schlagen. Wie sah Moses überhaupt aus? Würde er mich erkennen? Wie würde er mich nennen? Was hatte man ihm über mich erzählt? Zitternd saß ich auf dem Sofa, meine Zähne machten furchtbare Geräusche, meine Kiefer schmerzten, und ich fragte mich, warum der Schmerz sich ausgerechnet meine Zähne ausgesucht hat. War es dem Schmerz egal, wenn ich ohne Zähne alt wurde, weil ich sie Tag für Tag ein Stückchen mehr zermalmte, bis nichts mehr von ihnen übrig blieb?

Eines Morgens, in der Schultoilette, schaute ich in den Spiegel und erschrak über meinen Anblick. Was trug ich da um den Kopf gewickelt? Das Konterfei von Thabo Mbeki schaute mich an. Der neue südafrikanische Präsident prangte auf dem Stück Stoff, das ich mir vor Wochen um den Kopf gewunden hatte, um meinen kahlen Schädel zu verbergen. Nun stellte ich fest, dass ich es seitdem nie gewaschen hatte, und auch meine langsam wachsenden Haare hatte ich nicht weiter beachtet. »Verdammt, China!«, rief ich meinem Spiegelbild zu. »Was trägst du da um den Kopf gewickelt? Und wie siehst du aus?« Mbekis lachender Mund zeigte seine entblößten Zähne, die direkt über meiner Stirn prangten. Es kam mir so vor, als sähe ich sie zum ersten

Mal. »Wie laufe ich überhaupt herum? Wie zeige ich mich den anderen? Was denken sie über mich?«

Wie eine kleine Maus entwischte ich aus der Schule. Unbemerkt schlich ich mich hinaus, rannte nach Hause und wusch mein Haar, meine Kleidung und das Stückchen Stoff mit Mbekis Konterfei.

Was sollte ich mit meinen neuen Haaren machen? Sie waren tatsächlich gewachsen und fühlten sich kräftig an. Noch nie in meinem Leben hatte ich über meine Frisur nachgedacht. Wie sollte ich mein Haar in Zukunft tragen? Ich wusste nicht, wie eine Frau sich frisiert. Mir gefielen Rastazöpfe, aber ich hatte keine Ahnung, wie man sie bekam. Ich entschied mich, meine Haare einfach nicht zu kämmen, vielleicht kämen sie dann von allein.

Heute frage ich mich oft, was die Leute damals über mich dachten. Nicht nur die Art, wie ich mich kleidete oder meine Haare trug, musste ihnen ungewöhnlich erscheinen. Alles an mir, von meinem Äußeren bis hin zu meinem Verhalten, war sicher sehr fremdartig. Aber fast alle meine damaligen Bekannten akzeptierten mich so, wie ich war. Sie lächelten mich an, und heute weiß ich, dass manche von ihnen darauf warteten, dass ich eigenständige Schritte für meine körperliche und seelische Heilung unternahm. Besonders Knud Held Hansen konnte es kaum erwarten. Er beobachtete meine Fortschritte, und es gefiel ihm, wenn es mir ein wenig besser ging und ich ein Lächeln zeigte. Wenn ich ihm am Telefon erzählte, dass meine Haare gewachsen seien, dass ich gut geschlafen habe oder dass ich bei meiner Nachbarin zu Besuch gewesen und wir mit ihrem Hund spazieren gegangen seien, dann war er froh. Auch um seinetwillen, um diesen lieben Menschen glücklich zu sehen, versuchte ich, härter an mir zu arbeiten. Seine Freude spornte mich regelrecht an.

Langsam öffnete ich mich meiner Umgebung. Mit dem Fahrrad fuhr ich nun Strecken, die ich noch nicht kannte, um meine neue Welt zu erkunden. Bei einem dieser Ausflüge wurde ich auf eine Bar aufmerksam. Sie hieß »Bodega«, und weil ich große Lust auf ein Bier hatte, ging ich hinein. Als ich in der Tür stand, drehten sich alle Männer am Tresen um und schauten mich an. Ich setzte mich auf einen freien Barhocker und bestellte ein Tuborg. Das dänische Wort für Bier, *Øl*, konnte ich nicht richtig aussprechen, bei mir klang es wie *ud*, was auf Dänisch *raus* bedeutet. Das Bier schmeckte köstlich und ich genoss jeden Schluck davon. Über meinem Platz hing eine seltsame Glocke. Ich nahm den Schlegel in die Hand, schlug ihn hin und her und erfreute mich an dem lauten und klaren Ton. Alle schauten zu mir herüber.

»*Mange tak!* Danke schön!«, sagte einer der Männer und grinste.

»Wofür?«, fragte ich ihn.

»*Som tak for øllerne.* Für die Biere, die du für uns bestellt hast.«

»Ich habe euch Bier bestellt?«, fragte ich auf Englisch.

»*Selvfølgelig!* Aber klar doch!«, antworteten gleich mehrere Männer wie aus einem Munde.

»Wer die Glocke schlägt, bezahlt eine Runde für alle!«

Ich muss sie vollkommen überrascht angeschaut haben.

»Wie lange lebst du schon in Dänemark?«, fragte einer der jungen Männer.

»Ein paar Monate.«

»Hast du nie etwas über den Zweck einer Glocke in einer Bar gehört?«, fragte einer der Männer in einer dänisch-englischen Mischung.

»*Nej!* No!«

»Na dann okay, aber wenn du diese Glocke noch einmal berührst, dann bist du dran und wir alle bekommen ein Bier von dir.«

Später erklärten sie mir weitere dänische Trinksitten. Es war eine kleine Bar und die Gäste kannten sich untereinander. Die Männer waren deutlich älter als ich und kamen aus der Nachbarschaft. Weil sie so freundlich waren und ich mich hier wohl fühlte, bestellte ich ein weiteres Bier. Fast alle tranken direkt aus der Flasche, ganz so, wie ich es mochte. Wir standen nebeneinander am Tresen und ließen den Alkohol wirken. Es tat mir gut, einfach so dazustehen, ein Bier in der Hand zu haben, zu rauchen und meine Gedanken wandern zu lassen. Während die Männer sich unterhielten und ich in mich hineinlächelte, kamen mir alte Erinnerungen an Kneipenbesuche in Uganda in den Sinn. Ich malte mir aus, dass keiner der Dänen in der Bodega-Bar sich je vorstellen konnte, an welchen Orten und unter welchen Bedingungen ich in meinem Leben schon Bier getrunken hatte. Der Gedanke daran amüsierte mich sogar. Wenn sie wüssten, dass ich zehn Jahre meines Lebens Soldatin gewesen bin …

Meine ersten Erfahrungen mit Barbesuchen, oder zumindest mit Orten, an denen Bier ausgeschenkt wurde, hatte ich als Zwölf- oder Dreizehjährige gemacht. Wenn unsere Einheit damals den unregelmäßigen Sold ausbezahlt bekam, wir zufällig Fronturlaub hatten und auch noch in der Nähe einer Ortschaft campierten, betranken wir uns. Wir Kindersoldaten waren bereits erfahrene Kämpfer, die den Zivilisten Furcht einflößten. Wenn wir in der Gruppe loszogen, wurde auch ich als Junge angesehen. Ich war bereits Kettenraucher, hatte meistens einen Glimmstängel zwischen den Lippen und trug meine Uzi lässig geschultert. Ganz automatisch ging meine freie Hand regelmäßig zur Waffe. Meine ersten Eindrücke vom »Nachtleben« waren verwirrend. Die Frauen in den Kneipen waren ganz verrückt nach uns Soldaten. Es schien ihnen nichts auszumachen, dass wir klein und schmächtig waren. Sie waren wie geblendet von unseren Uniformen. Ich habe es immer genossen, wenn ich bei unseren seltenen nächtlichen Unternehmungen als männliches Wesen betrachtet wurde, und ich flehte meine Kameraden an, mich nicht zu verraten. Manchmal wurden die Frauen zudringlich, und ich musste aufpassen, dass keine von ihnen mir zwischen die Beine griff und dort eine Leere ertastete, die eines jungen Soldaten unwürdig war. Meine gleichaltrigen Kameraden waren nicht minder überfordert von den stürmischen Attacken der Frauen, und manchmal retteten uns nur die Warnschüsse aus unseren Waffen. Wir Kinder kannten es ja nicht anders. Unsere Waffen waren das Einzige, was uns beschützte, selbst vor liebeshungrigen Frauen. Für uns war es eine Art Kinderspiel, diesen ahnungslosen Zivilisten Todesangst einzujagen. Man brauchte nur die Uzi auf sie zu richten, schon rissen sie die Arme hoch und die Farbe verschwand aus ihren Gesichtern. Einmal wurde ich von einem betrunkenen Offizier verraten, der meiner vollbusigen »Braut« erzählte, wer ich wirklich sei. Der gellende Schrei und ihr wütendes Fauchen gingen im Gejohle meiner Kameraden unter. Ich war zutiefst beschämt. Es fehlte nicht viel und ich hätte den Abzug gedrückt. Stattdessen flüchtete ich in die Einsamkeit der Nacht und hörte das ausgelassene Feiern meiner Kameraden aus der Ferne.

In der dänischen Bar fehlten mir die Worte, um mit den Männern zu reden. Ob meine Geschichten ihnen gefallen würden? Ob sie mir überhaupt Glauben schenkten? Zum ersten Mal seit langem tat es mir gut, an meine Vergangenheit zu denken. Die Erinnerungen an meine Kameraden machten mich ausnahmsweise nicht traurig, sondern ließen mich lächeln. Mir kamen weitere angenehme Momente in den Sinn und ich genoss die Gedanken. Wenn wir es damals, in den Gefechtspausen, irgendwie einrichten konnten, suchten wir gemeinsam die Entspannung bei einem Bier. Das ging aber nur, wenn der Tag erfolgreich und keiner unserer Kameraden gefallen war. In solchen Momenten hatten wir immer über jene geplaudert, die einst mit uns gekämpft hatten und die schon von uns gegangen waren. Wir machten Scherze über sie und lachten, so als könnten wir sie auf diese Art für einen kurzen Moment wieder zum Leben erwecken. Aber auch an solchen Abenden, beim Bier, mussten wir uns innerlich auf den nächsten Tag und den nächsten Kampf vorbereiten. Wir Kindersoldaten versuchten immer, unsere starke Seite zu zeigen, und weinten immer nur heimlich in uns hinein. Aber jeder kannte die versteckten Tränen der anderen, jeder wusste um das Heimweh nach der Mutter, dem Vater, den Geschwistern und den vertrauten Orten. Damals erwachten wir häufig mit hungrigen Mägen und brennenden Kehlen. Wenn wir in den primitiven Unterkünften provisorischer Kasernen hausten, lebten nicht selten einige Ehefrauen der Sergeant Majors, unserer Vorgesetzten, in der Nähe und betrieben kleine Garküchen für das Bataillon. Die Düfte über ihren Feuerstellen zogen in unsere Nasen. Wir Kinder lungerten um ihre Pfannen herum, bettelten nach Chapattis, den einfachen Teigfladen, und fragten nach Kredit bis zur nächsten Soldauszahlung.

»Und wenn du morgen abkommandiert wirst und an einer anderen Front kämpfen musst? Wie bekommen wir dann unser Geld?«, fragten die Frauen.

Sie hörten unsere knurrenden Mägen und sahen unsere flehenden Augen. Um ihr Mitleid zu gewinnen, rieb ich manchmal über meinen leeren Bauch. Eine von den vielen Frauen würde ich erweichen können! Eine würde mir Chapatti und Tee geben! Eine würde mir Kredit gewähren und bis zum Monatsende auf ihre Bezahlung warten. Umso mehr tat es dann weh, wenn dein Name bei der Soldauszahlung aufgerufen wurde, der Sergeant Major, der Ehemann dieser netten Frau, deinen Sold in seine Tasche steckte und dir nur ein kleines Taschengeld übrig blieb. Auch der Gedanke an die hastig verschlungenen Chapattis, die schon vor Wochen in deinem Magen verschwunden waren, tröstete dann nicht mehr. Besonders schlimm wurde es, als ich meinen Sohn geboren hatte. Ich war erst vierzehn und vom Stillen vollkommen ausgehungert. Oft hatte ich keine Ahnung, wie ich mich und ihn jemals satt bekommen sollte.

Ich bestellte ein weiteres Tuborg und die Männer in der Bodega-Bar prosteten mir zu. Wir verstanden uns auch ohne viele Worte. Die Wirkung des Biers verscheuchte meine Erinnerungen, und es brauchte nur noch zwei oder drei weitere Flaschen und ich fühlte mich durch die freundlichen Blicke und die lächelnden Gesichter der Männer akzeptiert. Sie schienen mich so, wie ich war, in ihrer Trinkrunde aufzunehmen. Mit verfilzten kurzen Haaren, gebrochenem Dänisch und einer großen Ahnungslosigkeit gegenüber hiesigen Trinksitten! Es tat mir gut! Zu Hause fiel ich ins Bett und blieb verschont von den Dämonen.

Wie oft war ich schon weggelaufen? Wo überall war ich nur flüchtig geblieben? Nie war ich irgendwo angekommen. Wenn ich noch ein einziges Mal weglief, dann würde es für immer und ewig so bleiben! Ich wollte dazugehören, wollte ein Zuhause haben. Hier sollte meine Bleibe sein, hier in dieser Bar, in meinem Appartement, in meiner Schule, bei meinem Therapeuten, meiner Sozialarbeiterin, meinen Ärzten und meinen neuen Bekannten. Die alten Zeiten waren vorbei! Die Zeit des Weglaufens gehörte der Vergangenheit an! Die neue China hatte es begriffen, aber die alte China wehrte sich noch!

Von nun an ging ich nach der Schule in die Bar und trank Bier. Es dauerte nur wenige Tage und ich gehörte dazu, als sei ich eine von ihnen. Es waren immer dieselben Gesichter, die mir zulächelten und zuprosteten. Wir tranken zusammen. Das war eine schöne Erfahrung. Auch wenn es ein anderes Trinken als in meiner Heimat war, wo die Männer Bananenbier, oder was immer sich an Alkoholischem bot, gemeinsam aus einem Behälter und mit demselben Strohhalm tranken. Schon als Kind ekelte es mich, wenn ich die ungepflegten Zähne sah und das ständige Ausspucken der Pfeifenraucher, die sich den Halm in den Mund steckten. In der Bodega-Bar war das Trinken ein Vergnügen, wenn auch leider ein sehr kostspieliges. Selbst wenn mein Geld aufgebraucht und mein Bankkonto leer war, ging ich in die Bar, denn sie war mein neues Zuhause. Sie wurde mein Freund, denn immer wenn ich betrunken nach Hause kam, ließen die Dämonen der Vergangenheit mich in Ruhe. Ich stellte mir vor, dass meine größten Feinde – die Alpträume – den Geruch des Alkohols fürchteten und sich nicht herantrauten. Ich kaufte billiges Bier und Zigaretten im Supermarkt, um sie stets als Schutz vor den Alpträumen parat zu haben. Nun wachte ich morgens mit Kopfschmerzen und schwachen Gliedern auf, aber immerhin waren mir in der Nacht weder die Leichen gefallener Kameraden oder hingerichteter Feinde noch stinkende Schlachtfelder, Maschinengewehrsalven oder Foltergeräte begegnet.

Bier, Zigaretten und Musik wurden meine engsten Vertrauten.

Die Musik brachte mich zum Weinen, was mir eine gewisse Erleichterung verschaffte. Wenn ich doch nur so sein könnte, wie die Menschen in meiner Umgebung! Wenn ich doch nur in Freiheit auf die Welt gekommen wäre! In der häufigen Trunkenheit jener Zeit überschlugen sich die Gedanken. Und eines Nachts schließlich hatten die Dämonen den Respekt vor dem Alkohol in meinem Blut verloren. Meine erbitterten Feinde griffen unbarmherzig an.

James, mein treuer Kamerad, tauchte auf. In meinem Traum musste er sich zur Strafe im Schlamm wälzen, genauso wie auch ich viele Male von meinen Vorgesetzten zur Strafe diszipliniert worden war. Manche von uns mussten diese Erniedrigung regelmäßig ertragen. Selbst kleinste Vergehen wurden auf diese Art bestraft. Unter den Blicken der anderen lag man im Dreck und fühlte sich selber wie der letzte Dreck. James war eines schweren Vergehens angeklagt und das Wälzen im Schlamm war nur der harmlose Anfang seiner Verurteilung. Danach fesselte man ihn an einen Baum. Der Schlamm lief an seinen Haaren hinunter, glitt über seine Wangen und triefte an seiner Uniform hinab. Unsere Einheit musste sich vor dem Baum aufstellen und der Bestrafung unseres Kameraden zusehen. Ich hatte Mühe, meine Tränen zurückzuhalten, aber in dieser Situation durfte ich auf keinen Fall weinen, denn das würde die Aufmerksamkeit unseres Vorgesetzten auf mich lenken. Er schritt nah an uns vorüber, so nah, dass ich seinen Schweiß riechen konnte. Er wählte eine Handvoll Soldaten aus, die ihm in den Busch folgen mussten. Dort wurde die Tarnung angelegt. Man verkleidete sich mit Blättern und Ästen, strich sich Lehm ins Gesicht, so dass man nicht mehr zu erkennen war. Jeder wusste, was nun kommen würde. Das Anlegen der Camouflage war das sichere Zeichen für eine Hinrichtung. Dann ging es zurück zu dem Baum, an den James mit weit aufgerissenen Augen gefesselt war. Aufstellung! Nun blieben nur noch wenige Minuten bis zum Feuerbefehl. Durchladen! Entsichern! James würde die Gesichter der Schützen nicht erkennen können. Mein Traum glich der Wirklichkeit auf erschreckende Weise. In jener Nacht tauchten die vertrauten Kameraden, die vertrauten Uniformen und Waffen und der vertraute Schlamm wieder auf. Ich schaute in die Augen derer, die der Exekution zusehen mussten, ohne die Gesichter der Schützen zu sehen. Ich sah den Schlamm an seinem Körper. Dann krachten die Schüsse!

Schweißgebadet wachte ich auf. Das Klopfen meines Herzens drohte meine Brust zu sprengen. In meinen Ohren rauschte das Blut. Hektisch suchte mein Blick nach den vertrauten Punkten in meiner Umgebung. Ja! Gott sei Dank! Die weiße Decke meines Appartements war über mir, das vertraute Fenster gegenüber vom Bett. Gott sei Dank! Ich war in Sicherheit! Ich war in Dänemark! Aber der afrikanische Schlamm klebte noch immer an mir. Ich musste ihn loswerden!

Am Morgen war ich unfähig, zur Schule zu gehen, und meldete mich krank. Der Alptraum hatte mir die Kraft aus dem Körper gezogen. Ich fühlte mich leer und hilflos. Was sollte aus mir werden? Wann kam endlich die Besserung? Ich schleppte mich vor die Tür, streunte entmutigt durch die Gegend und setzte mich auf eine Parkbank. Die Hunde, die auf einer Rasenfläche tobten, lenkten mich ein wenig ab. Wenn ich doch nur glücklich sein könnte! Wenn doch meine Kinder bei mir sein könnten oder meine Mutter! Wie sollte ich noch länger weiterleben? Wie die nächste Nacht ertragen? Wie den nächsten Alptraum? Zunächst musste ich diesen Morgen überstehen. Diesen einen Morgen, dann den Nachmittag und später die Nacht. Ich durfte nicht aufgeben!

Später erklärte ich meinem Dänischlehrer Soren Jespersen, warum ich gefehlt hatte. Er nickte verständnisvoll und legte vorsichtig eine Hand auf meinen Arm. Ich erzählte ihm, dass ich mich unendlich alt und müde fühlte, so als sei ich hundert Jahre alt. Ich hatte doch schon so viel erlebt. Mehr als genug für ein ganzes Leben. Gleichzeitig fühlte ich mich sehr jung, wie ein sechsjähriges Kind. Ich sehnte mich danach, ein kleines Mädchen zu sein.

»Soren, kennst du nicht einen Platz für mich, an dem ich spielen kann wie ein Kind?«

Er schaute mich prüfend an, und ich wusste nicht, ob er mich verstanden hatte. Ich suchte einen Ort, an dem dieses kleine Mädchen, das ich in mir spürte, in Ruhe erwachsen werden konnte.

»Ich verstehe dich sehr gut«, sagte Soren, »vom ersten Tag an habe ich gespürt, wie sehr du zu kämpfen hast! Lass uns sehen, was ich für dich tun kann. Gib mir einige Tage Zeit.«

In meinem Dänischunterricht gab es einige Bosnier. Sie erzählten, wie ihre eigenen Nachbarn mit Messern und Pistolen auf sie losgegangen waren, wie in ihrer Heimat gemordet wurde und wie der Schmerz ihre Seelen aufgefressen hat. Es waren Europäer! Mein Gott, wenn auch in Europa gemordet wurde! Der Gedanke machte mir Angst. Ein Iraker erzählte uns, dass seine Brüder und Onkel in den Gefängnissen ermordet wurden. Als er seine Geschichte beendet hatte, brach ein kurdischer Mann in Tränen aus. Und eine Russin klagte bitterlich darüber, dass sie ihre Kinder nicht nach Dänemark holen durfte. Nur unser italienischer Klassenkamerad hatte keine tragische Geschichte zu berichten und lud uns stattdessen zum Pizzaessen ein. Ich war die Jüngste in der Klasse und die Einzige, die kein Wort über ihre Vergangenheit herausbrachte, denn allein schon der Versuch des Erzählens ließ mich weinend aus dem Raum laufen.

Soren Jespersen rief mich in das Raucherzimmer.

»Nun, China, es gibt einen Kindergarten, der froh sein würde, wenn du dort einige Stunden am Vormittag mithelfen würdest. Ich habe mit den Mitarbeiterinnen gesprochen. Es sind sehr nette Frauen. Du wirst sie mögen.«

»Ein Kindergarten?«

»Dorthin gehen die Kinder, um zu spielen und etwas zu lernen.«

»Wie alt sind diese Kinder?«

»Zwischen drei und sechs Jahren.«

»So klein?«

Ich überlegte, was das zu bedeuten hat. Soren erklärte mir, dass es dort verschiedene Gruppen mit jeweils zehn bis fünfzehn

Kindern gäbe. Ich konnte es mir nicht so genau vorstellen und ich hatte gewisse Bedenken. Wenn so viele Kinder gemeinsam spielten, würden sie mir vielleicht auf die Nerven gehen. Und wenn ich die Geduld mit ihnen verliere? Wenn sie mich verärgern? Wie werde ich reagieren?

Wir vereinbarten, dass ich es zunächst ausprobieren sollte. Wenn es mir gefiele, dann könne ich jeden Vormittag im Kindergarten arbeiten und zum Nachmittagsunterricht in die Schule kommen.

*

Der Anfang war sehr schwer. Die Kinder wollten nicht auf mich hören. Immer wenn ich ihnen sagte, was sie tun sollten, gaben sie mir Widerworte. Wenn ich ihnen sagte, sie müssten das Spielzeug in eine Kiste zurücklegen, oder wenn ich wollte, dass sie damit aufhörten, Unfug zu machen, dann gaben sie mir seltsame Antworten. *Du bist viel zu jung, um uns etwas zu befehlen! Du hast hier nichts zu entscheiden! Hier entscheiden wir! Du kannst nicht mal richtig Dänisch! Du verstehst gar nichts!*

Ihre Reaktionen schüchterten mich ein. Wie erstarrt stand ich manchmal im Raum und wusste nicht, was ich tun sollte. Die Kinder hatten überhaupt keine Angst. Es musste wohl daran liegen, dass sie nie geschlagen wurden. Nicht mal bei den frechsten Antworten bekamen sie einen Klaps versetzt. Ich war hilflos und wusste nicht, was ich tun sollte. Die Leiterin des Kindergartens lächelte verständnisvoll und machte es mir vor.

»Wer hat mit den Spielsachen gespielt?«, fragte sie in die Runde der Kinder.

Daraufhin gingen alle Hände hoch.

»Dann bringt die Sachen jetzt bitte zurück in die Spielzeugkiste!«

»Warum?«, riefen die Kinder und warteten auf eine Antwort.

»Wenn ihr nicht selber aufräumt, werden China und ich es machen. Denn ihr wisst, dass der Kindergarten jeden Tag aufgeräumt werden muss. Wenn wir es für euch machen, dann bedeutet das aber, dass ihr morgen nicht mit den Sachen spielen dürft. Nur jene Kinder bekommen morgen wieder Spielsachen, die heute beim Aufräumen helfen.«

Daraufhin rannten die Kinder los und brachten die Spielsachen zurück in die Kiste.

Das Spielzeug zog mich magisch an. Nie zuvor hatte ich solch raffinierte Dinge gesehen und war neidisch auf die Kinder, die damit spielen durften. Wenn ich als Kind überhaupt spielen konnte, waren es zumeist getrocknete Bananenblätter, aus denen meine Geschwister und ich etwas bastelten. Manchmal gelangen uns sogar ein Fußball oder eine Puppe. Aber meistens blieb mir für so etwas keine Zeit, denn ich musste Ziegen hüten. Sie waren meine engsten Spielkameraden. Mit einem Stock bewaffnet, machte ich mich mit ihnen auf Nahrungssuche. Der Stock sollte mich vor den Schlangen schützen, die mir immer furchtbare Angst einjagten. Wenn mir eine Schlange begegnete, rannte ich, so schnell ich konnte. Aber beim Laufen riss ich mir Dornen in die Füße, und so experimentierte ich mit den Bananenblättern, um Schuhe anzufertigen und meine Füße zu schützen.

Meine Kolleginnen bemerkten meine Lust am Spiel und ließen mich Eier bemalen. Es machte Spaß, die Farben zu mischen und gemeinsam mit den Kindern zu malen. Als die richtige Zeit gekommen war, durfte ich die Eier im Garten verstecken. Ich war sehr aufgeregt, als die Kinder nach den Verstecken suchten und dabei lachten und tobten. Manche Osternester hatte ich sogar in den Bäumen versteckt.

Die dänischen Kinder durften machen und sagen, was sie wollten! Manche nannten ihre Eltern sogar beim Vornamen, ohne dafür bestraft zu werden. Fasziniert hörte ich, wie ein kleines Mädchen ihre Mutter »Mette« und ihren Vater »Jesper« nannte. Dort, wo ich herkam, durften Kinder, und manchmal selbst die Erwachsenen, ältere Menschen niemals bei ihrem Namen nennen. Mit Schrecken stellte ich fest, dass ich die Namen meiner Großeltern nicht einmal kannte und die Namen anderer Angehöriger vergessen hatte.

Die Kinder wurden meine Freunde. Bald ließen sie mich auf ihren schönen bunten Rädern fahren. Sie spielten gern mit meinen verfilzten Haaren, deren Struktur ihnen ein großes Rätsel war. Immer wieder wollten sie es anfassen, um zu prüfen, ob es wirklich echt war. Ein Mädchen behauptete, es fühle sich an wie ein Teppich. Bei schönem Wetter gingen wir in den Garten. Im Sandkasten wurden Burgen gebaut. Manchmal spielten die Kinder auch mit Plastikpistolen. Ihre kleinen Hände umklammerten die schwarz glänzenden Spielzeugwaffen. Ich beobachtete, wie sie voreinander wegliefen und drohten, sich gegenseitig zu erschießen. Dabei machten sie merkwürdige Geräusche, die sich nach Beschuss anhören sollten. Manche taten so, als seien sie getroffen worden, und stellten sich tot. Ich dachte an meine gefallenen Freunde, die in den Gefechten umgekommen waren. Für die es kein Spiel war, auch wenn manche von uns vielleicht nicht einmal den Unterschied zwischen Spiel und Ernst gekannt haben.

Die Kinder in diesem Garten hatten unschuldige Augen und unschuldige Herzen, aber ihre Waffen erinnerten mich an die schwere Schuld, die ein Schütze mit jedem Schuss auf sich lädt. Meine Ohren hörten plötzlich das Krachen echter Schüsse und den dumpfen Einschlag eines Geschosses in einen menschlichen Körper. Mein Atem ging heftig. Ich schaute weg von den spielenden Kindern und versuchte, meine Erinnerungen zu vertreiben. Alle um mich herum schienen meine Gedanken beim Anblick der Spielzeugpistolen lesen zu können! Ich bildete mir ein, dass meine Kolleginnen mir ansahen, was ich mit richtigen Waffen angerichtet hatte und welche Schuld ich auf mich geladen hatte. Aber es war doch alles so verdammt einfach gewesen! Waffe entsichern! Zielen! Abzug ziehen! Schon war das Opfer tot. Nicht mehr als die Bewegung des rechten Zeigefingers. Weiter nichts. Ein Kinderspiel. Wir hatten es geübt und wir hatten es immer wieder umgesetzt. Diese Erinnerung schüchterte mich derart ein, dass ich niemandem in die Augen schauen konnte. Am liebsten wäre ich im Erdboden versunken. Die Vergangenheit begegnete mir auf Schritt und Tritt. Nirgends war ich vor ihr sicher.

An manchen Tagen tobte ich den ganzen Vormittag mit den Kindern herum, und oft bekam ich das Gefühl, es gäbe keinen großen Unterschied zwischen uns. Ich stellte mir sogar vor, dass auch ich am Ende des Tages von meinen Eltern abgeholt wurde.

Die kleinen Mädchen malten Bilder für mich, auf denen sie mich als Prinzessin darstellten. Auf diesen Kunstwerken trug ich rosafarbene Kleider, hochhackige Schuhe und hielt Blumen in den Händen. Sie zeigten mir eine fröhliche China, eingebettet in bunten Farben. Bald waren die Wände meines Appartements mit Kinderzeichnungen geschmückt. Zu diesem Zeitpunkt hatte ich noch nie ein Kleid getragen und meine Füße hatten noch nie in Frauenschuhen gesteckt. Noch heute, wenn ich eines dieser Kinder zufällig beim Einkaufen treffe, höre ich, wie sie von weitem meinen Namen rufen oder mich aus Spaß von hinten erschrecken. Diese Kinder haben ein wunderbares Leben. Selbst als Dreijährige wissen sie um ihre Rechte und ihre Position. Selbstbewusst boten sie mir immer wieder Paroli. Ich erinnere mich an ein kleines Mädchen, mit dem ich gemeinsam ein Bild gemalt hatte. Ich bat sie darum, ein anderes Mädchen aus einem anderen Raum zu uns zu holen. Sie blickte nur kurz auf, malte ungestört weiter und fragte: »Hast du nicht selber Beine?«

Ich konnte nur lachen und mich freuen. Also stand ich auf und ging selber.

Moses

Ich hielt es nicht mehr länger aus. Das Warten auf eine Nachricht von meinem Sohn zermürbte mich. Irgendwo zwischen meinen vielen Papieren entdeckte ich die Nummer vom UNHCR in Südafrika. Der Hohe Flüchtlingskommissar der Vereinten Nationen hatte mir versprochen, Moses ausfindig zu machen und unsere Zusammenführung in die Wege zu leiten. Es kostete mich unendlich viel Kraft, die Nummer zu wählen. Was ist, wenn sie eine schlechte Nachricht für mich haben, überlegte ich. Was ist, wenn sie mir sagen, dass Moses niemals zu mir kommen kann! Wenn all meine Hoffnungen durch eine fremde Stimme im Telefon zerstört werden! Werde ich es überleben?

Aber die Nachricht aus Südafrika war knapp und weder positiv noch negativ. Man teilte mir mit, dass die dänischen Behörden die Zuständigkeit für die Familienzusammenführung übernommen hätten. Was hatte das zu bedeuten? Welche Behörden? Welche Menschen? Warum waren die Südafrikaner nicht mehr zuständig? Ich musste selber aktiv werden, musste in Uganda anrufen und meinen Sohn finden. Aber zu jenem Zeitpunkt hatte ich keinerlei Kontakte zu meinem Heimatland. Ich wusste nicht, was mit meinen Familienangehörigen geschehen war. Seit fünf Jahren hatte ich nichts mehr von ihnen gehört. Zu meinem Sohn hatten meine Angehörigen ohnehin keine Verbindung. Es gab nur eine einzige Person, die mir vielleicht weiterhelfen konnte, aber ich konnte die entsprechende Telefonnummer nicht finden. Ich durchsuchte alle Papiere, die sich in meiner Wohnung befanden, aber nirgends entdeckte ich die Nummer. Ich musste sie irgendwo verloren haben. Zu oft war ich kopflos durch die Straßen gewandert, zu oft war mir etwas aus der Tasche gerutscht.

In meiner Verzweiflung lief ich zu Birgitte. Sie war meine Zuflucht, zu ihr konnte ich gehen und meinen Tränen freien Lauf lassen, bei ihr konnte ich mich vor der Welt verstecken, wenn es nötig war.

Gemeinsam schrieben wir einen Brief an das dänische Außenministerium. Birgitte machte mir Mut, sie verwandelte jede schlechte Nachricht in eine gute. Es wäre ein gutes Zeichen, dass Dänemark zuständig sei, sagte sie mir. Und plötzlich war ich mir ganz sicher, dass ich meinen Sohn innerhalb weniger Wochen bei mir haben würde. Sobald die Dänen zuständig sind, kann nichts mehr schiefgehen, redete ich mir ein.

Doch aus Wochen wurden Monate, und ich versuchte es wieder auf eigene Faust. Ich wählte irgendwelche Telefonnummern in Uganda und bekam neue Nummern. Ich erzählte den fremden Leuten, dass ich meinen Sohn suchte. Mein gesamtes Geld gab ich fürs Telefonieren aus. Ich aß kaum noch und kaufte auch sonst nichts mehr. Rechnungen bezahlte ich nicht mehr, für das Geld telefonierte ich mit UNICEF. Die Organisation gab mir eine Nummer vom UNHCR in Schweden, die mir wiederum die Nummer des UNHCR in Uganda gaben. In Uganda sagte man mir, ich solle beim UNHCR in Südafrika anrufen. Ich schrieb Briefe, versendete Faxe und fiel jeden Tag mutlos und erschöpft ins Bett. Finstere Gedanken raubten mir die Kraft, bis ich nach einiger Zeit wieder zum Hörer griff.

Ohne große Hoffnung klammerte ich mich an den Versuch, doch noch jemanden ausfindig zu machen, der mir helfen konnte. Ich wählte die Ländervorwahl von Uganda, die Stadtvorwahl von Kampala und dann eine beliebige Zahlenfolge. Bei einigen Versuchen hatte ich Erfolg und jemand ging ran. Einmal nahm eine Frau ab, die mir auf Anhieb nett erschien. Ich nannte ihr einen Namen und sagte, er gehöre dem verstorbenen Vater meines Sohnes. Sie wusste sofort, von wem ich sprach, denn Moses' Vater war vielen Menschen in Uganda ein Begriff. Er war ein bekannter Lieutnant gewesen. Ich klagte ihr meinen Kummer und spürte ihr Mitleid. Schließlich bat ich sie darum, meinen Sohn zu suchen. Ich flehte sie an. Sie war meine einzige Hoffnung.

»Was habe ich davon?«, fragte sie mich. »Was bringt es mir?«

Wenn ich doch nur die richtigen Worte gefunden hätte!

Zahllose Telefonate führten mich schließlich zu einem ugandischen Offizier, der sich sofort an mich erinnern konnte. Er war mit dem Vater meines Sohnes bekannt gewesen. Und er kannte meinen Sohn! Er hatte ihn kürzlich sogar gesehen! Ich konnte meine Aufregung kaum beherrschen. Mein Herz schlug bis zum Hals und mein Magen verkrampfte sich. Endlich war ich auf der richtigen Fährte.

»Wie geht es ihm? Wie sieht er aus? Sieht er mir ähnlich?«, überschlugen sich meine Fragen.

»Er ist eine perfekte Mischung aus seinem Vater und dir!«

Mein Gott! Mein Sohn sieht mir ähnlich! Mein Sohn! Mein eigen Fleisch und Blut! Er war gesund. Ein starker und intelligenter Junge, wie der Offizier mir sagte. Heiße Tränen liefen mir über die Wangen.

»Hast du gehört, was mit seinem Vater passiert ist?«, fragte der Offizier und erzählte mir dann, dass Moses' Vater innerhalb weniger Tage auf ungeklärte Weise gestorben war. Es wurde nie herausgefunden, welch seltsame Krankheit seinen Körper vergiftet hatte.

Der Offizier teilte mir mit, dass Moses' Vater veranlasst hatte, unserem Sohn seinen Namen und seinen Platz in der Familie zu übergeben. Damit war er das Oberhaupt über seine anderen Geschwister. Nach einer letzten Zigarette soll Moses' Vater darum gebeten haben, seinen Tod nicht zu beweinen. *Ich bin nur ein Soldat. Wenn ihr unbedingt weinen müsst, dann weint, weil ich meine eigenen Kinder nicht aufwachsen sehen werde.*

Moses' Vater war der erste Mann in meinem Leben gewesen, für den ich etwas empfunden hatte. Ich war noch sehr jung, kaum vierzehn Jahre alt, als unser Sohn geboren wurde. Er war einer der wenigen Männer in meinem Leben, die mich nicht schlecht behandelt hatten. Er war viel zu früh gestorben. Ich trauerte um ihn und darum, dass unser Sohn keinen Vater mehr hatte.

Nachdem ich die vielen Neuigkeiten aufgenommen hatte, gab der Offizier mir eine Nummer.

»Dort wirst du deinen Sohn erreichen.«

»Wirklich?«

»Ja, ganz bestimmt.«

Ich wiederholte die Nummer einige Male, um ganz sicherzugehen.

»Das ist die Nummer?«, fragte ich erneut.

»Ja doch!«

Endlich hatte ich Gewissheit. Meinem Sohn ging es gut, er war in Sicherheit. Und er sah mir ähnlich! Er war mein Fleisch und Blut. Ich konnte es kaum glauben. Mein Gesicht zeigte das breiteste Lächeln, ich sang verrückte Lieder, tanzte durch mein Zimmer und hoffte auf schöne Träume von meinem Sohn.

Ich stand kurz vor dem Ziel. Die Suche war beendet, doch ich hatte Angst, die Nummer zu wählen. Ich war verunsichert, aufgeregt, besorgt und gleichzeitig voller Vorfreude. Mein Herz schlug bis zum Hals. Die Nervosität ließ mich zittern. Immer wieder nahm ich den Hörer in die Hand und legte ihn dann wieder zurück. Was soll ich sagen? Was wird er sagen? Wie wird er mich nennen? Was wird er über mich denken? Wenn er mich fragt, wo ich die ganze Zeit gewesen bin? Warum ich mich nicht früher gemeldet habe? Was soll ich antworten? Die Fragen zermarterten mein Hirn. Ich kann nicht!

Dann endlich wählte ich die Nummer. Zitternd und fröstelnd, obwohl es ein warmer Tag war. Moses' Tante war am Apparat, und es kam der Moment, als sie den Hörer weiterreichte.

»Hello Moses! ... How are you? ... Wie geht es dir? ... Ich bin es, deine Mutter. China.«

Mein gesamter Körper war in Aufruhr. Heiß und kalt durchströmte es mich. Es gab so vieles zu sagen, aber womit sollte ich beginnen?

»Hello! How are you?«, fragte er mich mit einer erstaunlich reifen Stimme. Er klang so erwachsen. Wie konnte es sein, dass mein Junge schon so alt geworden ist? Er sagte freundliche Dinge zu mir, die wohlerzogene Jungen sagen müssen. Ich lauschte ihrem Klang und hatte das Gefühl, einen Bruder, vielleicht sogar einen Zwillingsbruder am Telefon zu haben.

»Moses, du fehlst mir so. Mein lieber Sohn.«

»Entschuldigung, aber ich kann mich nicht an meine Mutter erinnern. Es ist schon so lange her.«

»Ich weiß«, sagte ich und versuchte, meine Tränen zu unterdrücken. Er sollte mein Weinen nicht hören.

»Aber ich bin deine Mutter. Ich denke jeden Tag an dich.«

»Wo bist du?«

»Sehr weit weg. In Europa.«

»Kann ich dich irgendwann sehen?«

»Ich versuche alles, damit du zu mir kommen kannst, lieber Moses. Verlasse dich darauf. Deine Mutter wird alles tun, was sie kann. I love you!«, sagte ich schließlich, und die Worte kamen tief aus meinem Herzen. Es war das erste Mal in meinem Leben, dass ich diese drei Worte aussprach. *I love you!*

»I love you too«, sagte er, und ich zitterte am ganzen Körper.

Die Welt schien stillzustehen. Seine Stimme war so reif und vertraut. Der Offizier hatte Recht. Mein Sohn war ein guter und starker Junge. Ich fühlte eine Nähe, die ich nie zuvor zu einem anderen Menschen empfunden hatte. Er war ein Teil von mir! Ich fühlte ihn durch den Hörer! Seine Stimme und seine Worte waren wie eine magische Verbindung. Mein Sohn! Zehn Jahre alt! Fünf Jahre zuvor hatte ich zum letzten Mal mit ihm gesprochen. Nachdem ich aufgelegt hatte, flogen meine Gedanken davon. Ich wünschte, zaubern zu können und ihm ein Flugzeug schicken zu können, das ihn zu mir bringen würde. Ich fühlte eine besondere Wärme in mir. Mein Sohn war bei mir. Ich hatte seine Stimme gehört und seine Liebe gefühlt. Ja, er hatte verstanden, dass ich seine Mutter war. Das machte mich unbeschreiblich glücklich. Irgendwann hörte ich meine eigene Stimme.

»China! Warum müssen deine Schultern so schwere Lasten tragen? Was hast du getan und wie viele Sünden hast du begangen, um von deinen Kindern getrennt zu sein? Womit hast du das verdient? Es darf nicht sein!«

Ich schaute aus dem Fenster, schaute auf die Nachbarhäuser, den kleinen Rasen und die Bäume, drehte mich um und schaute in meine Wohnung.

»China! Du hast noch einen weiten Weg vor dir. Du musst noch vieles begleichen und vieles beenden. Und dann wirst du etwas Neues beginnen. Etwas Wunderbares!«

*

Das Gespräch mit meinem Sohn Moses hat mich wochenlang beschäftigt. Jedes einzelne Wort kam mir immer wieder in den Sinn. Ich fragte mich, ob ich mich richtig ausgedrückt hatte oder ob ich besser etwas anderes gesagt hätte. Hatte er mich richtig verstanden? Doch meine Zufriedenheit überwog die Skepsis bei weitem. Ich fühlte eine Verbundenheit zu ihm, die ich nicht für möglich gehalten hatte. Es fühlte sich an, als sei ich plötzlich nicht mehr allein auf der Welt. Es gab meinen Sohn. Ich hatte eine kleine Familie! Der Gedanke daran stärkte mich, und immer häufiger dachte ich nun auch an meine anderen Verwandten. Was war aus ihnen geworden? Der Kontakt zu Moses hatte mir Mut gemacht, meine Geschwister und meine Eltern zu suchen. Ich wollte nicht mehr länger ohne sie auf der Welt sein. Es war an der Zeit, nach ihnen zu forschen. Jahrelang hatte ich nichts mehr von ihnen gehört. Das Bedürfnis, etwas zu erfahren, ließ sich nicht länger verdrängen, und ich trotzte dem Widerstand und den Ängsten gegen dieses Vorhaben. Denn eines wusste ich genau: Es konnten auch sehr schlechte Nachrichten sein, die mich erwarteten. Der Tod war mir schon so häufig begegnet, und ich hatte schon als Kind begriffen, dass er jeden holen konnte, egal wie viel Kummer er den Hinterbliebenen damit machte. Wie oft hatte ich mich gefragt, ob der Tod denn nie genug bekam. War es ihm egal, eine Familie zu zerstören? Wen ließ er übrig, wen verschonte er? Wonach wählte er aus? Ich betete zu Gott, mir ein Zeichen zu geben, ob ich eine Suche überstehen und unabhängig von dem Ergebnis würde weiterleben können.

Ich hatte keine Telefonnummer und keine Adresse. Alle wichtigen Unterlagen waren mir in Südafrika abhandengekommen. Am helllichten Tag in Johannesburg. Auf der Suche nach einem Gelegenheitsjob, nach irgendeiner Möglichkeit, ein wenig Geld zu verdienen, war ich ziellos durch die Straßen von Johannesburg gelaufen. An jenem Tag hatte mich ein Mann mittleren Alters angesprochen und nach einer bestimmten Adresse gefragt. Auf einem Stück Papier hatte er mir den Namen einer Straße gezeigt. Er käme aus einem kleinen Dorf, sagte er mir, und kenne sich nicht aus. Er suche einen Mann, der in der Straße lebe, die auf dem Papier stehe. Es sei ein reicher Mann, nach dem er suche. Er selber habe diesen Mann reich gemacht, denn er sei ein Wahrsager und Heiler. Als ich ihn mir genauer ansah, hatte ich keinen Zweifel daran, dass er wirklich ein Wunderheiler war. Er sah sehr ungewöhnlich aus, hatte ein kleines und ein großes Ohr, kaum Zähne und nur vereinzelte Haare auf seinem Kopf. Trotz dieser deutlichen Merkmale des Alters wirkte er jung. Ich kannte keine Straßennamen, und als ein anderer, etwas älterer Mann auf unserer Höhe war, fragte ich diesen nach der Adresse. Wir überlegten gemeinsam, wo sich die Straße befinden könne, aber wir hatten keine Idee.

»Sie waren sehr nett zu mir. Sie haben sich wirklich für mich bemüht«, sagte der Heiler zu uns, obwohl wir ihm nicht helfen konnten. »Ich möchte Ihnen Glück bringen.«

Was konnte er damit meinen? Der ältere Mann und ich wurden neugierig. Als der Heiler sagte, der ältere Mann und ich sollten uns gegenseitig unsere Namen zuflüstern, ohne dass er es hörte, waren wir einverstanden.

Kurz darauf flüsterte der Heiler dem Älteren etwas ins Ohr, und schon sah ich sein überraschtes Gesicht.

»Er hat mir Ihren Namen genannt! Das ist ein Wunder! Wie kann er ihn kennen? Woher weiß er Ihren Namen?«, fragte der ältere Mann mich nun. »Sie haben ihn so leise in mein Ohr geflüstert, dass er ihn unmöglich hören konnte. Er hat tatsächlich *China* gesagt.«

Ich war genauso überrascht wie er. Woher konnte dieser merkwürdige Heiler meinen ebenso merkwürdigen Namen kennen? Ich hatte ihn von einem Ausbilder bekommen, kurz nachdem ich bei den Kindersoldaten gelandet war. Der damalige Ausbilder konnte meinen richtigen Namen nicht aussprechen, und wegen meiner schräg stehenden, asiatisch aussehenden Augen nannte er mich kurzerhand *China*. Diesen Namen habe ich beibehalten. Andere Kindersoldaten hatten noch wesentlich merkwürdigere Namen erhalten. Einer hieß Suicide, andere Rambo, Chuck Norris oder Strike Commando.

Nun war ich an der Reihe, und der Heiler nannte mir den Namen des Fremden. Das beeindruckte mich sehr. Dieser Kerl schien wirklich zaubern zu können. Er machte uns ein Angebot. Für zwanzig Dollar würde er uns die Zukunft voraussagen. Wir dürften in seinen Zauberspiegel schauen, sähen alles deutlich vor uns und bekämen unsere wichtigsten Fragen beantwortet. Dafür müssten wir uns an einen ruhigen Ort in einen Park zurückziehen. Wir waren begeistert von der Idee. Der Fremde stimmte sofort zu und sagte, er habe zwei wichtige Fragen, für deren Klärung er gern zwanzig Dollar zahlen würde. Er wollte wissen, wer sein Kind ermordet habe und ob er endlich einen Job fände.

Er zahlte das geforderte Geld und der Heiler sprach in einer unbekannten Sprache zu dem Spiegel. Dann musste der Mann seine Wertsachen, seinen Gürtel und alle metallenen Gegenstände zurücklassen und mit dem Wunderspiegel in die öffentliche Toilette des Parks gehen. Dabei dürfe er sich auf keinen Fall umdrehen und nicht sprechen. Egal was in den nächsten Minuten passiere, er müsse in den Spiegel schauen und auf eine Stimme warten, die seine Fragen beantworte. Es dauerte nicht lange und wir hörten ihn schreien. Er kam herausgelaufen.

»Es war meine Tante! Sie hat mein Kind ermordet. Der Spiegel hat es mir gezeigt. Es war ganz deutlich. Mein Gott! Sie war es! Die böse Tante! Sie hat uns schon immer gehasst. Aber der Spiegel hat mir auch gezeigt, dass ich schon bald ein Auto haben werde. Das heißt, ich finde endlich eine Arbeit.«

Er war wie aufgedreht und machte sich geradewegs auf den Weg in seine Zukunft. Nun war ich noch neugieriger geworden. Wenn ich meine Zukunft kannte, dann würde alles einfacher, überlegte ich mir. Aber ich hatte keine zwanzig Dollar. Meine gesamte Barschaft belief sich auf zwei Dollar. Der Heiler schlug vor, dass wir nur eine kurze Sitzung abhalten würden und ich später, wenn ich einen richtigen Job fände, ein weiteres Mal in den Spiegel schauen könne. Für zwei Dollar gäbe es vorerst nur einen kleinen Teil meiner Zukunft zu sehen. Wie mein Vorgänger musste ich meine Geldbörse, meine Brieftasche mit meinen Papieren, meinen Gürtel und sogar meine Schuhe zurücklassen, weil sie eine Gummisohle hatten. Gummi würde das Medium stören, erklärte er mir. Ohne meinen Gürtel verlor ich meine Hose, aber er blieb hart.

»Mit Gürtel wird der Spiegel dir keine Zukunft zeigen. Der Spiegel hat Angst vor dem Metall!«

Okay, dachte ich, wenn es so ist, dann musste auch der Gürtel fallen. Ich ließ meine gesamte Habe bei dem Heiler und verschwand wie geheißen in der Toilette. Dort wartete ich auf die Stimme. Ich schaute in den Spiegel und versuchte, eine Veränderung zu entdecken, lauschte jedem Geräusch, aber alles, was ich hörte, war Straßenlärm. Das Warten war eine harte Geduldsprobe, aber ich wollte mir die Chance nicht verderben. Der andere Mann hatte schließlich erfahren, wer sein Kind ermordet hatte. Vielleicht würde ich sehen, wie mein Sohn Moses jetzt aussah und was er über mich dachte. Vielleicht dauerte es länger, weil er weit fort von mir lebte. Als ich schon sehr lange gewartet hatte, ohne eine Stimme gehört zu haben, ging ich zurück. Der Park war verlassen, von dem Heiler und meinen Sachen keine Spur.

Heute weiß ich, dass ich aus lauter Verzweiflung jedem geglaubt hätte, der mir etwas Gutes versprach. Ich hatte mein Gespür und meine Menschenkenntnis verloren. Ich klammerte mich an jeden Strohhalm, der sich bot, an alles, was mich eines Tages vor der Trostlosigkeit von Soweto rettete, dem berüchtigten Armenviertel bei Johannesburg, in dem ich lebte. Wegen einer Dummheit hatte ich alle wichtigen Unterlagen verloren, fast sämtliche Adressen und Verbindungen zu meiner Vergangenheit. Zurückgeblieben war eine einsame junge Frau, die keine Vorstellung davon hatte, wie es weitergehen sollte. Damals ahnte ich nicht, dass die schlimmsten Qualen mir noch bevorstanden.

Als ich mich in Dänemark entschieden hatte, meine Familie zu suchen, musste ich mir genau überlegen, wie ich es anstellen konnte. Da mir keine zündende Idee kam, betete ich für ein Zeichen von Gott. Aber genau wie der Spiegel leer und stumm geblieben war, vernahm ich nun keinerlei göttliche Zeichen. Ich musste meine Familie allein und ohne jeglichen Anhaltspunkt finden. In meiner Heimat gibt es keine Melderegister, keine Geburtsurkunden und keine zuständigen Behörden. Irgendwo in meinen chaotischen Unterlagen fand ich die Postfachadresse meines Cousins Frank. Ich hatte ihn erst kurz vor meiner Flucht aus Uganda kennen gelernt. Damals war ich sehr verzweifelt gewesen, hatte dringend Geld gebraucht, um meinen Fluchtplan zu realisieren, und auch ihn um Hilfe gebeten. Ohne ihm etwas über mein Vorhaben zu erzählen, hatte ich ihn nach Geld gefragt. Er war damals zu Besuch bei seiner Schwester gewesen und hat mir ein paar Scheine zugesteckt. Schon zu jener Zeit, im Sommer 1995, lebte er in Ruanda und hat mir seine Adresse gegeben. Ich hatte nur sehr vage Kenntnisse darüber, dass ein Teil meiner Familie in Ruanda lebte. In meinem Leben, das von Kampfeinsätzen, Entbehrungen und Gewalt geprägt gewesen war, hatten solche Dinge keine Rolle gespielt. Ruanda war nicht viel mehr für mich als ein Nachbarland von Uganda. Ich wusste, dass meine Eltern ursprünglich von dort stammten, aber ich hatte keine Ahnung, welche weiteren Verwandtschaftsbeziehungen in dem kleinen Land der südlichen Grenze von Uganda noch bestanden. Frank war mir als Cousin vorgestellt worden, er war nett gewesen.

Nun schrieb ich ihm einen Brief, in dem ich ihm erklärte, dass ich noch lebte, obwohl er sicher dächte, ich sei bei den Gefechten im Norden des Landes umgekommen. Ich schilderte Frank, wie ich damals über Kenia nach Südafrika geflohen war und schließlich in Dänemark gelandet war. Er solle wissen, dass ich meine Mutter und meine Schwestern vermisste. Wenn er wisse, wo sie seien, dann solle er ihnen von meinem Brief erzählen. Bei meiner überstürzten Flucht hatte ich Franks Schwester ein Fernsehgerät gestohlen. Frank solle ihr sagen, dass ich ihr ein neues kaufen würde. Ich beendete den Brief mit den Worten: I will always love all of you!

Danach zählte ich die Tage und überlegte, wie lange der Brief unterwegs sein würde und wie lange es dauern würde, bis ich seine Antwort bekam. Nach einigen Wochen kam mein Brief zurück: Unknown Address. Unbekannte Anschrift. Die Nachricht verursachte unerträgliche Ängste. Sicher waren sie alle tot.

Knud Held Hansen erinnerte mich an meinen Geburtstag, und so wollte ich diesen Tag zum ersten Mal in meinem Leben feiern. Dafür räumte ich mein Appartement auf. Es war nicht einfach, in der Unordnung und den vielen Dingen, die ich angesammelt hatte, einen Anfang und ein Ende zu finden. Was konnte ich wegwerfen und was brauchte ich vielleicht noch? Welche Papiere und welche Zettel waren von Bedeutung? Für mich sahen sie alle gleich aus. Es war immer noch mühsam, die dänischen Schriftstücke zu lesen und zu begreifen. Dann hatte ich plötzlich einen Fetzen Papier in den Händen, auf dem Franks Name und eine Telefonnummer standen. Mein Cousin Frank! Ich starrte auf die Nummer und verstand die Welt nicht mehr. Es war nicht die Ländervorwahl von Uganda! Es musste Franks Nummer in Ruanda sein. Aber woher kam diese Nummer? Welche Botschaft wollte mir dieser Zettel mitteilen? Und welche Nachrichten würden mich bei einem Anruf erwarten? Ich saß auf dem Boden gegen die Wand gelehnt und war vollkommen durcheinander. Verbarg sich hinter dieser Nummer der Schlüssel zu meiner Familie? Wird er Schlechtes oder Gutes bringen? Würden mein neues Leben, meine neuen Hoffnungen und meine Fortschritte womöglich nach diesem Anruf beendet sein? Würde die neue China den Boden unter den Füßen verlieren? Ich war vollkommen hilflos. Wie erstarrt hockte ich auf dem Boden. Ich versuchte mir vorzustellen, was Birgitte, Knud, mein Therapeut, mein Lehrer und andere Menschen, die ich inzwischen näher kannte, mir wohl raten würden. Würden sie sagen: *China, du musst dort anrufen!*, oder würden sie mir zur Vorsicht raten? Konnten sie überhaupt ahnen, was mich schlimmstenfalls erwartete? Afrika war nicht Dänemark! Ich hatte am eigenen Leib erfahren, wie kaltblütig der Tod auf seine Opfer lauert. Krankheiten, Unfälle, Gewalttätigkeiten gab es dort in Dimensionen, die in meiner neuen Heimat unvorstellbar waren. Schon Kleinigkeiten, wie eine schlecht verheilte Wunde, konnten schwere Komplikationen auslösen. Eine ausreichende medizinische Versorgung hat es für meine Familie nie gegeben. *Egal welche Antwort dich erwartet, du musst es wagen. Darauf hast du so lange gewartet! Es ist vielleicht die einzige Chance, deine Familie zu finden. Vielleicht wird es dein schönstes Geschenk zu deinem ersten Geburtstag. Du solltest diese Nummer wählen!*, sagte eine besonders laute Stimme in meinem Kopf – und schon griff ich zum Hörer.

Eine Frau war am Apparat. Ich holte ganz tief Luft und fragte nach Frank.

»Einen Moment bitte!«

Dann hörte ich Franks Stimme. Es war wirklich mein Cousin Frank!

»Hallo Frank, ich bin es, China«, rief ich in den Hörer, und meine Stimme überschlug sich dabei. »Deine Cousine China!«

Die Verbindung war nicht besonders klar und ich hatte ein

Echo in der Leitung. Ich wartete auf eine Reaktion, aber für einen unendlich langen Moment blieb es still.

»Was soll das? Ist das ein Scherz? Wir haben China schon vor vielen Jahren beerdigt.«

»Oh nein, Frank. Ich bin es wirklich. Ich lebe in Dänemark. In Europa. Ich bin nicht tot!«

»Ich weiß nicht, was das soll! Warum tun Sie mir das an? Wir haben China beerdigt.« *Warum tun Sie mir das an?* Diese Worte hallten in meinem Ohr. Ich spürte die Leiden meines Cousins. Panik ergriff mich. Womöglich legte Frank einfach auf! Ich beeilte mich, ihm etwas aus unserer Familiengeschichte zu erzählen. Atemlos sprach ich über unsere Angehörigen und das Haus meines Vaters. Ich nannte ihm unzählige vertraute Namen. Dann war es wieder still in der Leitung.

»China! Du bist es!«

»Frank! Wie geht es meiner Schwester Maggie? Hast du Kontakt zu ihr?«

»Oh China! Weißt du es denn nicht? Sie lebt nicht mehr.«

»Mein Gott! Was ist passiert?«

»Sie war sehr krank. Sie konnten ihr nicht mehr helfen. Es gab keine Medizin.«

Maggie war tot. Meine Schwester Maggie! In einer Phase meiner frühen Kindheit war sie für mich ein Mutterersatz gewesen. Maggie war nicht mehr auf der Welt! Ich konnte es mir nicht vorstellen. Wie stellt man sich den Tod eines geliebten Menschen vor, den man viele Jahre nicht mehr gesehen hat? Während ich meinen Dienst als Soldatin leistete, hatte Maggie sich eine Weile um meinen Sohn gekümmert. Als ich meine Schwester das letzte Mal traf, um Moses abzuholen und zur Familie seines Vaters zu bringen, war sie sehr lieb zu mir gewesen. Sie konnte wunderbar kochen und hatte Hühnchen für mich zubereitet. An ihre letzten Worte habe ich oft denken müssen. »Pass gut auf dich auf!«, hatte meine Schwester damals zu mir gesagt. »Du bist eine Frau, und du weißt selber, dass wir es doppelt schwer haben.«

Nun musste ich sofort an Maggies eigene drei Kinder denken. Mein Gott! Sie hatten keine Mutter mehr!

»Und was ist mit Maggies Mann?«

»Shaka haben wir noch vor Maggie beerdigt.«

Ich traute mich nicht, weiterzufragen, nicht nach meiner Schwester Grace und auch nicht nach Jenny. Aber als Frank sagte, dass es Jenny gut ging, verstand ich, was das bedeutete.

»China, es tut mir so leid, aber deine Mutter haben wir vor einigen Monaten beerdigt.«

Er erzählte mir, dass mein Vater vor allen anderen gestorben war. Fast fünf Jahre waren vergangen. Jedes Jahr war eine Person aus meiner Familie genommen worden. Meine drei älteren Geschwister waren nicht mehr unter uns. Am Leben waren die drei jüngeren.

Ich fragte ihn nicht, wie und wo es passiert war. Für den Moment hatten wir nichts mehr zu sagen. Ich fiel in eine tiefe Trauer. Maggie, meine Maggie. Als unsere leibliche Mutter von unserem Vater vertrieben worden war, noch bevor ich sie überhaupt kennen lernen konnte, war meine Schwester Maggie einer der wenigen lieben Menschen in meinem Leben. Maggies Ehemann war ein guter Mensch. Warum mussten die beiden sterben? Und meine arme Mutter! Was war mit ihr? Trauer und Schuldgefühle plagten mich. Und Vater? Auch um ihn trauerte ich, spürte keinen Hass, sondern nur eine unendliche Leere. Afrika, meine Heimat, meine Wurzeln, die Erde meiner Vorfahren und die Gräber meiner Familie. Meine Geschwister und meine Kinder, alle waren sie unendlich weit weg von mir. Durch ein einziges Telefongespräch hatte ich unendlich viele schlechte Nachrichten erfahren. Es hatte weniger als eine Stunde gedauert, um mich wieder komplett niederzuwerfen. Ich saß in meinem Appartement in Kopenhagen und konnte nicht mehr aufhören zu weinen. Schluchzend betete ich zu Gott und bat ihn um Frieden für die Verstorbenen. *Mögen ihre Gräber gekennzeichnet sein, damit ich sie eines Tages finde!*

Ich wollte zurück nach Afrika. Ich fühlte mich wie ein Irrlicht in einer fremden Welt. Vertraute Menschen, Blutsverwandte, die Frau, die mir das Leben geschenkt hatte, waren in der Ferne gestorben, ohne dass ich es gefühlt, geahnt oder gar gewusst hatte. Ein großer Teil von mir war noch dort! Das spürte ich deutlicher denn je. Ich hatte versucht zu vergessen, wollte nicht mehr an meinen gewalttätigen Vater denken, an den Peiniger aus meinen Kindheitstagen, an blutgetränkte Hemden auf meinem schwachen Leib, wollte meine Scham gegenüber meiner Mutter vergessen, die ich einst gesucht und auch gefunden hatte und die ich damals doch nicht als meine Mutter akzeptieren wollte. Selbst meine Geschwister hatte ich versucht, aus meinen Gedanken zu vertreiben. Kraftlos, wie ich mich in meinem ersten Jahr in Dänemark zumeist fühlte, konnte ich kaum die Gedanken an meine eigenen Kinder ertragen. Es war alles zu viel für mich.

Ich rief Birgitte an und weinte. *Ein Soldat weint nicht,* ging es mir durch den Kopf. *Ein Soldat gibt niemals auf!* Das hatten unsere Commander uns Kindersoldaten immer wieder eingetrichtert. Von klein auf hatte ich diese Sätze immer wieder gehört. Sie waren mir in Fleisch und Blut übergegangen. *Nicht weinen!* Aber mir blieben nur noch meine Tränen. Sie waren alles, was ich noch hatte. Birgitte kam, und ich konnte nicht aufhören zu weinen. Es fühlte sich an, als würde ich mein Herz leer weinen und mir selber dabei zuschauen. Mein Herz zog sich zusammen und ließ Tränen herausfließen. Es schien voll davon zu sein, jeder Herzschlag presste neue Tränen hervor. *Nicht weinen! Niemals aufgeben! Nicht klagen! Nicht fragen!*

Birgitte Knudsen war eine starke Frau. Sie hatte schon vielen Flüchtlingen aus aller Welt geholfen. Sie verstand mich. An ihrer Seite konnte ich weinen. Wortlos liefen mir die Tränen von den Wangen und tropften auf den Boden. An jenem Tag sagte Birgitte etwas, was mein Leben verändern sollte.

»Liebe China, vielleicht ist es eine gute Idee, wenn du deinen Kummer niederschreibst, wenn du alles aufschreibst, was dir in den Sinn kommt, einfach alles, was du erlebt und gefühlt hast und was dich bis heute quält. Wenn du es aufschreibst, dann kann es vielleicht aus deiner Seele herauskommen und dich erleichtern. So wie deine Tränen schon jetzt aus dir herauskommen.«

Ich konnte nichts dazu sagen, aber ich vertraute ihr und wusste, dass sie nur das Beste für mich wollte. Und ich war hungrig nach Heilung. Ich wollte endlich ein normaler Mensch werden. Ich war so unendlich müde vom Leiden, müde davon, wie ich mich fühlte. Ich hätte jeden Rat beherzigt und jede Medizin genommen, die man mir empfohlen hätte.

Am nächsten Tag kam Birgitte wieder, umarmte mich wie jedes Mal und brachte mir ein Schreibheft und Stifte. Dann fragte sie mich, ob ich mit ihr einkaufen wolle. Sie brauche ein neues Kleid und ich könne ihr beim Aussuchen helfen. Ich musste lachen, denn niemand verstand so wenig von Frauenkleidern wie ich. In der Armee war ich kaum von einem Mann zu unterscheiden gewesen. Uns Soldatinnen war es zudem verboten, Make-up zu tragen und sich Fingernägel und Haare wachsen zu lassen. Auch nach meiner Desertierung blieb ich dabei. Nur ein einziges Mal hatte ich einen Rock getragen, aber mit meinen nackten Beinen hatte ich mich so unwohl gefühlt, dass ich mich sofort wieder umgezogen hatte. Es war mir vorgekommen, als hätten alle Leute nur auf meine Beine gestarrt, so wie man auf einen nackten Busen starren würde.

Natürlich begleitete ich Birgitte, denn die Gesellschaft dieser herzlichen Frau, der ich vertraute und die ich lieb hatte, tat mir gut. Birgitte setzte alles daran, mich zurück ins Leben zu bringen, und wenn es als unpassende Begleiterin beim Kleiderkauf war. Birgitte hatte schon von meiner Existenz gehört, bevor ich überhaupt einen Fuß auf dänischen Boden gesetzt hatte. Sie kannte meine Akte von vorne bis hinten. Sie wusste von meiner Entführung und den Misshandlungen in Südafrika. Birgitte wusste um die schweren Verwundungen meines Körpers, der von Folterinstrumenten durchstoßen worden war. Sie ahnte, was mir alles angetan worden war, und sie setzte sich mit aller Kraft für meine körperliche und seelische Heilung ein. Wir stiegen in ihr Auto, und plötzlich hörte ich mich sprechen. Die Worte kamen wie von selbst.

»Ich muss nach Ruanda! Nur dort kann ich mein gebrochenes Herz zusammenfügen. Ich bin zerrissen und will wieder eins werden. Ich halte es nicht mehr aus, Birgitte.«

Für eine Weile sagte sie nichts. Was mochte sie denken? Meine Familie – das waren Tutsi und sie stammten aus Ruanda. Das hatte ich Birgitte erzählt. Nach Uganda konnte ich ohnehin nicht zurück. Schließlich war ich eine Deserteurin. Das Risiko wäre zu hoch gewesen. Ich musste meine Schwester Jenny treffen. Ich brauchte diesen Kontakt. Auch ich hatte eine Familie.

»China, ich weiß nicht, ob das wirklich eine gute Idee ist. Du solltest auch mit deinem Therapeuten darüber sprechen.«

»Birgitte! Ich muss! Sonst werde ich verrückt! Hier sind alle sehr nett zu mir. Ich danke Gott dafür, dass ich in diesem wunderbaren Land in Frieden und ohne Angst leben kann. Jeder versucht, mir zu helfen, aber ich bin trotzdem fremd. Fremd und allein. Alles, was ich als Kind kannte, mein Dorf, meine Ziegen und meine kleinen Freunde, musste ich zurücklassen. Ich bin allein hier! Die Einsamkeit ist ungeheuer schmerzhaft. Birgitte, die Bananenplantagen aus meiner Kindheit gibt es nur noch in meinen Träumen. Meine Kindheit ist so weit weg. Und nun sind es auch noch die Gräber meiner Angehörigen.«

»Ich weiß wirklich nicht, ob es dir guttun wird. Aber ich werde versuchen, dir zu helfen.«

Zurück nach Afrika

Ich rief Frank an und sagte ihm, dass ich nach Ruanda käme. Er freute sich und wollte immer wieder wissen, wann ich in Kigali landen würde. Tatsächlich hatte ich keine Ahnung, denn bisher hatte ich noch nicht die Mittel, um dorthin zu reisen. Aber trotzdem war ich mir sicher, dass es klappen würde. Am Ende unseres Gesprächs bekam seine Stimme einen freudigen Tonfall.

»China, bitte rufe mich morgen noch einmal an. Dann werde ich dir etwas Wichtiges sagen.«

»Warum sagst du es nicht jetzt?«

Ich hörte ihn lachen und wollte unbedingt wissen, was es mit der Wichtigkeit auf sich hatte.

»Bis morgen!«, sagte er nur und legte auf.

Der Tag wollte nicht vergehen und in der Nacht tat ich kein Auge zu. Ich würde etwas Wichtiges erfahren! Aber was könnte das sein? Ich war sehr aufgeregt. Die bevorstehende Reise und Franks geheimnisvolles Gerede hielten mich wach. Am nächsten Tag wählte ich erneut seine Nummer.

Ich erkannte ihre Stimme sofort. Meine kleine Schwester Jenny war am Telefon.

»Jenny! Jenny! Du bist bei Frank?! Bald bin ich bei euch!«

Sie weinte ununterbrochen, und ich konnte kaum verstehen, was sie mir sagen wollte.

»China, bist du es wirklich?«, schluchzte sie. »China, meine Schwester!«

»Weine nicht! Bald bin ich bei dir! I love you, Jenny!«

Aus ihrer Stimme klang so viel Schmerz. Was war mit ihr geschehen? Trotz ihrer Traurigkeit durchströmten mich Glücksgefühle. Nun wusste ich ganz sicher, dass ich noch eine Schwester hatte. Meine einzige leibliche Schwester. Jenny hörte nicht auf zu weinen. Unter Tränen sagte sie mir, dass sie es erst glauben werde, wenn ich vor ihr stehe.

Jetzt wollte ich erst recht nach Ruanda. Ich wollte ihre Tränen trocknen. So viel Schreckliches war passiert, und ich konnte es nicht ertragen, jene weinen zu hören, die mir geblieben waren und die ich liebte. Angst und Freude ließen mein Herz in wilden Schlägen gegen meine Brust trommeln. Ich bin nicht die einzige überlebende Tochter meiner Mutter! Ich habe noch eine Schwester! Der Gedanke beflügelte mich. Sie brauchte mich. Sie war noch so jung, und ich konnte nicht einmal ahnen, was sie alles durchgemacht hatte.

Ich rannte in Birgittes Büro, um ihr alles zu erzählen und um Hilfe zu bitten.

»China, das ist nicht unsere Aufgabe. Ich kann mir nicht vorstellen, dass du in dieser Angelegenheit Unterstützung von den Behörden erhältst. Es wird schwer zu erklären sein, warum du ausgerechnet jetzt zurück nach Afrika musst. Deine Therapie und deine Heilung haben ein wichtiges Stadium erreicht.«

»Birgitte, diese Reise wird mir mehr als alles andere helfen. Wie lange wartet mein Sohn schon auf seinen Pass? Wie lange warte ich auf mein eigen Fleisch und Blut? Wer weiß, wann Moses endlich nach Dänemark kommen kann? Manchmal denke ich, es wird nie geschehen. Aber ich brauche auch eine Familie. Jetzt, wo ich sie gefunden habe, will ich sie auch sehen! Meine Schwester und mein Cousin leben!«

»Ich werde versuchen, deine Pläne verständlich zu machen. Ich verspreche dir, mein Bestes zu tun und den Behörden das Vorhaben in deinem Sinne zu erklären. Nichts wünsche ich mir mehr, als dass du eines Tages ein wenig Ruhe findest. Und wenn dafür ungewöhnliche Wege gegangen werden müssen, dann soll es so sein.«

Sie hielt ihr Versprechen und war erfolgreich. Ich musste eine Reihe von Papieren unterzeichnen und bekam die Unterstützung für eine Reise nach Ruanda.

Ich war bereit für Afrika! Es war zwar nicht mein Heimatland, das ich besuchen wollte, aber immerhin die Erde meiner Vorfahren und der Wohnort eines Teils meiner Familie. Künstlich gezogene Landesgrenzen haben die Staaten in Afrika geformt. Grenzen, die für viele Menschen keine Bedeutung haben. Ruanda ist der kleine südliche Nachbar von Uganda. Der Massenmord an den Tutsi lag sechs Jahre zurück. Ich wusste nicht, ob auch meine Familienangehörigen davon betroffen waren. Ich war nie zuvor in Ruanda gewesen, aber nach Uganda konnte ich ohnehin nicht einreisen. Zum einen war ich eine Deserteurin, und außerdem erlaubte mein Flüchtlingspass, der nach den Richtlinien der Genfer Flüchtlingskonvention von 1951 ausgestellt war, keine Einreise nach Uganda. Ich musste mich damit abfinden, vermutlich nie im Leben die Gräber meiner Eltern und verstorbenen Angehörigen aufsuchen zu können. Dabei wollte ich wenigstens eine Blume auf ihr Grab legen. Aber genau wie Abertausende anderer Flüchtlinge werde ich vielleicht für immer von meiner Heimat abgeschnitten sein.

Bei der ruandischen Botschaft in London teilte man mir telefonisch mit, ich müsse fünfzig Pfund für ein Visum zahlen.

»Aber meine Eltern stammen aus Ruanda. Ich bin eine Tutsi. Warum muss ich Geld bezahlen, um in das Land meiner Vorfahren einzureisen?«

»Wenn Sie keine ruandische Staatsangehörige sind, benötigen Sie ein Visum. Es kostet fünfzig Pfund. Schauen Sie sich unsere offizielle Website an! Die Dinge in Ruanda haben sich geändert. Es gibt keine Hutu, Tutsi oder Twa mehr. Wir alle sind Ruanda!«

*

Die Aufregung ließ mich keine Sekunde still sitzen. Mein Koffer war voller Mitbringsel für meine Familie. Auf dem Weg zum Internationalen Flughafen von Kopenhagen verlor ich fast die Geduld. Ich wollte so schnell wie möglich in die Maschine der Ethiopian Airline einsteigen. Schon beim Einchecken liefen mir wohlige Schauer über den Rücken. So viele Afrikaner hatte ich in Dänemark noch nie gesehen. Wo hatten sie die ganze Zeit gesteckt? Mit dem Einsteigen in die Maschine ging die Party los. Es hielt niemanden auf den Sitzen. Alle lächelten sich gegenseitig an, die Gesichter waren vertraut und selbst der Geruch war mir bekannt. Es roch nach Afrika! Es gab Somalier, Kenianer, Ugander, Kongolesen, Ruander und viele andere Afrikaner an Bord. Wir kamen dem Himmel über Afrika unaufhaltsam näher. Als das Essen serviert wurde, hätte ich weinen können. Manche tanzten! Es wurde Nacht, und ich hatte das Gefühl, den afrikanischen Mond und die afrikanischen Sterne berühren zu können. Ich war glücklich! Es gab viel zu trinken und die Stimmung wurde immer ausgelassener.

Als ich in Kigali ankam, war es bereits Mittag. Schon auf dem Weg zur Gepäckausgabe sah ich viele Hände, die mir zuwinkten. Eine große Wärme durchströmte mich. Ich war im Land meiner Vorfahren angekommen! Viele strahlende Augenpaare und lächelnde Münder warteten auf der anderen Seite der Absperrung.

Meine kleine Schwester Jenny ist einige Jahre jünger als ich. Aus dem kleinen Mädchen, das ich in Erinnerung hatte, war eine junge Frau geworden. Bei unserer Begrüßung konnte sie mir nicht in die Augen schauen. Verschämt blickte sie zu Boden, und ich traute mich nicht, sie zu umarmen. Sie versteckte sich regelrecht vor mir. Obwohl es mich unbeschreiblich glücklich machte, sie zu sehen, hatten wir auf eine merkwürdige Art Angst voreinander. Mit meiner Ankunft war ihre Einsamkeit vorüber. Die Einsamkeit einer kleinen zurückgelassenen Schwester. Bis vor kurzem war sie überzeugt gewesen, die einzige Überlebende gewesen zu sein. Ich wollte sie berühren und an mich drücken, aber ich war wie erstarrt. Ich ahnte, wie sie sich fühlen musste. Ihre Angst, nach unserem Wiedersehen wieder allein gelassen zu werden und mich, ihre einzige Schwester, vielleicht erneut zu verlieren, noch dazu, wo ich vor Jahren bereits für tot erklärt worden war, musste zu viel für sie sein. Die Angst vor solch einem Verlust ist stärker als jede Waffe! Mir ist diese furchtbare Angst vertraut. Zu viele Male hatte ich Angehörige und Kameraden verloren, als dass ich es noch einmal hätte ertragen können. Ehe ich jemanden von meinem eigen Fleisch und Blut zu nah an mich heranließe, stieße ich ihn lieber fort. Jenny war sicher aus ähnlichen Gründen so zurückhaltend. Ich hatte vor langer Zeit eine Mauer vor dem Eingang zu meinem Herzen gezogen, die niemand überschreiten durfte, unabhängig davon, ob es sich dabei um Angehörige oder Freunde handelte. Ich wollte nie wieder verletzt werden und der beste Schutz schien mir diese unsichtbare Mauer zu sein. Es verursachte unerträgliche Schmerzen, wenn jemand die Mauer zu durchbrechen versuchte. Wie würde ich, hier in Afrika, reagieren, wenn jemand meinem Herzen näher käme? Meine Gedanken überschlugen sich, als wir auf dem Weg zum Haus meines Cousins Frank waren. Ich starrte aus dem Wagenfenster, während Frank mir etwas erzählte. Er war wirklich sehr nett. Da ich ihn vor über fünf Jahren nur ein einziges Mal gesehen hatte, konnte ich mich nicht mehr deutlich an sein Aussehen erinnern. Aber durch die Telefonate der letzten Wochen hatte ich mir ein Bild von ihm gemacht und Vertrauen zu ihm gefasst. Ich mochte ihn, aber während der Autofahrt vom Flughafen zu ihm nach Hause konnte ich ihm kaum zuhören. Ich war überwältigt von den Eindrücken, die auf mich einwirkten. Nie zuvor war ich hier gewesen, aber gleichzeitig gab es vertraute Klänge und vertraute Gerüche. Kinder winkten uns vom Straßenrand aus zu, und ich konnte nicht aufhören, ihre strahlenden Zähne und das leuchtende Weiß in ihren Augen anzustarren. Es war ein ungewohnter Anblick für mich. Wohin ich auch schaute, von überall schauten mich schwarze Gesichter an. Ich hatte mich in Dänemark bereits vollkommen an den Anblick von Weißen gewöhnt. Seit einem Jahr sah ich nur ganz selten mal einen Afrikaner. Nähere Kontakte hatte ich zu keinem von ihnen. Meine Welt bestand fast ausschließlich aus hellhäutigen Dänen.

Wir passierten Häuserzeilen, die mit Einschusslöchern übersät waren. Manche Behausungen waren noch immer verlassen. Wer mochte dort gelebt haben? Wie waren die Bewohner umgekommen? Was waren ihre letzten Worte? Konnten sie noch klare Gedanken fassen, bevor der Tod sie zu sich genommen hatte?

Die Bäume und das Gras am Straßenrand schienen gesund und glücklich zu sein. Ihr Grün leuchtete vor Fruchtbarkeit und Leben, aber der Asphalt auf der Straße trug die Spuren des Völkermordes von 1994. Niemand hatte die Toten gezählt, aber in dem kleinen Land Ruanda sollen innerhalb von hundert Tagen fast eine Million Menschen systematisch ermordet worden sein. Die Straße barg unvorstellbare Erinnerungen und strahlte eine tiefe Traurigkeit aus. Dieser Weg hatte sehr viel Blut trinken müssen. Die Spuren des Todes und der Waffen waren überall. Beim Anblick der untrüglichen Zeichen des Mordens hoffte ich, dass jene, die diese Straße heute und in Zukunft unter ihren Füßen spüren, die Opfer niemals vergessen werden. Unzählige Leichen haben hier oft tagelang gelegen.

Als wir Franks Haus erreichten, waren mehrere Frauen mit den Vorbereitungen für mein Willkommensfest beschäftigt. Verschiedene Gerichte kochten in den Töpfen und verströmten einen wunderbaren Geruch, der in mir ein Gefühl von Heimat aufkommen ließ. Mit diesen Gerüchen war ich aufgewachsen, diese Gerüche hatten mir das Wasser im Mund zusammenlaufen lassen. Vor solchen Töpfen habe ich als Kind gestanden und um eine Mahlzeit gebettelt. Allzu oft war ich hungrig geblieben. Es wurden Getränke gereicht, und unter normalen Umständen und in einem normalen Land hätte die Feier beginnen können, aber wir waren in Ruanda und die Gäste schienen nicht in festlicher Stimmung zu sein. Die Erwachsenen strahlten eine tiefe Traurigkeit aus. Mit den meisten Anwesenden war ich verwandt, ohne sie zu kennen. Sie waren überwiegend Angehörige von Mutters Seite. Die meisten Namen hatte ich noch nie gehört. Obwohl ich nun mitten unter ihnen war, fühlte ich mich wie abgeschnitten von meiner eigenen Familiengeschichte. Ich konnte den Faden nicht greifen, der uns verband. Irgendwo musste unsere gemeinsame Geschichte sein, aber ich fand keinen Anfang.

Als ich noch sehr klein war, hatte mein Vater meine Mutter verstoßen und ich musste bei meiner Stiefmutter aufwachsen. Nie hat sich jemand die Mühe gemacht, mir etwas über die Angehörigen meiner leiblichen Mutter und ihre Verwandten in Ruanda zu erzählen. Ich war acht Jahre alt, als ich das Haus meines Vaters verlassen hatte und zur Soldatin gemacht worden war. Für Familiengeschichten gab es keinen Platz in meinem Leben. Selbst meine leiblichen Geschwister hatte ich erst nach und nach kennen gelernt, als sie bei meinem Vater und meiner Stiefmutter auftauchten.

Eine alte Frau kam zu mir und nahm meine Hände. So machte ich die Bekanntschaft meiner Großmutter. Ich hatte eine Großmutter! Die Mutter meiner Mutter lebte noch! Ich wusste nicht, was ich sagen sollte. Wie musste ich sie ansprechen? Niemand hatte mir beigebracht, wie ich mich gegenüber einer Großmutter verhalten musste. Ein Wunder war geschehen! Das hatte ich nicht für möglich gehalten! In Dänemark hatten alle Leute Mütter und Großmütter, selbst ältere Menschen, wie Hansen, hatten noch eine Mutter. Ich hatte angenommen, das sei ein dänischer Luxus.

Von allen Seiten stürzten Fragen auf mich ein, die ich kaum beantworten konnte. Meine Verwandten wollten mir ihre Geschichten erzählen. Immer wieder ging es dabei um den Völkermord. Ich wusste nicht, ob ich das alles ertragen konnte. Ich war kaum angekommen und schon mittendrin in einem Teil meiner Familiengeschichte, den ich nicht einmal erahnt hatte.

Frank wollte mir unbedingt von meiner Trauerfeier erzählen

und andere stimmten ein. Ich sollte erfahren, wie sie meinen Tod betrauert hatten. Ich trank Bananenbier und wusste nicht, wem ich zuhören sollte.

Jemand wollte mir erzählen, wie meine Schwester Grace in den Tagen des Genozids umgekommen war. Oh, mein Gott! Wie sollte ich das aushalten? Kaum hatte ich mich darüber gefreut, meine kleine Schwester Jenny in meiner Nähe zu haben, und nun wollten sie mir von dem Mord an meiner Schwester Grace erzählen. Die bislang abstrakten Schrecken des Völkermordes nahmen viel zu schnell konkrete Züge an. Als man Grace erschlagen hatte, weil sie eine Tutsi war, hatte sie ihr eigenes Kind auf dem Rücken getragen. Zu jenem Zeitpunkt war ich noch in Uganda und hatte keine Ahnung, dass Grace in Ruanda war und welche Katastrophe sich dort ereignete.

Als ich die Erzählungen nicht länger ertragen konnte, ging ich nach draußen zu den Kindern. Sie waren die Einzigen, die über etwas anderes als den Tod sprachen. Und sie lachten. Nach einer Weile amüsierten sie sich auch über mich, denn sie fanden es lustig, wie offen ich mit ihnen sprach. Immer wieder fragten sie mich, wer ich sei und ob ich wirklich mit dem Flugzeug gekommen war. Als ich in die Gesichter der Jungen schaute, versuchte ich mir vorzustellen, wie mein Sohn wohl aussah.

Nachdem ich ein wenig Kraft geschöpft hatte und zurück in das Haus ging, saß eine meiner Tanten scheinbar unverändert und schweigend auf dem Sofa. Sie war die Einzige, die bisher noch kein einziges Wort gesagt hatte. Nun kam sie zu mir.

»China, auch ich möchte dir erzählen, wie ich davongekommen bin und was ich erleben musste.«

Sie schaute mir in die Augen, und es schien ihr ein besonderes Bedürfnis zu sein, dass ich ihr zuhörte.

»Ich bin mit einigen anderen nach Tansania geflohen, bis alles vorbei war. Aber vorher habe ich das Unvorstellbare mit eigenen Augen gesehen. Wir hatten uns im Busch versteckt, nicht weit von der Straße entfernt, ganz in der Nähe unseres Hauses. Das Morden passierte nur wenige Schritte von uns entfernt. Ich wollte es mir nicht ansehen, wollte wegsehen, wollte meine Augen schließen, aber ich hatte keine Kontrolle über meine Augen. Ich konnte sie nicht mehr schließen! Sie blieben aufgerissen, egal was ich auch versuchte. Anfangs hielt ich mir die Ohren zu, um wenigstens die Schreie nicht zu hören, während meine Augen unentwegt auf die Mörder und ihre Opfer starrten. Aber auch die Schreie drangen an mein Ohr, von überall her ertönten sie. Ich wusste nicht, ob es Kinder, Frauen oder Männer waren. Bei Todesschreien erkennt man keinen Unterschied. Manche Stimmen schrien und bettelten um Gnade. Im Angesicht des Todes flehten sie darum, erschossen zu werden, anstatt mit einer Machete in Stücke gehackt zu werden. Sie schrien und boten ihren Schlächtern einen Handel an. Sie würden ihnen zeigen, wo sie ihr Geld versteckt hatten, wenn sie sie erschießen und nicht erschlagen würden. Manche Mütter trugen ihre Kinder noch auf dem Rücken. Die Mörder machten keinen Unterschied, sie mordeten jedes menschliche Wesen, das ihnen vor die Waffe kam. Die meisten hatten keine Gewehre, sondern trugen Macheten und Bajonette. Ich roch das Blut. Die Luft war voll davon. China! Blutgeruch! Überall! Es hörte nicht auf. Alles war rot! Selbst als ich verzweifelt in den Himmel starrte, um diesen Anblick nicht mehr ertragen zu müssen, war er von Blut getränkt. Ich sah alles nur noch rot. Es dauerte sehr lange, bis die Schreie verstummt waren und die Schlächter weiterzogen. Ich stand da und konnte mir nur noch die Hände vors Gesicht halten. Überall lagen Leichen, und es war fast nicht möglich, unsere Nachbarn und Freunde wiederzuerkennen. Ich war gelähmt vor Schreck und schaffte es nicht, einen der Toten auf den Rücken zu drehen, um zu sehen, ob es mein Nachbar war. Ich konnte in keines der blutverschmierten Gesichter schauen. Ich rannte davon.«

Ich hörte meiner Tante zu. Jedes einzelne Wort drang in meinen Kopf, und ich spürte, wie ich das Erzählte mit den Gedanken einer ehemaligen Soldatin aufnahm. Uns Kindersoldaten hatte man, genau wie den erwachsenen Soldaten, das Töten beigebracht. Wir hatten eine Ausbildung erhalten. Uns hatte man eingetrichtert, wie wir uns nach einer Schlacht verhalten sollten, wenn wir Tod und Zerstörung hinter uns gelassen hatten. Uns hatte man in die Köpfe gepflanzt, wer unser Feind war und dass wir Gutes taten, ihn zu bekämpfen. Unsere Befehlshaber leiteten eine Widerstandsarmee, die gegen die Regierungsarmee kämpfte. Ihre Reihen verstärkte sie mit unzähligen Kindersoldaten, und sie muteten selbst den Kleinsten von uns Spezialaufträge zu. Unsere Ausbilder hatten uns Kinder zu ihren willigen Dienern gemacht. Wir waren williger als jeder erwachsene Soldat. Wir gehorchten ihnen aufs Wort. Sie waren unsere Führer, unsere Väter, unsere Mütter, unsere Familie, alles, was wir im Leben hatten. Jeden Funken eines Zweifels erstickten sie sofort. Man hatte uns gezeigt, wie wir unsere Waffen benutzen mussten, wie ein Bajonett angelegt wird und wie es tötet. Uns hatte man auf jeden erdenklichen Anblick vorbereitet. Aber hier in Ruanda haben Zivilisten gemordet. Wie schafften Zivilisten so etwas? Alle sprachen davon, dass die Tutsi in Stücke gehackt worden seien. Ich stellte mir vor, dass die Zivilisten ihre Macheten so benutzt haben, als teilten sie tierisches Fleisch in Stücke. Ich schaute meine Tante an, diese schmale Frau mit dem traurigen Gesicht und den eingefallenen Wangen, und unzählige Fragen schwirrten durch meinen Kopf. Für wen hatten die Männer gemordet? Für sich selber? Für ihren eigenen Ruhm? Oder gab es, wie bei uns Kindersoldaten, einen Commander, den sie damit beglücken wollten? Es verschlug mir die Sprache, eine Zivilistin, eine Frau, die niemals in der Armee gedient hatte, derart detailliert über das Töten sprechen zu hören. Die Betroffenheit zerriss mir das Herz. Überall in Afrika trauert und weint man über jene, die von der Welt gegangen waren. Man beweinte die Toten, versuchte, sich zu verabschieden, und betete um Ruhe für ihre Seelen. Auch die gefallenen Soldaten, jene, die nicht aus den Schlachten zurückgekehrt waren, wurden von ihren Angehörigen und Freunden auf die gleiche Weise betrauert. Aber hier in Ruanda war es etwas anderes. Hier waren es keine Soldaten, die in den Krieg gezogen waren und den Anblick der Leichen auf den Schlachtfeldern zu ertragen hatten. Hier gehörten die Opfer nicht einer feindlichen Armee an. Es waren Kinder, Frauen, Greise, Kranke, Gebrechliche, Nachbarn, Kollegen, Unbeteiligte und Unschuldige. Die Mörder gehörten einem anderen Stamm an. Jene, die den Völkermord in Ruanda überlebt haben und keine Schusswunden und keine Male von Machetenhieben auf ihren Körpern tragen, werden den Anblick des Grauens niemals vergessen. Ich stellte mir vor, wie ihre Augen das Gesehene ein Leben lang widerspiegeln werden. Die Augen, die Zeugen jenes Völkermordes geworden waren, werden für immer einen anderen Blick auf die Welt werfen. Und ihre Herzen sind von unsichtbaren Wunden und Narben überzogen. Keine Medizin dieser Welt wird gegen diese Verletzungen etwas ausrichten können. Diese Verwundungen tragen Opfer und Täter gleichermaßen.

Ich bin eine Tutsi, ich gehöre zu dem Stamm, der beim Völkermord ausgerottet werden sollte. Aber ich habe meinen Weg immer allein gehen müssen. Meine Stammeszugehörigkeit hat mir nie geholfen. Wenn ich eines Tages sterbe, werde ich vermutlich weit entfernt von der Erde meines Stammes beerdigt werden. Warum sollte ich jemanden töten, nur weil er nicht meinem Stamm angehört? Warum sollte mich jemand töten, nur weil ich nicht seinem Stamm angehöre? Beim Völkermord gingen Menschen auf andere Menschen los, die keinerlei Besitz und keinerlei Privilegien hatten. Viele der Mörder waren so bedürftig gewesen, dass sie nicht einmal einen Spiegel kannten. Sie kannten nur das Wasser als Spiegel, ihre Zähne hatten sie sich noch nie geputzt. Sie lebten in Schmutz und Armut. Niemand hatte sich je für sie interessiert. Aber als die Zeit des Tötens kam, wurden sie an ihre Stammesangehörigkeit erinnert, denn die Privilegierten ihres eigenen Stammes erinnerten sich plötzlich an sie. Diese Privilegierten gaben Versprechen für eine bessere Zukunft ab und hetzten manche Seele unter den Armen und Hoffnungslosen auf. Im entfesselten Klima des Hasses haben viele zur Machete gegriffen. Mit einem Blick auf meine unbekannte Familie und mit meiner Sprachlosigkeit angesichts des Grauens blieb mir nur noch ein Gedanke: Es kann keinen einzigen Grund geben, aus dem ein Mensch einen anderen Menschen das Leben nimmt. Wie konnten sie sich zum Morden hinreißen lassen? Als Zivilist gegen andere Zivilisten? Was war geschehen? Aus meiner eigenen Erfahrung wusste ich sehr genau, dass jeder Mensch am Ende allein leidet! Kein Stamm und keine andere Zugehörigkeit kann Abhilfe verschaffen! Ich träume allein und ich leide allein. Und deshalb will ich nur ich selber sein. Und will mit allen sprechen können, die auch mit mir sprechen wollen. Mit jenen das Leben teilen, die teilen wollen. Egal woher sie kommen und wohin sie gehen. Ich möchte in Frieden leben, und ich möchte, dass alle anderen Menschen auch in Frieden leben. Wer von seiner Stammeszugehörigkeit besessen ist, der wird nur schwerlich Frieden finden. Kein Pass und kein einziges Papier sollte eine Stammeszugehörigkeit zeigen. Wir alle gehören dem gleichen Stamm an! Wir sind Menschen!

Lange vor dem Massaker waren Tutsi-Soldaten aus Uganda nach Ruanda zurückgekehrt, um die Heimaterde ihrer Eltern unter den Füßen zu spüren. Auch mich hatte man damals gefragt, welchem Stamm ich angehörte und ob ich nicht mit nach Ruanda gehen wolle. Ich war vielleicht fünfzehn Jahre alt, eine junge Mutter und Soldatin. Ich hatte keine Ahnung, was mich in Ruanda erwarten würde. Ich antwortete damals, ich sei eine Mischung aus allen Völkern Ugandas. Später wurde ich nicht wieder gefragt. Aber nun, im Angesicht der zahllosen Opfer, kamen meine Erinnerungen an die Zeit im Frühjahr 1994 zurück. Damals schwammen die Leichen von ermordeten Tutsi im Victoriasee. Sie waren in Ruanda in den Fluss geworfen und bis in den See gespült worden. Plötzlich erinnerte ich mich daran, dass Fisch damals sehr billig war, weil niemand ihn kaufte. Zu keinem Zeitpunkt hatte ich mir vorgestellt, dass vielleicht auch meine Schwester Grace unter diesen Leichen war. So weit ging meine Vorstellungskraft einfach nicht. Ich wusste, dass sie zurück nach Ruanda gegangen war, aber Grace war ein guter Mensch, eine Zivilistin, eine junge Frau. Warum hätte jemand sie töten sollen? Was hatte sie getan, um den Tod zu verdienen? Unsere eigene Stammesangehörigkeit als Tutsi und das Massaker in Ruanda, von dem ich kaum etwas wusste, hatte ich nicht in Verbindung gebracht. Das Wort Genozid hatte ich noch nie gehört. Ich war damals eine Kindersoldatin gewesen, die nichts anderes als kämpfen gelernt hatte.

Meine kleine Schwester Jenny trug eine schwere Last. Auf dem Sterbebett hatte unsere Schwester Maggie ihr ein Versprechen abgenommen. Die junge Jenny, selber noch ein Teenager, sollte sich nach Maggies Tod um deren zurückgelassene Kinder kümmern. Maggie hatte sie angefleht, die drei Kleinen nicht wegzugeben, denn dann wäre deren Kindheit vorbei, sie wären zum Arbeiten gezwungen und sie hätten keine Chance, wie andere Kinder erwachsen zu werden. Maggie hatte gesagt, dass sie ohne dieses Versprechen nicht in Ruhe sterben könne.

Die kleine Jenny war auch jetzt noch verzweifelt. Sie hatte doch selber nichts!

»Warum hat Maggie das von mir verlangt? Ich hatte doch nicht einmal eine feste Bleibe.«

»Das wusste unsere Schwester doch! Aber sie hatte keine andere Wahl, denn so blieb ihr im Moment des Todes wenigstens noch die Hoffnung, die sie auf ihre unbekannte Reise mitnehmen konnte.«

Als ich endlich begriff, dass nicht nur Jenny, sondern auch die drei Kleinen inzwischen ganz in der Nähe von Frank lebten, konnte ich es kaum erwarten, sie zu sehen. Als wir dort ankamen, war es eine große Überraschung für die Kleinen. Sie schauten mich an, als sei ich ihre eigene Mutter. Sie schienen glücklich zu sein, eine fremde Tante kennen zu lernen, die ihrer Mutter so sehr ähnelte. Sie konnten sich nicht mehr an mich erinnern. Dafür waren sie viel zu jung, aber sie fassten schnell Vertrauen zu mir.

»Tante China, wir haben einen Wunsch!«, sagten sie noch am ersten Abend unserer Begegnung zu mir. »Kannst du, bitte, bevor du wieder wegfliegen musst, einen Grabstein für unsere Mutter kaufen?«

Diesen Wunsch konnte ich erfüllen, und ich überlegte, wie ich den Kindern auch in Zukunft helfen könne. Ich war ihre Tante. Unverhofft hatte ich Nichten und Neffen, die mich um Hilfe baten.

Von Kigali, der Hauptstadt von Ruanda, bis nach Kampala, der Hauptstadt von Uganda, war es nicht weit. In einigen Stunden konnte man es schaffen. Mein Sohn Moses war nur eine halbe Tagesreise von mir entfernt! Der Gedanke daran machte mich nervös, aber es gab keine Möglichkeit, ihn zu treffen. Ich durfte mein Heimatland nicht betreten. Moses konnte nicht allein hierherkommen. Niemand aus meiner Familie kannte ihn. Seine Familie würde ihn keinem aus meiner Familie anvertrauen, und ganz sicher würden sie ihn nicht allein ins Nachbarland reisen lassen. Auch ich selber hatte große Bedenken und eine furchtbare Angst, dass ihm etwas zustoßen könne, wenn er sich auf den Weg zu mir machte. In Ruanda fehlte mir die nötige Sicherheit. Ich fühlte mich fremd und konnte nicht einschätzen, ob es eine ungefährliche Möglichkeit für eine Zusammenkunft gab. Die Sehnsucht nach meinem Sohn mischte sich mit der Trauer um meine verstorbenen Angehörigen und lähmte mich.

Die Tage vergingen und ich fühlte mich zumeist wie eine flüchtige Besucherin. Verwirrt und traurig saß ich in Franks Garten. Mein Cousin wurde zu meinem engsten Vertrauten. Er fragte nach meiner Vergangenheit und versuchte, sich ein Bild von mir zu machen. Mein Leben in Dänemark schien ihm ein großes Rätsel zu sein. Vieles an mir erstaunte ihn, aber er zeigte mir, dass er mich so liebte, wie ich war. Ich verbrachte viel Zeit mit den Kindern. Sie akzeptierten mich als Spielgefährtin und waren begeistert von meinem Verhalten. Für eine junge Frau waren meine Kleidung, meine Frisur und mein Auftreten sehr ungewöhnlich. Die Kinder sahen in mir eher einen verrückten Jugendlichen, der Fußball spielte und irgendwie ganz anders war als die anderen Erwachsenen. Sie mochten mich und ich mochte sie. In ihrer Nähe fühlte ich mich wohl. Manche von ihnen trugen die Spuren von Armut, Krankheit, Verwundung und Gewalt. Wenn ich ihnen doch nur helfen könnte!

Meine drei Wochen in Ruanda vergingen schnell und am Ende hatte ich Heimweh nach Dänemark. Ich wollte zurück in meine neue Heimat. Aber eines spürte ich deutlich: Ich würde ganz sicher wiederkommen.

Erzählen von der Hölle

Als ich zurück in Dänemark war, nahm ich wieder mein Heft und einen der Stifte zur Hand, die Birgitte mir gegeben hatte. Ich schrieb alles auf, was mir in den Sinn kam. Von den Erinnerungen an meine frühste Kindheit, vom Ziegenhüten, von den Schlägen meines Vaters und meiner Stiefmutter bis zu den schönen und schlechten Erlebnissen mit meinen Geschwistern und Halbgeschwistern. Ich schrieb über die Suche nach meiner richtigen Mutter, mein Davonlaufen und meine erste Begegnung mit den Kindersoldaten. Schon bald merkte ich, wie gut mir das Schreiben tat. Es erleichterte meine Seele. Schnell war das erste Heft vollgeschrieben und ich begann ein neues. Eine Frage beschäftigte mich dabei immer wieder: Wer hat mich nach Dänemark gebracht? Wer hat beim Lesen meiner Akte die Idee dazu gehabt? Wer hat in Genf, in der Zentrale des UNHCR, die Entscheidung für Dänemark gefällt? Wer hat in Dänemark bei der zuständigen Behörde gesagt. Ja, wir nehmen sie und sorgen für sie? Wer hat mich in Sicherheit und in mein kleines Paradies geführt? Waren es mehrere Personen? Frauen oder Männer? Was hat sie bewogen, eine junge Frau mit einer derart unglaublichen Geschichte aufzunehmen? Diese Frage lässt mich bis heute nicht los.

Eines Tages sah Knud Held Hansen meine Aufzeichnungen.

»Oh China! Du schreibst ein Buch!«, sagte er und freute sich darüber.

»Ein Buch?« Dieses Wort hatte ich für meine Hefte noch nie benutzt. Daran hatte ich bisher nie gedacht.

»Ja«, sagte er, »es wird ein richtiges Buch.«

Ich hatte keine Ahnung, wie man ein Buch schreibt. Ich hatte in meinem ganzen Leben noch kein einziges Buch gelesen. Bücher hatten in meinem Leben bisher keine Rolle gespielt. Ich schrieb doch einfach nur auf, was mir durch den Kopf ging. Das war alles.

Bei seinem nächsten Besuch brachte Hansen einen Computer mit. Ich traute meinen Augen nicht. Er schenkte mir einen Computer! Ich wusste nicht, was ich sagen sollte. Wir suchten einen Platz für das wunderbare Gerät und Hansen baute es auf. Er steckte Kabel zusammen und schon bald flimmerte der Bildschirm. In meinem Computer gab es lustige Spiele, Fotos und eine Menge Dinge, von denen ich nichts verstand. Hansen zeigte mir, wie ich meinen Namen schreiben konnte. Es war ganz einfach, und noch am ersten Abend wusste ich, wo die Buchstaben sich versteckten. Ich war total aufgeregt. Das Tippen machte mir Spaß. Mit den Spielen kannte Hansen sich nicht aus, aber ich nahm mir vor, eines der Nachbarkinder zu fragen. Die wussten sicher über solche Dinge Bescheid. Das hatte ich schon häufig im Fernsehen gesehen. Als Hansen sich spät am Abend von mir verabschiedete, konnte ich schon ganze Sätze schreiben.

Von nun an schrieb ich meine Gedanken nicht mehr in eines der Hefte, sondern tippte sie in meinen Computer. Manchmal schaffte ich eine ganze Seite. Aber wenn ich nicht aufpasste, waren die Wörter plötzlich weg. Alle Buchstaben waren spurlos verschwunden, und ich wusste nicht, wo ich nach ihnen suchen sollte. Ich wurde wütend und wollte nie wieder etwas schreiben. Aber mit der Zeit begriff ich, wie ich alles abspeichern und sichern musste. Ich war sehr stolz auf meinen Computer. Wenn ich Langeweile hatte, dann tippte ich manchmal sogar einige Sätze aus meinen Schreibheften ab und übertrug sie in den Computer.

Eines Nachmittags klingelte ich bei meiner Nachbarin. Ich hatte mir schon einige Male Zwiebeln oder Tomaten bei ihr ausgeliehen. Von anderen Nachbarn hatte ich Kartoffeln, Nudeln oder Mehl bekommen. Auch nach Zigaretten hatte ich gefragt. Meistens bekam ich, was ich wollte, aber die Leute baten mich selten in ihre Wohnungen. Nur ein alter Mann aus dem obersten Stockwerk ließ mich auf seinem Küchenstuhl sitzen, bis er das Gesuchte in seinen Vorräten gefunden hatte. Er war nett, aber ich wunderte mich, dass weder er noch die anderen jemals bei mir klingelten, um sich etwas auszuborgen. Als meine Nachbarin endlich die Tür öffnete, grüßte ich sie freundlich. Inzwischen konnte ich genug Dänisch, um mich gut zu verständigen. Manchmal rutschten mir auch englische Worte heraus, aber es gab keine großen Verständigungsprobleme mehr. Die Nachbarin bat mich nicht hinein. Das hatte sie noch nie getan. Jedes Mal wenn ich sie nach Kochzutaten fragte, ließ sie mich im Hausflur warten. So war es auch dieses Mal.

»Darf Ihre Tochter zu mir kommen?«, fragte ich sie und erntete einen verständnislosen Blick.

»Warum?«, wollte sie schließlich wissen.

»Ich habe einen Computer. Ihre Tochter kann mit mir spielen.«

Das Mädchen war ungefähr zehn Jahre alt und sie kannte sich bestimmt mit dieser Art von Spielen aus. Alle dänischen Kinder verstanden die Regeln und die Technik. Leider kannte ich den Namen des Mädchens nicht, sonst hätte ich einfach nach ihr rufen können. Ich hatte sie schon oft vor dem Haus spielen gesehen. Sie sah nett aus und hatte mich schon häufiger gegrüßt.

»Nein!«

»Warum nicht?«, wollte ich wissen.

»Wir haben selber einen Computer.«

Ich wusste nicht, was ich sagen sollte. Warum wollte sie nicht, dass ihre Tochter mit mir spielte? Ich war sehr traurig und ging zurück in mein Appartement.

Als Hansen mich nach Wochen endlich wieder besuchen kam, präsentierte ich ihm stolz, was ich alles geschrieben hatte.

»Habe ich doch gesagt. Du schreibst ein Buch.«

»Aber ich habe doch keine Ahnung, wie man ein Buch schreibt.«

»Ich weiß es auch nicht, aber ich bin mir sicher, dass man am Ende einen Verlag braucht.«

Hansen versuchte mir zu erklären, was ein Verlag sei. Er war es auch, der die Idee hatte, ich könne in der öffentlichen Bibliothek um Hilfe bitten. Dorthin ging ich ohnehin regelmäßig, um mir kostenlos Zeichentrickfilme auszuleihen. Bei einem meiner nächsten Besuche erinnerte ich mich an Hansens Worte und fragte die Bibliothekarin, ob sie mir die Adressen von dänischen Verlagen nennen könne.

»Kein Problem!«, sagte sie und gab mir eine Liste mit Adressen und Telefonnummern.

Natürlich kannte ich keinen der Verlage und hatte auch keine Ahnung, wie ein Buch verlegt wird. Ich wählte einige der Nummern, weil die Vorstellung mir Spaß machte, ein Buch anzubieten. Es war einfach eine lustige Vorstellung, dass ich, dass China Keitetsi, die kaum zur Schule gegangen war und noch nie ein Buch gelesen hatte, einen Verlag anrief. Irgendwie überstieg das bei weitem meine Vorstellungskraft. Eine Mitarbeiterin von Ekstra Bladets Forlag hörte mir besonders aufmerksam zu und stellte mir viele Fragen. Sie schien wirklich Interesse an meiner Geschichte zu haben. Wir vereinbarten sogar ein Treffen, bei dem die Mitarbeiterin mich näher kennen lernen wollte. Sie fragte mich nach einem Manuskript, und als sie merkte, dass ich nicht wusste, was das überhaupt sei, wollte sie wissen, ob ich eine CD mit den Daten habe. In den alten Computer von Hansen konnte man so etwas Ähnliches wie eine CD stecken, aber die Dame verstand sofort, was ich damit meinte. Ich solle bitte einfach alle Daten, egal in welcher Form, und auch alle Hefte, in die ich meine Geschichte hineingeschrieben hatte, zu unserem Treffen mitbringen.

Bei einem weiteren Gespräch mit dem Verlag wurden mir viele Fragen gestellt. Es fiel mir schwer, mich an bestimmte Erlebnisse zu erinnern und darüber zu sprechen. Noch schwieriger, ja geradezu unmöglich war es für mich, die Fragen nach Jahreszahlen, Zeiträumen und bestimmten Orten zu beantworten. Dies waren nicht die Kategorien, in denen ich dachte. Später bot man mir einen Vertrag an. Ich verstand nichts von diesen Dingen, aber ich setzte meine Unterschrift an die gekennzeichnete Stelle und hörte eine Weile nichts mehr von ihnen. Ich hatte einen Teil meiner Lebensgeschichte aufgeschrieben, viele Fragen beantwortet und meine Notizen abgegeben. Das war alles! Was weiter passierte, konnte ich mir nicht vorstellen. Ich war ohnehin mit vielen anderen Dingen beschäftigt.

Noch immer hatte mein Sohn keinen Pass erhalten und somit auch keine Möglichkeit zur Ausreise. Mir waren die Hände gebunden. Von hier aus hatte ich keinen Einfluss auf die Ereignisse in Kampala. Ob ihn jemand daran hinderte, einen Pass zu beantragen, ob die Behörden sich weigerten, einen auszustellen, oder ob er möglicherweise nicht zu mir kommen wollte? Ich wusste es nicht. Doch nach jedem Telefonat mit Moses war ich mir sicher, dass er mich liebte und nichts lieber wollte, als mich endlich in Dänemark zu besuchen.

Inzwischen gab es Phasen, in denen ich gut schlafen konnte und weniger Alpträume hatte als zuvor. Mein Therapeut bescheinigte mir große Fortschritte, was mich ein wenig aufatmen ließ. Regelmäßig sprachen wir über meine Kinder, und immer wieder sagte ich ihm, dass es mein größter Wunsch sei, sie eines Tages bei mir zu haben. Er versuchte mir zu erklären, dass ich Geduld brauchte. Es sei nicht einfach, zwei Kinder aufzuziehen. Selbst intakte dänische Familien hätten manchmal Probleme damit. In meiner Lage sei es zunächst wichtig, dass ich selber zu Kräften käme und meinen Platz im Leben fände. Es sei ratsam, einen Schritt nach dem anderen zu machen. Ich sei doch noch so jung und habe noch so viel Zeit im Leben. Es gäbe noch viele Jahre, die ich später mit meinen Kindern verbringen könne. Außerdem würden die beiden sich nicht kennen. Es sei schwer für sie, in ein fremdes Land zu kommen und sich an mich und aneinander zu gewöhnen. Schließlich seien wir drei uns fremd. Vertrauen sei sehr wichtig für Familienbeziehungen, aber woher solle dieses Vertrauen kommen? Seine Worte klangen in meinen Ohren zwar richtig, aber sie wirkten nicht gegen meine Sehnsucht. Wenn doch wenigstens Moses kommen könne! Nur für einen Besuch! Dann könnten wir uns näher kennen lernen und uns aneinander erfreuen. Die Gedanken an meine Tochter warfen mich regelmäßig aus der Bahn. Ich wusste weder, wo sie war, noch, ob sie überhaupt von meiner Existenz wusste. Sobald ich mich länger mit den Gedanken an sie beschäftigte, wurde mir jegliche Energie entzogen und ich konnte nur noch abwesend auf meinem Bett liegen.

Eines Tages bekam ich einen Anruf aus Südafrika. Es war mein Therapeut aus der Trauma-Klinik in Johannesburg. Ich war sehr überrascht und freute mich, seine Stimme zu hören. Wie gut, dass ich ihm meine neue Adresse und Telefonnummer geschickt hatte. Er sagte, er hätte Besuch von einer Journalistin gehabt. Sie sei meinetwegen dort gewesen. Ein Mitarbeiter von »Home Affairs«, der Behörde, die für die Aufenthaltsfragen von Ausländern in Südafrika zuständig ist, habe sie zu ihm geschickt. Die Journalistin wolle mich gerne persönlich kennen lernen. Sie arbeite für einen südafrikanischen Fernsehsender und interessiere sich für meine Geschichte. Ob ich mit ihr sprechen wolle. Ich hatte nichts dagegen. Er könne ihr gern meine Nummer geben.

Wenig später hatte ich Susan Purén am Telefon. Sie klang sehr nett. Als sie mir Grüße von Thinus van Jaarsfeld ausrichtete, einem Mitarbeiter von »Home Affairs«, war ich sehr überrascht. Dieser Mann hatte mir mehrmals geholfen. Zunächst, indem er meiner Geschichte Glauben geschenkt hatte und mir Aufenthaltspapiere genehmigt hatte, und später, als es um Leben und Tod ging. Ihm habe ich es in gewisser Weise zu verdanken, dass ich noch lebte.

Sie wolle zu mir nach Dänemark kommen, sagte Susan Purén, um eine Reportage über mich zu filmen. Ich verstand nicht genau, was sie damit meinte, aber ich willigte ein.

Wenig später war sie auch schon in Kopenhagen. Sie kannte bereits eine Menge Details meiner Geschichte, denn sie hatte nicht nur mit »Home Affairs« gesprochen, sondern auch mit den Mitarbeitern der Trauma-Klinik in Südafrika und dem UNHCR. Sie war der Meinung, dass viele Menschen über mein Schicksal Bescheid wissen sollten. Bisher gäbe es nur wenige Augenzeugenberichte von ehemaligen Kindersoldaten. Als ich Susan Purén kennen lernte, habe ich noch nicht geahnt, welche Wirkung eine Reportage, ein Artikel oder ein Buch auf Menschen haben kann. Das war weit außerhalb meiner Vorstellungskraft. Susan war begeistert, als ich ihr von meinem Buch erzählte, das demnächst veröffentlicht werden sollte. Manches von dem, was sie sagte, konnte ich nicht aufnehmen, denn ich war viel zu sehr mit meiner eigenen Lebenssituation beschäftigt, um den großen Zusammenhängen von Politik und Gesetzen eine besondere Beachtung zu schenken. Ich schaute in die Kamera und sprach in das Mikrofon von Susan. Am Ende unseres Drehs, von dem ich nicht wusste, was damit geschehen würde, versuchte ich einen Rückblick auf meine zwei Jahre in Dänemark. Ich hatte das große Bedürfnis, meine Gedanken über mein neues Heimatland mitzuteilen.

»Dieses Land hat mir geholfen, meine Gedanken zu reinigen und meine merkwürdigen Vorstellungen über andere Menschen endgültig auszulöschen. Es ist so, als versuchten die Menschen in Dänemark, mein Leid zu teilen. Inzwischen habe ich begriffen, dass es in dieser Welt viele Menschen gibt, denen das Schicksal von anderen nicht gleichgültig ist. Ich habe diesem Land bisher noch nichts geben können, aber die Dänen haben mir schon unendlich viel gegeben. Ihnen dafür zu danken ist nicht genug, denn sie haben es geschafft, dass ich mich selber gefunden habe. Ich lebe in einem demokratischen Land, ich fühle mich frei wie ein Vogel und genieße jeden Atemzug.«

Im September 2002 wurde die Reportage von Susan Purén unter dem Titel »China. War Child« im südafrikanischen Fernsehkanal »Carte Blanche« gezeigt. Susan rief mich an und sagte, der Bericht habe für sehr viel Aufsehen gesorgt und werde sicher noch weitere Male gezeigt werden. Für mich war Südafrika weit weg, und ich hatte keine Ahnung, welche Art von Aufsehen ein Fernsehbericht erregen konnte. Mein Leben ging in den inzwischen gewohnten Bahnen weiter. Mein Dänisch wurde immer besser und meine Arbeit im Kindergarten machte mir weiterhin viel Freude. Ich gewöhnte mich an den Wechsel der Jahreszeiten und verliebte mich, genau wie die Dänen, in die Sonne, sehnte mich nach ihrer Wärme.

*

Nachdem es noch ein weiteres Treffen mit der Mitarbeiterin des Verlages gab, die mir wieder Fragen stellte und Notizen machte, erschien im Frühjahr 2002 mein Buch. Es hatte den Titel »Mit liv som barnesoldat in Uganda«. Die Presse bat mich um Interviews, mein Bild erschien in den Zeitungen und ich war sogar im Fernsehen. Der Verlag verkaufte das Buch ins Ausland. Es sollte zunächst ins Deutsche, dann ins Englische und später auch in andere Sprachen übersetzt werden. Die Veröffentlichung meiner Geschichte erleichterte mich. Zuvor habe ich mir nicht vorstellen können, was es bedeutete, mit meiner Lebensgeschichte an die Öffentlichkeit zu gehen. Ich konnte nicht ahnen, wie es sein würde, wenn fremde Menschen plötzlich Anteil an meinem Schicksal nehmen würden. Bereits durch das Schreiben und Erzählen und nun auch durch das fertige Buch bekam ich das Gefühl, einen Teil meiner Last mit anderen zu teilen. Obwohl es in den letzten Monaten auch Stimmen gegeben hatte, die mich vor der Veröffentlichung meiner Geschichte gewarnt hatten, weil dort die Namen von Offizieren und hochrangigen Führern genannt wurden, die die Verantwortung für den Einsatz von Kindern als Soldaten trugen, hatte ich mich dafür entschieden. Die Wahrheit durfte nicht verschwiegen werden. Ich trug sie in mir. Sie würde immer wieder hervorkommen. Auf Dauer lässt sich keine Wahrheit verbergen. Nicht wenige der damaligen Commander waren noch immer in Amt und Würden. Aber weil ich in meinem Leben schon so viel Leid ertragen musste, hoffte ich nun, mit der Veröffentlichung meiner Geschichte den Kindern helfen zu können, die noch immer als Soldaten missbraucht wurden. Bei meiner ersten Begegnung mit der dänischen Presse versuchte ich, meine Dankbarkeit gegenüber meiner neuen Heimat zum Ausdruck zu bringen.

Nachdem immer mehr Menschen mein Buch gelesen hatten und viele von ihnen mir Zuspruch gegeben hatten, konnte ich meine Erleichterung sogar körperlich spüren. Meine Schultern entspannten sich und selbst meine Kiefer rieben nicht mehr so gewaltig aufeinander. Meine Freunde und Bekannten, meine Ärzte und Lehrer waren stolz auf mich. Sie haben sich über meine Fortschritte und mein Wachsen gefreut. Manche sagten mir, es sei so, als käme eine verdorrte Blume zurück ins Leben und zeige, welch schöne Blüten in ihr steckten.

Der Verlag schickte mir Briefe von Lesern, die mir ihre Betroffenheit schilderten. Für viele war es ein Schock, mit den Details meines Lebens als Kindersoldatin konfrontiert zu werden. So etwas hatten sie sich nicht vorstellen können. Allein schon das Lesen meiner Geschichte schien ihnen wehzutun. Manchen war es unerträglich, sie weinten und litten mit der kleinen China. Alle wünschten mir Glück und Kraft.

Einer dieser Briefeschreiber bot mir an, eine Website für mich zu gestalten, damit es für meine Leser einfacher wäre, Kontakt zu mir aufzunehmen. Ich hatte keine Ahnung von solchen Dingen, aber ich war begeistert, als die Website fertig war und viele Menschen sich in mein Gästebuch eintrugen. Regelmäßig schaute ich mir an, was sie mir geschrieben hatten, und freute mich sehr darüber.

Eines Morgens rief die Leiterin unseres Kindergartens mich in ihr Büro.

»China, es tut mir sehr leid«, sagte sie zu mir. »Aber einige unserer Eltern sind besorgt um ihre Kinder. Sie haben dich im Fernsehen gesehen und von deiner Vergangenheit als Kindersoldatin erfahren. Sie sind verärgert, weil wir sie nicht früher darüber informiert haben.«

Ich schaute sie fragend an, weil ich nicht verstand, was sie mir damit sagen wollte.

»Die Eltern meinen, wir hätten sie über deine Vergangenheit informieren sollen, bevor wir dich hier angestellt haben.«

»Aber warum denn?«

»Sie machen sich Sorgen.«

»Sorgen?«

»Um ihre Kinder!«

»Ich verstehe nicht.«

»Vielleicht denken sie, du könntest den Kindern irgendetwas antun. Weil du doch selber so viel Gewalt erfahren hast. Du warst eine Soldatin und nun spielst du mit ihren Kindern.«

Die Worte trafen mich wie ein Schlag. Ich hatte doch nie ein Problem mit den Kindern oder sie mit mir. Ich hatte so hart daran gearbeitet, von ihnen und den Erziehern etwas zu lernen. Ich wollte so werden wie sie. Ich wollte ein Mitglied ihrer friedlichen Gemeinschaft werden. Ich liebte diese Friedfertigkeit über alles. Sie war das Paradies für mich. Nicht eine Sekunde hatte ich daran gedacht, ihnen etwas anzutun. Ich wollte dazugehören! Die Kinder waren mein Ein und Alles geworden. Ich liebte sie mehr als irgendetwas sonst. In meinen Augen waren sie so unschuldig wie kleine Engel und meine wahren Freunde.

Und nun sollte die Offenbarung meiner Vergangenheit alles zerstören? Die Ablehnung durch ihre Eltern traf mich vollkommen unerwartet. Sie raubte mir die Fassung und ließ mich zittern. Ich fühlte mich abgelehnt, gebrandmarkt und isoliert. Mein Blick senkte sich zu Boden. Wie eine Diebin schlich ich mich an den Eltern vorbei, als sie im Kindergarten auftauchten, um ihre Kleinen abzuholen.

Die Leiterin hatte den Eltern gesagt, dass die Kinder mich liebten und dass ich ihnen niemals etwas antun würde und dass alle sehr glücklich seien, mich hier zu haben. Glaubten die Eltern ihr? Würden sie nun ihre Kinder nach mir ausfragen? Was ich sage, was ich tue, was ich mit ihnen spielte? Ich hielt meine Tränen zurück, bis ich zu Hause war. Dann fiel ich weinend auf mein Bett. Wie konnte ich jemals eine von ihnen werden? Wie ein Teil der dänischen Gemeinschaft? Meine Vergangenheit würde mir jede Anerkennung rauben. Niemand würde mich akzeptieren! Mich, die ehemalige Kindersoldatin, die mit einer Uzi an der Seite geschlafen und diese Waffe auf Befehl auch eingesetzt hatte. Die ganze Welt würde mich auf immer und ewig dafür verurteilen! Diese Menschen kannten das Soldatenleben nicht. In ihrer heilen Welt war kein Platz dafür. Ihre Vorstellung reichte nicht, mein damaliges Leben zu begreifen. Es hatte doch nichts mit Freiwilligkeit oder Freude an Waffen und Kämpfen zu tun, wenn ich in meinem Buch behauptete, die Waffe sei meine beste Freundin gewesen. Niemals würden sie mich verstehen. Zivilisten haben keine Ahnung vom Soldatenleben!

Es folgten schwere Tage, aber ich war froh, dass ich im Kindergarten bleiben durfte. Meine Kolleginnen hielten zu mir. Und ich musste neue Kräfte sammeln, denn in meinem Kopf war weiterhin das eine große Ziel: Ich musste stark werden und eines Tages mit meinen eigenen Kindern zusammenkommen.

Heute verstehe ich die Reaktion der Eltern. Treusorgende Mütter und Väter wünschen sich immer das Beste für ihre Kinder. Niemand will, dass das eigene Nest einen Schaden nimmt.

Tränen auf Mandelas Hemd

Nicht lange nach der Veröffentlichung meines Buches bekam ich eine Einladung nach New York. Die UNO hatte sich an meinen Verleger gewandt und darum gebeten, die Einladung an mich weiterzuleiten. Ich war verwirrt, denn dort stand, dass ich auf einer Konferenz der Vereinten Nationen sprechen solle. Ich hatte keine Ahnung, was das bedeutete. Das Einzige, was ich wirklich begriff, war die Tatsache, dass ich offenbar Amerika sehen würde. Amerika! Davon hatte ich schon in Afrika geträumt. Meine Flucht aus Uganda 1995 hatte ursprünglich das Ziel Amerika. Mit falschen Papieren wollte ich in die USA einreisen, aber ich kam damals nicht weiter als bis zum amerikanischen Konsulat in Kenia. Jetzt lud man mich für mehrere Tage nach New York ein. Ich sah die Wolkenkratzer vor mir. Für mein Visum, das Flugticket und die Hotelunterbringung werde selbstverständlich gesorgt.

Ich freute mich auf die Reise. Was sich mit dieser Einladung verband, realisierte ich erst allmählich. Woher sollte ich auch wissen, welche Arbeit die UNO leistet, wo sie ihren Sitz hat und was die Organisation von mir wollte. Hansen und andere Bekannte versuchten mir zu erklären, worum es bei der UNO und ihren Sitzungen ging. Sie meinten auch, es sei eine große Chance, dort gegen den Einsatz von Kindern als Soldaten zu sprechen.

Es sollte die erste mehrtägige Konferenz in der Geschichte der Vereinten Nationen sein, die sich ausschließlich der problematischen Lebenslagen von Kindern in unserer Welt widmete. Zu diesem Anlass waren Kinder, Jugendliche und junge Erwachsene aus allen Kontinenten nach New York eingeladen worden. Sie sollten die Gelegenheit bekommen, ihre Erfahrungen, Meinungen und Forderungen vor einem internationalen Forum darzustellen. Wir sollten den Entscheidungsträgern unserer Welt aus erster Hand berichten, was uns widerfahren war. In der Einladung war von einem historischen Ereignis die Rede, und Hansen versuchte mir zu erklären, was das zu bedeuten hatte.

Aber was genau sollte ich ihnen über das Leben einer Kindersoldatin erzählen? Was über das verstörte neunjährige Mädchen, das in einer Widerstandsarmee gelandet war? Was wussten die Mächtigen über das Schicksal von uns ugandischen Kindern, die wir in einer Armee gedient hatten, die sich den Sturz der damaligen Regierung auf die Fahnen geschrieben hatte? Ich hatte weder die Regierung gekannt noch irgendwelche Kenntnisse über Politik und Machtverhältnisse gehabt. Wo sollte ich bei meinem Bericht beginnen und wo aufhören? Wie erklärte man der UNO und den Mächtigen, die dort vertreten waren, was uns Kindern angetan worden ist und was vielen Kindern noch immer angetan wird? Wie sollte ich die Wunden beschreiben, die ich davongetragen habe?

Wir waren zum Töten ausgebildet worden. Sie hatten uns Kindern gesagt, die Waffe sei unser Freund, unser Ein und Alles. Man hatte uns beigebracht, wer der Feind war und dass wir »gut« waren, wenn wir den Feind töteten. Wir kämpften angeblich für eine bessere Zukunft. Wirklich verstanden habe ich nie, wer sich hinter diesem Feind verbarg, wer er wirklich war und warum er unser Feind sein sollte. Aber ich hatte verstanden, dass mein Leben besser war, wenn ich eine »gute« Soldatin war. Unseren Commandern zu dienen und sie zufrieden zu stellen war unser großes Ziel, und in gewisser Weise war es sogar eine Erfüllung für uns Kinder. Wir kannten nichts anderes. Noch heute stelle ich mir die Frage nach dem Feind. Damals reichte es aus, einen Auftrag zu bekommen. Es war das Schlimmste für uns, als »schlechter« Soldat angesehen zu werden, als Feigling, der nicht töten wollte. »Feigling« war eines der grausamsten Schimpfworte. Den Mädchen machten die Kameraden es bei den Gefechten besonders schwer. Wenn die Jungen den Eindruck hatten, ein Mädchen habe nicht mutig genug gekämpft, hagelte es Beleidigungen. Unter dem Gejohle der anderen mussten die Mädchen sich aufziehen lassen. *Oh, unsere Kleine hat wohl nicht gefeuert, weil sie was mit dem Feind hatte. Der war wohl dein kleiner Freund, was?*

Dann schickten sie dich Zigaretten holen und ließen dich andere unwürdige Dienste tun. Man galt als Schwächling, wertlos, eines Soldatenlebens nicht würdig. Die Kameraden gingen dir aus dem Weg. Nur einige wenige wollten noch mit dir gesehen werden. Man wurde herumgestoßen und wie der letzte Dreck behandelt. Es war allemal besser, zu den »guten« Soldaten zu gehören.

Nach solch einer Schmach wollte ein Mädchen natürlich beweisen, dass sie bereit war, wirklich alles zu tun, um Anerkennung zu finden. Kein Mädchen wollte eine schlechte Soldatin sein und ausgelacht werden. Einen Feind zu töten war etwas Anerkanntes. Man hatte dabei nicht das Gefühl, zu morden. *Soldaten morden nicht. Sie töten einen Feind.* Unentwegt hatten unsere Ausbilder versucht, diese Vorstellung in unsere Köpfe und Seelen zu pflanzen. Unsere Unterwerfung war Teil der militärischen Strategie unserer Anführer. Wir waren nichts weiter als ihre Werkzeuge. Aber dieser Plan gelang nicht mit jeder Kinderseele. Ich war immer traurig gewesen, wenn ich Grausamkeiten sehen musste. Tief in meinem Inneren hat der Tod von anderen mich nie unberührt gelassen. Wenn ich heute an jene denke, die ich getötet habe, dann sage ich mir immer, dass nicht ich es war, sondern meine Waffe.

Es gab sogar einen *Feind,* der später mein *Freund* wurde. Zunächst hatte er für eine andere Gruppe gekämpft, dann hatte er sich uns angeschlossen und wir wurden Kameraden. Ich war seine *Feindin* gewesen. Er hätte mich töten können. Es war sein Auftrag. Damit hätte er seinen Commander glücklich gemacht. Er wäre ein guter Soldat gewesen.

Was sollte ich den Mächtigen der Welt in New York erzählen?

Die trockenen Zahlen kannten sie besser als ich. Geschätzte dreihunderttausend Kindersoldaten weltweit sollte es geben, und ich war eine von ihnen gewesen.

Am Flughafen von New York wurde ich von einer wunderschönen jungen Frau erwartet. Wir stiegen in ein Taxi, und ich kam aus dem Staunen nicht mehr heraus. Ich reckte meinen Hals so lange in die Höhe, bis er schmerzte. Wie konnten die Häuser nur so hoch sein? Waren sie wirklich von Menschen gebaut worden? Egal wohin ich schaute, um mich herum gab es nichts anderes als Wunder. Die Autos waren größer als alle, die ich bisher gesehen hatte. Manche waren unendlich lang und sahen aus, als seien sie auseinandergezogen worden. Ihre Scheiben waren dunkel, und ich konnte nicht sehen, wer sich dahinter befand. Überall gab es gelbe Taxis, die wie die Geschwister einer riesengroßen Familie durch die geraden Straßen fuhren. Ich wollte meine Augen keine Sekunde schließen, um ja keinen einzigen Moment zu verpassen. Als am Abend die Lichter angingen, wurde es noch schöner. Ich sah das Funkeln der Freiheitsstatue. Sie strahlte auf einer kleinen Insel und erfüllte mich mit Freude. *Ich bin in Amerika!*

Am nächsten Tag wurde ich zum Sitz der Vereinten Nationen gebracht. Dort traf ich eine Menge junger Leute aus aller Welt, die, wie ich, hierhergekommen waren, um für die Rechte von Kindern zu kämpfen. Ich sah die unterschiedlichsten Gesichter, Hautfarben, Frisuren und Kleidungsstile. Meine Rastalocken hatten inzwischen eine Länge erreicht, die sie wild in mein Gesicht fallen ließ. Wie immer trug ich eine weite Hose, es war eine schwarze Jeans, und dazu einen handgestrickten Pulli, den ich zum Geburtstag geschenkt bekommen hatte.

Wir waren hierhergekommen, um unsere Geschichten zu erzählen und an die Mächtigen der Welt zu appellieren, die Rechte von Kindern zu schützen und zu verteidigen. Es gab verschiedene Konferenzen, die alle im Zusammenhang mit dem Motto »A World fit for us!« – »Eine passende Welt für uns!« standen.

Ein ehemaliger Kindersoldat aus Sierra Leone und ich sollten vor dem Sicherheitsrat der Vereinten Nationen sprechen. Er hieß Ishmael Beah und lebte seit einigen Jahren in den USA. Wir bekamen eine Führung, bevor die Sitzung beginnen sollte. Auf den vielen leeren Stühlen entdeckte ich die Namen von Ländern aus aller Welt. Die meisten Namen kannte ich nicht, aber mir stockte der Atem, als ich das Wort *Uganda* sah. Zuvor hatte ich mir noch keine Gedanken darüber gemacht, wer hier sitzen würde und wer mir zuhören würde. Jetzt wurde es plötzlich fassbar. Später saßen mehr als fünfhundert Personen in dem Raum und warteten auf uns. Ishmael und ich wurden ganz nach vorne, in die Nähe des Rednerpults, geleitet und nahmen unsere Plätze ein. Dann betrat Kofi Annan, der Generalsekretär der Vereinten Nationen, den Saal, und mein Herz begann vor Aufregung heftig zu klopfen. Ich hatte ihn schon häufiger im Fernsehen gesehen. Er begrüßte uns und sprach dann einige Worte zur Versammlung.

»Wir, die Erwachsenen dieser Welt, sind kläglich daran gescheitert, den Kindern eine heile Welt zu bieten. Eins von drei Kindern hat nicht genug zu essen, eins von vieren erhält keine Schutzimpfung, und eins von fünf Kindern hat keine Möglichkeit, eine Schule zu besuchen. Wir, die Erwachsenen, müssen eine andere Richtung einschlagen und unser Scheitern ins Gegenteil verkehren.«

Kofi Annan setzte sich ganz in meine Nähe. Vor mir saß eine elegante Dame in einem roten Kostüm, die ich unentwegt anschauen musste. In jenem Moment war ich unglaublich froh, vor der UNO sein zu dürfen. Ich war aufgeregt, aber gleichzeitig freute ich mich auf die Chance, vor der Versammlung sprechen zu dürfen. Ich schaute mir die Abgesandten der Mächtigen dieser Welt genauer an. Meine Gedanken überschlugen sich. Mal dachte ich an die Kämpfe, in die ich geschickt worden war, an die Frontlinien, an die verletzten und gefallenen Kameraden rings um mich herum. Dann dachte ich an meine eigenen Kinder und an meine Hoffnung, eines Tages mit ihnen vereint zu sein. Plötzlich war ich mir sicher, dass dieser Tag kommen würde. Wenn ich hier sprechen konnte, dann würde ich auch meine Kinder zu mir holen können! Wieder schaute ich mir einzelne Gesichter genauer an. Wo sind diese Mächtigen gewesen, die wichtigen Politiker, die unsere Welt in ihren Händen halten, als ich in der Finsternis der menschlichen Abgründe hauste? Wo waren sie und was haben sie getan, als ich ein Gewehr gereicht bekam, das ich kaum tragen konnte?

Ich hatte keine Rede vorbereitet, hielt kein Papier in meinen Händen und hatte kein Referat in meinem Kopf. Zunächst wurde uns ein Film von Robert De Niro über Kindersoldaten in Sierra Leone gezeigt. Der Anblick von jungen Mädchen, die als Soldatinnen kämpfen mussten, machte mich unendlich traurig. Fast alle hatten Narben im Gesicht, manche der jungen Mädchen trugen Babys im Arm. Plötzlich sah ich mich selber dort stehen. Sie erzählten meine Geschichte. Aber ich war entkommen. Mehr denn je war ich dankbar für mein neues Leben. Die Mädchen sprachen in die Kamera und berichteten von ihrer Hilflosigkeit. Eines sprach von ihrer Außenseiterrolle im Dorf. Weil sie eine Soldatin gewesen ist und ein Kind hatte, fühlte sie sich minderwertig und nutzlos. Ich dachte daran, wie wir Mädchen regelmäßig von den Offizieren missbraucht worden sind. Es war ein einfacher Befehl. *Heute Abend in meiner Stube!* Jedes Mädchen wusste, was dieser Befehl bedeutete. Es gab kein Entkommen. Eine Weigerung hätte zu schweren Anschuldigungen und Disziplinarstrafen führen können. Mir wurde damit gedroht, man würde behaupten, ich hätte Waffen an den Feind verkauft. Das kam einem Todesurteil gleich. Hinrichtung an Ort und Stelle.

Das Schicksal der Kindersoldaten aus Sierra Leone war wie mein eigenes. Ich konnte meine Tränen nicht mehr zurückhalten. Der Anblick der gebrochenen jungen Menschen mit gelblichen Augen, krank und hoffnungslos, vergessen vom Rest der Welt, nahm mir die Aufregung angesichts meiner bevorstehenden Rede und erfüllte mich stattdessen mit einer tiefen Traurigkeit. Solch einen Film hatte ich noch nie gesehen. Es schien niemanden zu geben, der sich vor dem Auftauchen des Filmteams für die ehemaligen Soldatinnen interessiert hatte. Sie waren verlorene Seelen ohne Eltern, vergewaltigte Mädchen, die nun selber Mütter waren. Wie gut es mir selber doch ging! Ich hatte eine neue Heimat, Frieden und Freiheit gefunden. Davon wollte ich nun etwas zurückgeben. Ich musste einen Beitrag leisten, damit es auch anderen Kindersoldaten besser ging und sie von einer Zukunft träumen konnten.

Nachdem der Film geendet hatte, sprach Kofi Annan zum Publikum. Und dann war ich an der Reihe. Ich riss mich zusammen und hielt eine lange Rede, ohne zu wissen, woher die vielen Worte kamen. Ich erinnere mich nicht mehr an jeden einzelnen Satz, aber am Ende sprach ich aus, was ich besonders deutlich fühlte.

»Ich kann hier vor Ihnen stehen und über mein Schicksal berichten, aber trotzdem werden Sie niemals verstehen können, was ich tief in meinem Inneren empfinde. Es ist so, als hätte ich schon hundert Jahre gelebt! Denn in meinem kurzen Leben war es mir nie erlaubt, ein Dasein zu führen, das meinem tatsächlichen Alter entsprach. Aber manchmal fühle ich mich wie ein Kind und bin neidisch auf andere Kinder, die spielen dürfen und an der Hand ihrer Mütter über die Straße geführt werden. Solch eine Kindheit habe ich nie gekannt. Jeder erwachsene Mensch ist verantwortlich für das Wohlergehen von Kindern in dieser Welt. Jeder Erwachsene, der einem Kind die Kindheit raubt, sollte für seine schwere Schuld zur Rechenschaft gezogen werden. Niemand hat den Einsatz von Kindersoldaten auf meinem Kontinent verhindert. Wenn Sie eines Tages erwachsene Monster sehen, dann wundern Sie sich nicht darüber! Sie müssen sich nicht fragen, woher diese Monster kommen. Stellen Sie sich vor, dass von einhundert überlebenden Kindersoldaten nur ein einziger später ein General oder gar Präsident wird. Ich könnte diese Monster nicht dafür verurteilen, wenn sie falsche und grausame Entscheidungen treffen sollten. Sie haben es nicht

anders gelernt. Sie sind auf das Töten gedrillt worden. Ich weiß, wen ich stattdessen dafür zu verurteilen habe! Jene, die es zugelassen haben, dass Kinder zu Kampfmaschinen ausgebildet worden sind. Sehr geehrte Damen und Herren! Jetzt liegt es in Ihren Händen, in den Händen der Mächtigen dieser Welt, den Einsatz von Kindersoldaten zu stoppen und den Überlebenden ein menschenwürdiges Dasein zu ermöglichen. Bitte vergessen Sie niemals die kranken Seelen der aktiven und ehemaligen Kindersoldaten!«

Alle im Raum standen auf und klatschten. Ich verließ das Rednerpult und kehrte zu meinem Platz zurück. Dort stand die elegante Dame im roten Kostüm. Sie hörte nicht auf zu klatschen, und ich sah Tränen in ihren Augen. Dann nahm sie mich in den Arm. Später fragte ich jemanden, wer diese Dame gewesen sei. Königin Silvia von Schweden, wurde mir gesagt. Ich war sehr glücklich, als ich erfuhr, dass eine Königin sich aktiv für die Rechte von Kindern engagiert. Obwohl sie eine Königin ist und sicher sehr viele Pflichten hat, hatte sie sich den Film angeschaut und meiner Rede zugehört! Ich war begeistert.

Nach der Konferenz teilte man mir mit, dass ich am nächsten Tag zum Mittagessen Nelson Mandela und seine Frau treffen würde. Ich konnte es nicht fassen. Der große Nelson Mandela! Unser afrikanischer Held wollte mit mir zu Mittag essen! Ich war überglücklich und konnte es kaum abwarten. Die Uhr lief viel zu langsam. Endlich wurde es Abend, dann folgte eine unendlich lange Nacht, schließlich noch ein endloser Vormittag, und dann war es endlich zwölf Uhr mittags. Unsere Verabredung war in der Nähe des Central Parks. Auf dem Weg dorthin führte meine Begleiterin, die von der UNO beauftragt war, mir zur Seite zu stehen, mich durch die schnurgeraden Straßen von New York. Ich schwebte wie auf Wolken. Ich würde Nelson Mandela treffen, den Mann, den man auf meinem Kontinent auch »Jesus von Afrika« nennt. Ein Mann, der viele Jahre in einem dunklen Verlies, fern der Sonne und der frischen Luft, gefangen gehalten worden war. Ein Mann, der trotzdem strahlt. Ein Mann, der fern von seiner Frau, seinen Kindern, fern von Liebe und Freude eingekerkert gewesen war und der trotzdem den Menschen in seiner Heimat und vielen anderen Ländern zeigte, was Liebe ist. Und diesen Mann durfte ich treffen!

Konnte das wirklich wahr sein, oder träumte ich nur? Vor einem riesengroßen Gebäude, das offenbar ein Hotel war, standen viele Sicherheitsleute in schwarzen Anzügen und mit winzigen Kopfhörern im Ohr. Sie nickten freundlich, hielten uns die Tür auf und ließen uns passieren. Ich bekam weiche Knie. Mein Mund war vollkommen ausgetrocknet und ich fühlte eine unsichtbare Röte in mein Gesicht steigen. Wir mussten durch einen langen Flur gehen, an dessen Ende unser Ziel lag. Zufällig schaute ich im Vorübergehen durch eine geöffnete Tür und erschrak. War das nicht Harrison Ford, der dort an einer langen Tafel saß? Ich hielt kurz an, ging einen Schritt zurück und vergewisserte mich. Tatsächlich! Dort saß Harrison Ford! Und daneben Robert De Niro! Ich glaubte zu träumen. New York hatte mein Gehirn vollkommen durcheinandergebracht. Ich sah nur noch berühmte Schauspieler. Wir gingen weiter. Nelson Mandela stand am Ende eines großen Tisches und gab mir ein Zeichen, zu ihm zu kommen. Meine Augen füllten sich mit Tränen. Nur noch verschwommen nahm ich Bill Clinton und Whoopi Goldberg wahr. Dann lehnte ich mich auch schon an Nelson Mandelas Brust und weinte. Meine Tränen schossen nur so aus meinen Augen und tropften auf sein Hemd. Ich konnte nicht aufhören zu weinen. Ich flehte mich selber an, endlich aufzuhören, aber es hatte keinen Sinn. Schließlich reichte Whoopi Goldberg mir eine Serviette, die ich mir vor das Gesicht hielt.

»Ich habe ein Gedicht für dich geschrieben«, sagte Nelson Mandela zu mir, als ich mich ein wenig gefangen hatte.

Er begann vorzulesen und alle Augen richteten sich auf ihn. Es war kein einziges Geräusch zu hören, nur seine Stimme und sein Gedicht für mich. Meine Tränen trockneten und ich fühlte mich himmlisch. Dieser Ort mit den vielen berühmten Leuten schien im Himmel zu sein. Alle lauschten Mandelas Worten. Ich hatte das Gefühl, eine Fee hätte mir einen Wunsch erfüllt. Einen Wunsch, den man nur einmal im Leben erfüllt bekommt. Während er sprach, schaute ich für einen kurzen Moment in die Runde und sah die Gesichter der anderen. Alle im Raum, egal wie berühmt sie waren, schauten Mandela mit Bewunderung und Respekt an. Ihre Augen glänzten, während dieser wunderbare Mann ein Gedicht für mich vortrug. Seine Worte schienen ihre Seelen zu finden. Ihre Rührung war deutlich zu sehen. Von Nelson Mandela ging ein Strahlen aus, das jeder Einzelne im Raum empfangen konnte. Jeder spürte die Besonderheit dieses Moments und ich schwebte davon. Er sprach für mich und für die ganze Welt! Seine Worte waren für mich, für China Keitetsi bestimmt, die sich so oft im Leben wie ein »Nichts« gefühlt hatte, wie eine wertlose Kreatur, für mich, die ich mich selber fast vergessen hatte, die ich mich selber weggeworfen hatte wie Unrat! Ich war Nelson Mandela begegnet, und er nahm mich und mein Leben ernst. Er und auch die anderen schienen zu fühlen, wie es mir ging und was mich bewegte. Nelson Mandela wollte mir etwas hinterlassen, er wollte mir etwas mit auf den Weg geben. Das spürte ich genau.

Er sagte, die Welt werde uns ehemalige Kindersoldaten nicht mehr allein lassen und sich unserer Ängste annehmen. Er werde alles, was in seiner Macht stünde, dafür tun, unsere Hoffnung auf ein besseres Leben in Gewissheit zu verwandeln. Mandela sprach Worte voller Trost, die den direkten Weg in mein Herz fanden und dort für immer verweilen werden.

»Egal was sie euch Kindersoldaten angetan haben, zahlt es ihnen nicht heim!«, sagte er zu mir, und ich verstand sofort, was er meinte. Es war ein neuer Gedanke für mich, aber einer, den ich sofort als eine wichtige Botschaft verstand.

»Rache kann niemals ein Weg sein! Denn dann würden sie sich fühlen, wie ihr euch fühlt, und dieses Gefühl darf man niemandem wünschen. Bleibe immer fair, China! Und gehe den Weg des Guten!«

Nach der wunderbaren Überraschung seiner Verse und seiner

Ansprache spürte ich eine Stärke in mir wachsen, die ich nie für möglich gehalten hatte. Plötzlich sah ich alles vollkommen klar vor mir! Ich musste einen Teil meiner Vergangenheit hinter mir lassen, musste ihn ruhen lassen und durfte mich nicht mehr davon quälen lassen. Ich musste stärker werden als die Dämonen. Ich würde es schaffen! Und ich würde nur noch für das Gute kämpfen! Genau wie Nelson Mandela wollte ich meine Kraft für eine bessere Welt einsetzen. Viele seiner tröstenden und weisen Worte sind der Grund für mein jetziges Wesen. Wer ich heute bin und wie ich mich heute fühle, hat auch mit meiner Begegnung mit Nelson Mandela zu tun.

Bevor das wunderbare Zusammentreffen in New York zu Ende ging, wollte ich unbedingt noch einige Fotos machen. In der Aufregung bat ich zunächst Bill Clinton um eine gemeinsame Aufnahme.

»Warum wollen Sie ein Foto mit mir?«, fragte er mit einem Lächeln.

»Weil keiner meiner Freunde mir sonst glauben wird, dass ich Sie kennen gelernt habe.«

Er lachte, stand auf und stellte sich neben mich. Jemand nahm meinen einfachen Apparat und drückte ab.

»Bitte noch einmal! Zur Sicherheit!«, sagte ich.

»Sie sollten auch ein Foto mit meiner Freundin machen«, sagte Clinton und zeigte auf Whoopi Goldberg.

»Sind Sie wirklich sicher, dass Sie ein Foto von mir wollen?«, fragte Whoopi mich und lachte. Sie berührte meine Locken und schien sie zu mögen.

Und noch ehe ich ein Foto von mir und Robert De Niro aufnehmen lassen konnte, spulte der Film in meiner Kamera zurück.

»Welch ein Pech!«, sagte Clinton. »Das tut mir wirklich leid. Ich habe leider keine Kamera dabei.«

Bill Clinton, der ehemals mächtigste Mann der Welt, der ehemalige Präsident der Vereinigten Staaten von Amerika, sprach mit mir wie ein vollkommen normaler Mensch.

Nach diesem Treffen konnte ich an nichts anderes denken als an eine bessere Zukunft für jene, die noch immer so leiden, wie ich zu leiden hatte. Von nun an wollte ich versuchen, auch im Schlechten das Gute zu sehen oder sogar etwas Schlechtes zum Guten zu wandeln. Andere Personen versuchte ich nicht mehr spontan für ihre Taten zu verurteilen, denn auch ich selber hatte meine Fehler, auch ich war nicht frei von Schuld. Mandela hatte in wenigen Augenblicken eine Saat in mein Herz gepflanzt, die stetig keimte und wuchs. Er hatte mir auch gezeigt, dass ich einen anderen Blick auf Afrika werfen sollte. Von nun an wollte ich auch dort das Positive und Gute wahrnehmen und meine Gedanken und Blicke nicht nur auf das Negative und Grausame richten. Ich wollte meine eigene Energie dazu verwenden, etwas Gutes zu tun, anstatt das Gute von anderen zu erwarten.

Diesen Weg versuche ich bis heute zu verfolgen. Mit meinem neuen Blick habe ich viel Gutes entdecken können, aber leider auch immer noch sehr viel Schlechtes. Aber auch aus dem Schlechten, das mir auf meinem Heimatkontinent begegnet ist, habe ich inzwischen Gutes für mich herausgezogen. Heute ziehe ich meine Lebenskraft aus der Liebe meiner Kinder, aber damals waren es die Begegnungen in New York, die mir Kraft für meinen weiteren Lebensweg gaben.

Am nächsten Tag bat CNN mich um ein Interview. CNN wurde in die ganze Welt gesendet, manche Reportergesichter waren mir vertraut, auch wenn ich den Nachrichten aus aller Welt nur selten folgte. Bilder von Kriegsschauplätzen konnte ich nicht ertragen. Davon hatte ich selber schon zu viele gesehen. Einen Bericht über mein Heimatland hatte ich bisher noch nie gesehen. Sie schienen Uganda vergessen zu haben. Als die Zeit für das Interview gekommen war, wurde ich von einer jungen Frau gepudert. Es war ein merkwürdiges Gefühl, aber sie sagte, es müsse sein, weil ich sonst nicht gut aussähe. Die Haut dürfe nicht glänzen. Sie pinselte mir etwas ins Gesicht, was angenehm roch. Dann wurde ich in ein Studio geführt und man stellte mir eine Reihe von Fragen. Dieses

Interview war für die Sendung »Good Morning America«, und sie erklärten mir, dass es nicht nach Afrika gesendet wurde.

Es war ganz einfach, ihre Fragen zu beantworten, denn ich erzählte ihnen von meinem Leben. Ich erinnerte mich an alle Erlebnisse klar. Meistens viel zu klar, viel zu deutlich und viel zu grausam.

Mein dänischer Vater

Als ich wieder in Kopenhagen war, interviewte mich das dänische Fernsehen erneut. Dabei sprach ich über meine Rede vor den Vereinten Nationen, über mein Buch und über meine Sorgen. Wenig später erhielt ich einige Briefe von Zuschauern, die den Bericht gesehen hatten. Einer dieser Briefe berührte mich in besonderer Weise. Er kam von einem Mann namens John Rasmussen aus Kopenhagen. Seine Worte waren mitfühlend und trafen direkt in mein Herz.

Nachdem er mich in der Sendung gesehen hatte, war er sofort in eine Buchhandlung gegangen, um mein Buch zu kaufen. Am nächsten Tag hatte er es durchgelesen und mir den Brief geschrieben. *Das Leben muss weitergehen,* stand dort geschrieben. *Sei bereit für die Möglichkeiten, die in dieser Welt auf dich warten. Ich bin zweiundfünfzig Jahre alt und habe in meinem Leben schon viel erlebt. Meine beiden Söhne sind in deinem Alter. Ich weiß, dass es für jeden Menschen gute und schlechte Zeiten gibt.* John Rasmussen schrieb mir von seiner Betroffenheit angesichts meiner grausamen Erfahrungen. Er machte mir Mut, beglückwünschte mich zu meinem Buch und meinen öffentlichen Auftritten. *Ich möchte, dass du ein schönes Leben hast, liebe China! Ich habe deine traurigen Augen gesehen, aber ich weiß, dass du auch ein wunderbares Lächeln hast.*

Die Worte machten mich froh. Wer mochte dieser Unbekannte sein, der Anteil an meinem Schicksal nahm? Seine Worte klangen nach väterlicher Wärme. Er hatte seine Adresse und Telefonnummer in Kopenhagen hinterlassen und ich zögerte nicht lange und rief ihn an.

Wir verabredeten uns für einen der nächsten Tage. John lud mich zum Essen ein. Vor mir stand ein großer und kräftiger

Mann mit kurzen grauen Haaren und einer Brille. Sein Lächeln machte mir Mut. Wir hatten uns kaum an den Tisch gesetzt, da brachte er mich auch schon zum Lachen. Ihm fiel immer etwas Lustiges ein, und bald hatte ich so viel gelacht, dass mir der Bauch wehtat. John schlug vor, wir sollten seinen Sohn anrufen. Christian war genauso alt wie ich, Mitte zwanzig, und John hatte ihm bereits von mir erzählt. Seine Wohnung war in der Nähe und so besuchten wir ihn. Auch mit Christian war es lustig. Erst sehr spät am Abend bestellte John ein Taxi für mich.

»Rufe mich bitte an, wenn du zu Hause angekommen bist«, sagte John zu mir, »damit ich weiß, dass alles in Ordnung ist und ich mir keine Sorgen machen muss.«

»Ja, das mache ich. Vielen Dank für den schönen Abend, John. Ich habe noch nie in meinem Leben so viel gelacht.«

Er nahm mich in seine großen Arme und ich fühlte mich beschützt. Als ich im Taxi saß, winkte ich ihm zu und sah, wie er die Nummer des Wagens notierte. Er schien wirklich besorgt um mich zu sein. Das war ein wunderbares Gefühl.

In der nächsten Zeit trafen wir uns regelmäßig, und es dauerte nicht lange, da fühlte ich eine wunderbare Vertrautheit zwischen uns. John war ein guter Mensch, der viel erlebt und erlitten hatte. Wenn wir in seinem Appartement am Tisch saßen und gemeinsam ein Bier tranken, dann sprachen wir über Dinge, die uns bewegten, freuten oder auch traurig machten. John gestand mir, dass er gedacht hatte, ich sei ein Junge, als er mich zum ersten Mal sah. Und er sprach über meine traurigen Augen. Selbst wenn ich lachte, seien sie traurig, sagte er. Meistens hatten wir Spaß miteinander. Wir spielten, sahen gemeinsam Filme an oder besuchten seine Mutter und Schwester, die im gleichen Haus wohnten. Nun hatte ich wieder jemanden kennen gelernt, der im Alter noch eine Mutter hatte, die gesund und munter war. Johns Familie nahm mich mit offenen Armen auf. Bald fühlte ich mich so wohl, dass ich mir kaum noch vorstellen konnte, wie das Leben war, bevor ich John kannte. Ich erzählte ihm von meinen Sorgen und er fand immer tröstende Worte für mich. Nach einer Weile machte ich ihn mit Knud Held Hansen bekannt und auch sie mochten sich. John lebte ganz in meiner Nähe und war immer für mich erreichbar. Er gab mir Kraft und Wärme, und es dauerte nicht lange, bis ich Johns helle Farbe und seine blauen Augen nicht mehr sah. Für mich war er kein Weißer mehr, sondern einfach mein lieber Freund John. Eines Tages traf ich eine wichtige Entscheidung, die meinen ganzen Mut erforderte. Ich griff zum Telefonhörer, atmete tief durch, wählte seine Nummer und war versucht, wieder aufzulegen. Es war nicht einfach. Was, wenn er *Nein* sagte, ging es mir durch den Kopf. Ich musste das Risiko eingehen. Ich hatte die Entscheidung gefällt und nun musste ich so schnell wie möglich mit John darüber sprechen. Ein letztes Zögern und dann sprach ich es aus.

»John, wir müssen über etwas Wichtiges sprechen! Kann ich zu dir kommen?«, fragte ich ihn.

»Aber was ist denn los?«

Später sagte John, dass er sehr verwundert war. Die Art, wie ich die Worte *etwas Wichtiges* ausgesprochen hatte, war sehr überraschend für ihn, denn er hatte alle unsere Gespräche als sehr wichtig empfunden. Ich schien aber so gefragt zu haben, als sei es das erste Mal, dass ich *etwas Wichtiges* besprechen wollte. Er sei richtig nervös geworden, vertraute er mir später an.

Dann stand ich vor ihm und meine Frage kam wie von selbst.

»Kannst du mein Vater sein?«

»China!«

John kannte mich gut genug, um die Tragweite dieser Frage zu begreifen. Er schaute mir direkt in die Augen und ich hörte seine ruhige und warme Stimme.

»Ich bin glücklich, eine Tochter wie dich zu haben. Und deine beiden Brüder werden auch glücklich sein. Ich werde mein Bestes geben, um dir ein guter Vater zu sein.«

Ich war erleichtert und glücklich. Nun konnte mir nichts mehr passieren. Ich hatte einen Vater an meiner Seite. Ein neues Leben konnte beginnen. Und eine Großmutter und eine Tante bekam ich noch dazu. Ich nannte ihn nie wieder John, nicht ein einziges Mal ging mir dieser Name wieder über die Lippen. Von nun an war er *Far*, mein Vater.

Seine Mutter sagte ihm, er hätte eine große Verantwortung übernommen. *China darf niemals wieder etwas Schlimmes passieren!*, hatte sie zu ihm gesagt. *Unsere China hat mehr als genug erlebt.* Meine neue Großmutter machte sich Sorgen. Sie spürte meine damalige Schwäche und wusste, dass der kleinste Rückschlag mich aus der Bahn werfen würde.

Nicht lange danach war ich erneut zu einem Fernsehinterview eingeladen. Far begleitete mich zum Studio, was mich beruhigte und mir eine größere Sicherheit gab. Er erschien auch im Fernsehbild, und die Redaktion fragte mich, wer er sei und welche Bezeichnung sie für die Zuschauer einblenden sollten.

»Er ist mein Vater.«

Als wir die aufgezeichnete Sendung später sahen, fragten wir uns, was die Zuschauer wohl gedacht hatten. Immer wenn Far im Bild war, erschien die Unterschrift »John Rasmussen, Vater von China Keitetsi«. Wir lachten, aber ich spürte auch, wie stolz wir beide waren.

*

Ich hatte schon lange nicht mehr an mein erstes Interview mit Susan Purén gedacht. In der Zwischenzeit hatten mir schon viele Reporter die unterschiedlichsten Fragen gestellt, und jedes Mal erzählte ich, was ich erlebt hatte und was ich mir für die Zukunft der vielen ehemaligen und aktiven Kindersoldaten wünschte. Inzwischen war ich glücklich darüber, diese Aufgabe übernommen zu haben und das Thema in der Öffentlichkeit bekannter machen zu können. Dadurch erhoffte ich mir Aufmerksamkeit und Hilfe für die vielen anderen Kindersoldaten in dieser Welt. Immer wenn ich interviewt wurde, dachte ich an meine ehemaligen Kameraden. Viele waren gestorben, manche hatte ich selber sterben sehen, bei den meisten wusste ich nichts über ihr

Schicksal. Sicher irrten manche mit ihren verwundeten Seelen durch unsere Heimat.

Über meine neue Website erreichte mich eine Nachricht von Susan Purén. Für ihre Reportage über mein Schicksal hatte sie einen Preis bekommen. Von CNN war sie zur »African Journalist of the Year 2002« ausgezeichnet worden. Wieder einmal hatte ich keine Vorstellung davon, was das bedeutete, aber sehr schnell begriff ich, dass ihr Film »China. War Child« von CNN in aller Welt und besonders oft auf dem afrikanischen Kontinent ausgestrahlt wurde. Ich selber hatte den Film noch nicht gesehen und erinnerte mich auch nicht im Detail, was Susan und ich vor einem Jahr, im Sommer 2001, besprochen hatten. Aber ich dachte daran, dass ich ihr von einer der brutalsten Schlachten erzählt habe, die ich je erlebt hatte.

Wir sollten den Flughafen von Entebbe, der ehemaligen Hauptstadt Ugandas, befreien. Dazu mussten wir eine Brücke über den Fluss einnehmen. Danach wäre das Schlimmste geschafft, hatten die Commander uns gesagt. Danach sei eine bessere Zukunft nah, wir dürften ein normales Leben führen. Ich hatte keine Ahnung, was ein normales Leben war, aber alles musste besser sein als das, was wir täglich erlebten. Der Auftrag war ein Selbstmordkommando. Die Brücke war schmal und am anderen Ufer lauerte der Feind. Wir Kinder waren an die vorderste Front geschickt worden. Mein bester Freund, der neunjährige Strike Commando, war direkt neben mir getroffen worden und schrie. Aber ich konnte mich nicht einmal nach ihm umdrehen. Er starb, ohne dass ich eine einzige Träne vergießen konnte. Ich hatte weiterkämpfen müssen. Eine Sekunde der Schwäche hätte auch mein Leben beendet. Hätte ich meinen Gefühlen beim Anblick der Leichen meiner Kameraden nachgegeben, dann wäre ich vollkommen zusammengebrochen. Der Kampf um die Brücke dauerte Wochen.

Das hatte ich Susan Purén erzählt, aber ich wusste nicht, was aus meinen Erzählungen geworden war. Südafrika war für mich weit weg und die Auszeichnung für Susan hatte keine besondere Bedeutung für mich. Ich war mit meinem Überleben und meinem Weiterkommen beschäftigt. Meine Kraft reichte noch nicht aus, um mich mit Dingen zu beschäftigen, die ich nicht nachvollziehen konnte. In den letzten Monaten war so viel passiert, dass ich mit den neuen Eindrücken vollkommen ausgefüllt war. Trotz aller Fortschritte gab es immer wieder Rückschläge. Wenn ich in meinem Bett lag und an die weiße Decke schaute, tauchten dort oben häufig Bilder auf, die ich nicht sehen wollte.

Meistens versuchte ich mich mit Musik abzulenken und zu trösten. Im Radio hatte ich ein wunderbares Lied gehört. Schon beim ersten Zuhören waren mir die Tränen gekommen. Der Song schien wie für mich gemacht worden zu sein. Der Sänger sang seine liebevollen Zeilen nur für mich. So schnell ich konnte, hatte ich mir die CD gekauft und hörte sie jeden Tag an, immer und immer wieder, und ganz besonders, wenn ich nachts allein in meinem Bett lag. Die dänische Band nannte sich »Michael Learns To Rock« und das schöne Lied hieß »Sleeping Child«. Es dauerte nicht lange und ich konnte jede Zeile mitsingen. In unzähligen Nächten war ich mit den liebevollen und tröstenden Worten eingeschlafen. Mit diesem Lied sang ich mich selber in den Schlaf.

The Milky Way upon the heavens
is twinkling just for you
and Mr. Moon he came by
to say goodnight to you
I'll sing for you
I'll sing for mother
We're praying for the world
and for the people everywhere
gonna show them all we care

Oh my sleeping child
the world's so wild
but you've build your own paradise
That's one reason why
I'll cover you sleeping child

If all the people around the world
they had a mind like yours
we'd have no fighting and no wars
there would be lasting peace on Earth
If all the kings and all the leaders
could see you here this way
they would hold the Earth in their arms
they would learn to watch you play

Oh my sleeping child
the world's so wild
but you've build your own paradise
That's one reason why
I'll cover you sleeping child
I'm gonna cover my sleeping child
Keep you away from the world so wild

*

Eines Tages bekam ich den Anruf eines Journalisten der dänischen Nachrichtenagentur Ritzau. Er bat mich um ein Treffen in seinem Büro, bei dem er mir einen Film zeigen wolle, der vom ugandischen Staatsfernsehen verbreitet werde. In diesem Film ginge es um mich. Noch am selben Tag trafen wir uns, und ich kam aus dem Staunen nicht mehr heraus.

Der Journalist berichtete mir zunächst von einem Treffen, zu dem die ugandische Botschaft in Kopenhagen ihn und andere Journalisten eingeladen hatte. Aus Uganda sei ein Verantwortlicher des dortigen staatlichen Fernsehens dabei gewesen sowie eine Reihe von Rechtsanwälten und Regierungsberatern. Bei diesem Treffen sei den geladenen dänischen Gästen der Film gezeigt worden.

»Frau Keitetsi, ich vermute, Sie wissen noch nichts davon, aber dieser Film soll ein schlechtes Licht auf Sie und Ihre Geschichte werfen. Ich möchte Ihnen diesen Film gerne zeigen und Ihre

Meinung dazu hören«, sagte der Journalist, und ich war sehr gespannt.

Das ugandische Fernsehen zeigte eine China Keitetsi, die ich kaum wiedererkannte. Zunächst kam ein angeblicher Lehrer von mir zu Wort. Den Mann hatte ich nie zuvor gesehen. Er erzählte, welch unzuverlässige Schülerin ich gewesen sei. Dann wurden Fotos von mir eingeblendet, die ich noch nie gesehen hatte, und ich fragte mich, wer ihnen die Aufnahmen gegeben hatte. Es waren Privatfotos, die mich in Uniform während meiner Zeit als Soldatin zeigten. Darauf war nichts Besonderes zu sehen. Ich stellte mir vor, wie das Staatsfernsehen im ganzen Land nach Aufnahmen von mir gefahndet haben musste. Das war sicher ein gutes Geschäft für jene, auf deren Fotos ich abgelichtet war. Doch dann kam eine noch größere Überraschung. Mir blieb fast die Luft weg. Im Film war mein alter Kumpel Boxer zu sehen. Er war kaum wiederzuerkennen. Gewaschen, rasiert und im adretten Anzug! Unwillkürlich musste ich lachen. Wer hatte ihn in diesen Anzug gesteckt?

»Kennen Sie diesen Mann?«, fragte mich der Journalist.

»Natürlich! Das ist Boxer. Ein Freund von mir.«

»Ein Freund? Hören Sie sich an, was er über Sie berichtet.«

Boxer sprach im Tonfall eines Trinkers, der sich bemühte, seriös zu klingen. Er behauptete, ich habe meine Tochter in Südafrika verkauft. Ich glaubte, nicht richtig zu hören! Mir wurde heiß und kalt. Boxer redete sich in Fahrt. Eine Lügnerin und Betrügerin sei ich, und jeder, der mich kenne, wisse das genau. Man dürfe mir kein einziges Wort glauben. Und wenn es tatsächlich ein Buch von mir gäbe, so seien darin sicher auch nur Lügengeschichten zu lesen.

Ich rang um Fassung. Was hatte er da gesagt? Ich hätte meine Tochter verkauft?! Ich war außer mir vor Wut, Enttäuschung und Angst. Was hatte das zu bedeuten? Warum erschien Boxer in einem Film? Wo hatten sie ihn gefunden? Warum zeigte das ugandische Fernsehen diese gemeinen Lügen über mich? Mir drehte sich der Magen um.

»Was sagen Sie dazu?«, wollte der dänische Journalist von mir wissen, aber ich rang um Fassung und konnte kaum antworten.

»Boxer ist ein Kumpel ... ich meine, er ist ein Alkoholiker ... er lebt unter schlimmen Bedingungen. Ich begreife trotzdem nicht, warum er solche Gemeinheiten über mich erzählt. Er war ein Freund. Ich habe ihn unterstützt und auch er hat mir geholfen. Ich verstehe das alles nicht. Ich muss dringend mit ihm sprechen.«

»Können Sie ihn etwa erreichen?«

»Ich habe eine Telefonnummer in Südafrika. Letztes Jahr habe ich ihm sogar noch ein paar Dollar geschickt.«

»Können Sie mir die Nummer geben?«, fragte der Journalist.

»Selbstverständlich!«

Natürlich hatte ich Boxers Nummer nicht bei mir, aber ich rief den Journalisten später von zu Hause aus an und gab sie ihm. Mir schwirrte der Kopf. Wo hatten sie die Aufnahmen gemacht? In Uganda? In Südafrika? Wie konnte Boxer mir das antun? Was hatte das alles zu bedeuten? In was war ich da hineingeraten? Ich wollte unbedingt wissen, wie es zu dieser Filmaufnahme gekommen war. Ich hielt die Ungewissheit nicht länger aus.

Unter der alten Nummer in Soweto erreichte ich ihn tatsächlich ohne große Umstände.

»China! Das ist aber eine Überraschung!«, sagte er am anderen Ende, als sei nichts geschehen. »Lange nichts von dir gehört.«

»Ich habe den Film gesehen! Warum hast du solche Lügengeschichten über mich erzählt?«

»Den Film? Wo? Wieso?«, stotterte er. Boxer konnte nicht glauben, dass die Aufnahmen den weiten Weg bis nach Europa gefunden hatten.

»Boxer! Wie konntest du das tun? Wir beide haben zusammen gelitten! Wir haben vieles gemeinsam erlebt! Wie kannst du mir so wehtun?«

Ich war unendlich wütend auf ihn. Meine Fragen überschlugen sich. Am liebsten hätte ich ihm durch dic Telefonleitung hindurch den Hals umgedreht.

»Aber China! Ich hatte doch keine Ahnung! Ich meine, dass sie den Film überall herumzeigen. Hör mal zu!«

»Warum hast du gesagt, ich habe meine Tochter verkauft? Weißt du, was das bedeutet?«

»China! So warte doch! Da kamen ein paar Typen aus Uganda. Die haben mir eine Million Dollar angeboten. Hörst du! Eine Million Dollar!«

»Und dafür hast du mich verkauft?«

»China! Eine Million! Ich bin arm! Hättest du Nein sagen können?«

»Das ist unverzeihlich.«

»Halt! Nicht so schnell! Ich hatte einen Plan. Mit dem Geld wollte ich abhauen, wollte dich finden und es mit dir teilen. Damit hätten wir uns ein verdammt gutes Leben gemacht! One Million Dollar, Baby!«

»Ich fasse es nicht.«

Ich brauchte eine Weile, um zu begreifen, was Boxer mir da erzählte. Und es dauerte noch etwas länger, um zu begreifen, dass es für mein Heimatland keine Lappalie war, dass ich ein Buch über mein Leben als Kindersoldatin geschrieben hatte. Das Buch sollte im nächsten Jahr auch in englischer Sprache erscheinen, wie mir der Verlag mitgeteilt hatte. Dann würden es möglicherweise auch viele Afrikaner lesen. Ich konnte mir kaum ausmalen, was das bedeutete. Alles war zu viel für mich. Ich hatte mir doch nur meinen Kummer von der Seele geschrieben und die Wahrheit über mein Leben gesagt. In den großen Schrecken hinein musste ich aber doch ein wenig über Boxers Worte schmunzeln. Boxer war eigentlich kein schlechter Kerl. Der Anblick seines Anzugs ging mir nicht aus dem Kopf. Woher er ihn wohl hatte? Boxer hatte früher immer ein spezielles Foto mit sich herumgetragen, das ihn in Rambo-Pose einschließlich Maschinengewehr zeigte. Von der versprochenen Million hatte er natürlich keinen Cent gesehen. Er musste sein trostloses Leben in Soweto weiterführen. Irgendwie tat er mir sogar leid. Nach seiner Vorstellung konnte jemand wie er, der in Armut und sehr weit von Europa entfernt lebte, mir doch nicht schaden.

Was würde Uganda noch unternehmen? Ich rief meinen Sohn an. Aus Andeutungen konnte ich entnehmen, dass auch er Besuch von Offiziellen gehabt hatte, die ihm Lügen über mich erzählt hatten. Mein Gott! Was hatte ich getan? Was würde mit meinen Kindern geschehen? Panik erfasste mich. Moses' Tante erzählte mir am Telefon, dass in ugandischen Zeitungen mein Bild erschienen war und die Mitteilung, ich hätte meine Tochter verkauft. Sie hatte große Angst bekommen. Moses waren Fragen nach mir gestellt worden. Die merkwürdigen Besucher hatten ihm Geschenke gemacht, Dinge, die Jungs in seinem Alter sich wünschen. Einen Fußball und Sportschuhe. Mein Sohn sollte in dem obskuren Film über mich erscheinen und schlecht über seine Mutter reden. Immer wieder hatten sie ihm versucht einzureden, dass ich ein schlechter Mensch sei. Der beste Beweis dafür sei doch wohl, dass ich in Europa lebte und mich nicht um ihn kümmerte. Aber mein tapferer Sohn hat kein einziges schlechtes Wort über mich gesagt und ihre Geschenke nicht angenommen. Ich war so unendlich stolz auf ihn. Gleichzeitig fragte ich mich, wer hinter diesen Diffamierungen steckte. Wer von den Mächtigen in meinem Heimatland wollte mir derart schaden? Einige von ihnen kannte ich persönlich aus meiner Zeit als Kindersoldatin. Damals waren sie unsere Befehlshaber. Sie sind mit dem Blut der Kindersoldaten an die Macht gekommen, und bis heute liegt die Macht in ihren Händen.

Der Todeshauch von Soweto

Bei meinem Far sammelte ich Kraft. Seine Tür und sein Herz standen mir immer offen. Bei ihm versuchte ich mich auszuruhen und abzuschalten. Durch ihn veränderte sich mein Leben erneut. Er war der erste ältere Mensch, mit dem ich derart viel Zeit verbrachte. Tagelang waren wir zusammen, ohne etwas Bestimmtes zu unternehmen. In seiner Nähe fühlte ich mich wohl und lebte einen neuen Alltag. Manchmal schlief ich auf seinem Sofa vor dem Fernseher ein, und mein Far deckte mich zu, damit ich es schön warm hatte. Meine Einstellung gegenüber Älteren veränderte sich. Wo ich aufgewachsen bin, wurde uns beigebracht, dass ältere Menschen immer Recht hätten. Sie galten als natürliche Autoritäten und Respektpersonen, deren Taten und Worte nicht angezweifelt werden dürften. Für mich waren die Älteren in gewisser Weise eine andere Art von Mensch, denen man nicht gleichgestellt sein konnte. Im Kontakt mit Far begriff ich, wie oft ich früher von Älteren belogen worden war. Als ich das erste Mal ein Pupsen aus Fars Richtung vernahm, dachte ich automatisch, es käme von mir, denn in Afrika hatte man mir immer erzählt, ich sei es gewesen, die gepupst habe, ich, das kleine Mädchen, die Jüngere, niemals waren es die Älteren. Ich dachte tatsächlich, Ältere würden so etwas nicht tun. Nun zeigte mein neuer Vater mir, dass die Verdauung und die damit verbundenen Geräusche keine Frage des Alters waren. Ich war unglaublich froh über diese Entdeckung.

An schönen Sommertagen saßen Far und ich auf seinem Balkon, schauten über das Wohnviertel und tranken ein Bier. Aber auch diese Geborgenheit, Vertrautheit und seine väterliche Liebe vermochten es nicht, meine tiefen Wunden vollständig zu heilen. Alpträume, Schmerzen, Schuldgefühle und Scham raubten mir auch weiterhin den Schlaf, machten mich müde und ließen mich wie benommen umherirren. Die Angst um meine Kinder ließ meinen Körper beben, meine Stimme zittern, meine Kiefer schmerzen. Es musste dringend etwas passieren! Ich musste sie sehen, mit ihnen sprechen, sie bei mir haben! Ich wusste nur, dass Moses in relativer Sicherheit war. Wenn er doch nur endlich einen Pass erhielte! Warum dauerte es so lange? Warum konnte er nicht einfach in ein Flugzeug steigen und zu mir kommen? Das Problem musste sich doch irgendwie und irgendwann lösen lassen! Und was war mit meiner kleinen Tochter? Wenn ich nur daran dachte, dass ihr etwas Schlimmes passiert sein könnte, dann drehte sich mir der Magen um. Die Gedanken schwirrten umher. Wenn ich sie niemals finde! Wenn sie nichts von mir wissen will! Wenn sie mich nicht als Mutter akzeptiert! Was hatte man ihr über mich erzählt? Weiß sie überhaupt von mir? War ich es überhaupt wert, eine Mutter zu sein? Mir wurde schwindelig, die verheerende Wirkung meiner Gedanken griff direkt auf meinen gesamten Körper über. Die Angst packte sich meine Gedärme und zerrte an ihnen. Ich konnte nichts mehr bei mir behalten. Wie ein Wrack lag ich auf dem Boden vor meiner Toilette, unfähig und kraftlos, außerstande, aufzustehen und mich zu waschen. Ich fühlte mich schmutzig. Der gesamte Schmutz meiner Vergangenheit klebte noch immer an mir. Die alten Verwundungen brachen wieder auf. Gewalt und Missbrauch hatte ich schon vor meiner Zeit als Kindersoldatin erleiden müssen. Meine gesamte Kindheit war von Gewalt geprägt gewesen. Als ich mich von einem Mädchen zu einer Frau entwickelte, war ich regelmäßig missbraucht worden. An den Mädchen unter den Kindersoldaten haben sich zumeist die Offiziere vergriffen. Wir gehörten zu dem »Topf«, aus dem sie sich bedienen konnten.

Ich konnte nicht ahnen, dass ich in Südafrika ähnlich Schlimmes durchmachen sollte. Mein vermeintliches Zufluchtsland barg unbekannte Gefahren, auf die ich nicht vorbereitet war.

Ich war achtzehn Jahre alt und im dritten Monat schwanger, als mir die Flucht aus Uganda nach Südafrika gelungen war.

Vollkommen plan- und beinahe mittellos hatte ich mit meinem Kumpel Boxer Johannesburg erreicht. Als Fahnenflüchtige aus Uganda beantragten wir einen Flüchtlingsstatus, denn Boxer hatte die Information aufgeschnappt, wir könnten im Departement of Home Affairs, dem Ministerium für Inneres, einen Asylantrag stellen. Wir reihten uns in eine Schlange von Hunderten Asylsuchenden ein, die aus den verschiedensten Ländern nach Südafrika gekommen waren, um hier Schutz zu finden. Als wir endlich an der Reihe waren, wurden Boxer und ich von einem weißen Mann nach unserer Geschichte befragt. Der Mann war überraschend nett. Nie zuvor hatte ich mit einem weißen Beamten gesprochen. Ich war verunsichert, aber dieser Mann schien sich wirklich für unsere Geschichte zu interessieren. Trotz der vielen Wartenden nahm er sich Zeit für uns. Er wollte nicht glauben, was er von mir hörte. Ich berichtete ihm über meine gesamte militärische Laufbahn und aus welchem Grund ich kürzlich desertiert war. Es fiel mir eigentlich immer schwer, einen fremden Namen zu behalten, aber den Namen von Thinus van Jaarsfeld habe ich nie vergessen. Er hakte immer wieder nach. Die Geschichte einer achtzehnjährigen Soldatin mit einer knapp zehnjährigen Armeezeit schien ihn sehr zu beschäftigen. Mein militärischer Rang und meine Aufgaben waren ihm offenbar nicht fremd, nur wollte meine Erscheinung ganz offensichtlich nicht zu dem Erzählten passen. Er gewährte uns einen befristeten Aufenthalt. Boxer hatte ihm ein Foto gezeigt, auf dem er in Rambo-Pose zu sehen war. Ich weiß nicht, welche Bedeutung diese Aufnahme für unser Glück in seinem Büro hatte. Viele andere Antragsteller waren abgewiesen worden.

»Was gibt man jemandem wie ihm als Dankeschön?«, fragte ich Boxer, als wir wieder auf die Straße hinausgetreten waren.

»Blumen!«

Als ich das nächste Mal zu Thinus van Jaarsfeld ging, um meinen Aufenthalt zu verlängern, hatte ich in der Zwischenzeit viele Geschichten über die Apartheid und den Rassismus in Südafrika gehört. Aber bei diesem weißen Beamten konnte ich mir nicht vorstellen, dass er etwas gegen Schwarze hatte. Er behandelte mich immer gut. Aufgrund seiner Anteilnahme an unserem Schicksal hatten Boxer und ich zumindest keine Probleme mit unseren Papieren.

Wegen meiner Schwangerschaft hatte mich das Rote Kreuz an ein Frauenhaus verwiesen, wo ich auf Alkoholikerinnen, Drogensüchtige und Geisteskranke traf, die eng aneinandergedrängt auf dem blanken Zementboden lagen. Voller Panik hatte ich Reißaus genommen. Ich fand Arbeit in einer Bar und betrachtete das als großes Glück. Immerhin hatte ich dort ein Dach über dem Kopf und ausreichend zu essen. Bis kurz vor der Geburt musste ich als Handlangerin von morgens um sechs bis spätabends arbeiten. Ich schleppte schwere Bierkisten, putzte die Bar, musste selbst in der schlimmsten Kälte Werbeplakate an Häuserwände kleben und dabei meinen dicker werdenden Bauch einziehen. Den ganzen Tag wurde ich hin und her gescheucht. *Hol Bier rein! Bring Eiswürfel! Mach den Dreck weg! Putz das Klo! Besorge Wechselgeld!* Mein Boss durfte nichts von meiner Schwangerschaft erfahren. Schon als Kind hatte ich gelernt, jede Auffälligkeit und Schwäche zu verbergen. Selbst wenn mein Vater brutal auf mich eingeschlagen hatte und mir dabei sogar Finger und Rippen gebrochen hatte, unterdrückte ich meine Tränen. Die Erfahrung hatte gezeigt, dass es ein Vorteil war, die eigenen Empfindungen zu verbergen. Auch meine vielen Wunden waren zumeist unversorgt geblieben und ich musste mir irgendwie selber helfen. Als Soldatin hatte ich schließlich auch noch gelernt, eine Schwangerschaft und die damit verbundenen Beeinträchtigungen zu verbergen. Denn eine Lektion hatte ich besonders tief verinnerlicht: Um mein Überleben zu meistern, durfte ich dem Leben keine besondere Beachtung schenken. Ich musste mich immer nur auf das Wesentliche konzentrieren. Über Jahre meines Lebens war das Wesentliche meine Uzi gewesen. Ich kannte jeden einzelnen Bestandteil meiner Maschinenpistole beim Namen. Im Nu konnte ich sie auseinanderbauen, jede Funktion war mir vertraut. Aber ich konnte nicht sagen, was mit meinem Körper passierte und was in meinem Bauch geschah. Ich hatte keine Ahnung, auf welche Art das neue Leben in mir wuchs und wann es Zeit für das Baby war, auf die Welt zu kommen. Mein Körper war mir fremd. Ich sehnte den Moment des Feierabends herbei. Meistens fiel ich hungrig und todmüde ins Bett und konnte endlich meinen Bauch entspannen. Ich streckte ihn aus und tastete über die Wölbung, die immer größer wurde. Endlich richtig durchatmen können. Endlich ein paar Stunden ausruhen.

Vorne in der Bar, bei den Gästen, arbeiteten Frauen, die den Männern Drinks einschenkten und sie zum Trinken animieren mussten. Mit einer von ihnen hatte ich mich angefreundet. Wir machten uns gegenseitig Mut, liehen uns hin und wieder gegenseitig ein paar Dollar aus und versuchten, das Beste aus unserer Situation zu machen. Als meine Kollegin dem Kokain verfiel, erlebte ich die Macht der harten Drogen. Vor dieser Gefahr musste ich auf der Hut sein, denn ich wollte überleben, und ich wollte eines Tages meinen Sohn wiedersehen. Ich musste der Versuchung des Kokains widerstehen, denn dieses Gift fraß die Seelen seiner Opfer förmlich auf. Diesem Vorsatz blieb ich treu, aber wenn ich dem Druck nicht mehr standhalten konnte, dann griff ich zur Flasche und versuchte, meinen Kummer mit Alkohol hinunterzuspülen.

Meine Lage wurde immer aussichtsloser. In der Bar konnte ich nicht ewig bleiben. Spätestens mit der Geburt wäre es vorbei. Ich wusste nichts über das südafrikanische Gesundheitssystem und stellte mir vor, ich müsse eine Einheimische sein, um mein Kind in einer Klinik auf die Welt bringen zu dürfen. Dann lernte ich Peter kennen, der mir Hilfe und Unterschlupf anbot. Doch er nutzte meine Verzweiflung skrupellos aus. Er sagte einfach, ich dürfe seinen Namen benutzen, wenn es mit der Entbindung so weit sei. Ich solle einfach sagen, ich sei seine Frau. Ich solle mich Patricia nennen und seinen Familiennamen angeben. Obwohl Peter schon zu Beginn unserer Bekanntschaft gewalttätig war, blieb mir, aus meiner damaligen Sicht betrachtet, nichts anders übrig, als mich auf seinen Vorschlag einzulassen. Am Tag, als das Baby nicht länger in meinem Bauch bleiben wollte, nannte ich im Krankenhaus den falschen Namen. Mein Englisch war gebrochen, andere südafrikanische Sprachen konnte ich nicht, und so merkten sie sofort, dass etwas nicht stimmte. Ich sei außerhalb Südafrikas aufgewachsen, sagte ich. Ich hatte große Angst. Vielleicht würden sie mich wegschicken. Ich war doch nur ein »Nichts« aus einem fremden Land. Es war entwürdigend, mit welchem Blick ich von Zivilisten, wie dem Personal des Krankenhauses, gemustert wurde. Bis vor kurzem war ich es noch gewohnt, dass Zivilisten mich aufgrund meiner Uniform und meines Auftretens automatisch respektierten. Ich hatte einen hohen Rang erreicht und meinen Befehlen mussten selbst die stärksten Männer innerhalb der Armee gehorchen. Aber hier stand ich, als Hochschwangere kurz vor der Geburt, ohne Waffe und ohne jegliche Macht, vor dem Empfangsschalter des Hospitals und war abhängig vom Urteil einer Zivilistin in einem Kittel. In solchen Momenten wünschte ich mir manchmal die Macht meiner Waffe zurück.

Schließlich akzeptierten sie meine Geschichte und führten mich in einen Raum mit anderen hochschwangeren Frauen.

Am 3. Januar 1996 gebar ich ein wunderschönes kleines Mädchen und gab ihm den Namen Destiny.

Peter lebte in Soweto, dem berüchtigten Armenviertel von Johannesburg. Ich war mittellos und zog mit meiner kleinen Tochter bei ihm ein. Er behandelte mich sehr schlecht. Schläge waren an der Tagesordnung. Ich suchte verzweifelt nach einer Arbeit und nahm alles, was sich mir bot. Damals bestand der Sinn meines Lebens nur darin, den jeweiligen Tag zu überleben. Ich hatte keinerlei Kraft mehr übrig, um an die Zukunft zu denken. Nicht einmal träumen konnte ich noch. Wenn ich arbeitete, ließ ich mein Kind in der Obhut von Peters Schwester. Der Missbrauch und die Gewalt dieses skrupellosen Mannes nahmen überhand. Er dachte, er könne alles mit mir machen, was er wolle, und ich sei ihm hilflos ausgeliefert.

In meiner Verzweiflung rannte ich allein davon und ließ Destiny zurück, denn wer würde mich haben wollen, eine achtzehnjährige Ausländerin mit einem Baby? Ich konnte seine Erniedrigungen und brutalen Schläge nicht länger ertragen. Er hätte mich umbringen können und niemand hätte besondere Notiz davon genommen. Niemand hätte es je erfahren. Niemand hätte meinen Sohn benachrichtigt. Niemand hätte meiner Tochter von meiner Existenz erzählt. Ich lief davon, irrte umher, suchte nach Gelegenheitsjobs. Oft hatte ich kein Dach über dem Kopf. Als Obdachlose musste ich manchmal auf der Straße schlafen. Ich schlug mich alleine durch, lehnte mich an Häuserwände, senkte meinen Blick zu Boden und fürchtete die Nächte und die Dunkelheit. Niemand sollte sehen, dass ich eine Frau war. Nie wieder wollte ich vergewaltigt werden. Ich verkroch mich in abgelegene Ecken und überlebte. Aber es war auch nicht viel mehr als ein Überleben. Ich hatte eine grausame Vergangenheit und eine grausame Gegenwart. Das Wort *Zukunft* existierte nicht für mich. Ich überlebte die einzelnen Tage. Mehr schaffte ich nicht. Mehr konnte ich nicht. Nie wäre ich auf die Idee gekommen, jemanden um Hilfe zu bitten. In meiner Welt gab es die Vorstellung von hilfsbereiten Menschen oder Institutionen noch nicht. Es war mein Schicksal, auf der Straße zu leben. So dachte und fühlte ich damals. Es gab auch Phasen, in denen es besser lief. Manchmal fand ich einen Job, verdiente ein wenig Geld, kaufte mir etwas zu essen und eine saubere Hose und ein neues Hemd.

Eines Tages traf ich auf Landsleute aus Uganda. Einige von ihnen hatten sich zu einer oppositionellen Gruppe zusammengeschlossen, die mit der Politik der ugandischen Regierung nicht einverstanden war. Auch ich hatte genügend Gründe, mich gegen die Machthaber aufzulehnen, aber ich verstand nicht viel von Politik. Dennoch milderten die Treffen mit meinen Landsleuten meine Einsamkeit und Isolation in einem fremden Land.

Es tat mir gut, mich in meiner Muttersprache verständigen zu können. Manche von ihnen hatten Kontakte zur Botschaft und zur staatlichen Fluglinie.

Wenn ich in guter Stimmung war und einige Bier getrunken hatte, dann machte ich mich manchmal wichtig mit meiner Vergangenheit. Mein militärischer Rang und meine Position als persönliche Leibwächterin eines bekannten Politikers stießen auf großes Interesse bei meinen Gesprächspartnern. Endlich hörte mir mal jemand zu und ahnte zumindest, wovon ich sprach. Endlich war meine Vergangenheit interessant. Endlich war ich mehr als eine mittellose Ausländerin, die aussah wie ein streunender Junge.

Eines Tages nahm mich ein Landsmann mit zu einem Fest der Uganda Airlines. Im Laufe des Abends wurde die Party immer ausgelassener und es wurde eine Menge getrunken. Als mir eine Mitfahrgelegenheit zu meiner Bleibe angeboten wurde, sagte ich nicht Nein.

Ich kam nicht nach Hause, sondern landete direkt in der Hölle. Jede Erinnerung an das, was mir passierte, lässt die alten Wunden aufbrechen und die Qualen von neuem beginnen. Ich wünschte, ich könnte diesen Teil meines Lebens für immer auslöschen. Jede Frage, die mir in Bezug auf das Erlebte gestellt wird, ist wie ein Stich in eine schlecht verheilte Wunde. Ich war dem ugandischen Geheimdienst in die Falle gegangen. Drei Männer hielten mich irgendwo in Südafrika gefangen. Sie folterten mich. Denn sie wollten Informationen über oppositionelle ugandische Gruppen in Johannesburg aus mir herauspressen. Aber es gab nichts Besonderes, was ich ihnen hätte erzählen können. Mit ihren Folterinstrumenten taten die Männer mir Unvorstellbares an. Sie stellten mir Fragen und quälten mich. Fragen. Qualen. Fragen. Qualen. Ein Leben lang werden mich meine Narben an das Erlittene erinnern.

Mein Überleben verdanke ich meiner Geistesgegenwart in einem günstigen Moment. Sie wollten mich zurück nach Uganda schaffen. Dafür schleppten sie mich zu einem Auto. Über einen längeren Zeitraum hatte ich nur Wasser und Brot zu essen bekommen und war extrem geschwächt. Als unser Wagen an einer Ampel halten musste, holte ich im Bruchteil von Sekunden die letzten Energiereserven aus meinem geschundenen Körper hervor und befreite mich. Ich sprang aus dem Fahrzeug und rannte davon.

Was sollte ich nun tun? Wohin sollte ich gehen? Ich war mehr tot als lebendig. Der einzige Ort, der mir einfiel, war das Büro von »Home Affairs«.

Thinus van Jaarsfeld schaute mich an, als sei ich ein Geist. Der Sprung aus dem Wagen hatte noch zusätzlich Wunden auf meinem Gesicht und meinen Händen hinterlassen; ich hatte blutverkrustete Male auf meinen eingefallenen Wangen. Er nahm meine Hand, und ich erzählte, was mit mir geschehen war. Die Betroffenheit in seinem Blick ließ mich reden. Später führte er mich zu einer Mitarbeiterin, die sichtlich geschockt ein Protokoll aufnahm, mit dem ich mich an den UNHCR wenden sollte.

Beim UNHCR in Johannesburg wurde ich als akuter Notfall behandelt. Ein Krankenwagen transportierte mich in ein Hospital, später in eine Trauma-Klinik. Meine Wunden wurden begutachtet und behandelt, meine Geschichte geprüft und Mediziner zu Rate gezogen. Psychologen bescheinigten mir ein tiefes Trauma. Die Geschichte einer Kindersoldatin, die durch die Hölle gegangen war und in Südafrika vom ugandischen Geheimdienst entführt und gefoltert worden war, schien selbst die Vorstellungskraft der Psychologen in der Spezialklinik von Johannesburg zu sprengen. Sie waren nett zu mir, aber sie mussten mir Fragen stellen. Jede einzelne Frage war eine erneute Qual für mich. Ich wollte an nichts mehr denken müssen, wollte nicht antworten müssen, wollte nur noch schlafen und in Sicherheit sein. Ich wollte meine Gedanken und Erinnerungen abstellen. Am liebsten wollte ich meine gesamte Vergangenheit hinter mir lassen. Ich wollte nichts mehr hören von Uganda, nichts mehr hören von meinem Leben als Soldatin, nicht mehr an die Grausamkeiten erinnert werden, nicht mehr an meine Flucht von

Uganda nach Südafrika denken, nicht mehr an meinen Job in der Bar in Johannesburg, nicht an mein armseliges Leben in Soweto. Wenn ich auf dem Rücken lag, schmerzten die Narben; wenn ich mich wusch, brannten die schlecht verheilten Wunden; wenn ich in den Spiegel schaute, dann betrachtete ich einen traurigen, kahl geschorenen Jungen. Ich wollte überleben! Ohne Erinnerung! Ohne Fesseln an meine Vergangenheit! Es war damals nicht so, dass ich klare Gedanken fassen konnte, sondern es war eher ein vages Gefühl, das mich ausfüllte. Leben und vergessen! Alles ungeschehen machen! Alles auslöschen! Nur in sehr seltenen Momenten und unter Alkoholeinfluss gelang es mir, davonzuschweben und die grausame Wirklichkeit für eine kurze Zeit zu verlassen. Dann brach das Trauma wieder hervor und zerrte an meiner Seele und meinem malträtierten Körper. In der Klinik versuchten sie es mit Entspannungsübungen und diversen anderen Mitteln, die Linderung versprachen. Die Südafrikaner schienen nicht mehr zu wissen, was sie mit mir machen sollten. Mein Lebenslicht drohte zu verlöschen.

Aber sie waren bemüht, mir zu helfen. Sie waren der Meinung, dass meine Sicherheit vor Ort nicht garantiert war. Zu jeder Behandlung und zu jedem Besuch bei Behörden und Organisationen wurde ich begleitet. Ich wollte leben, und alles, was mir dabei helfen konnte, musste probiert werden. Mein Fall war nach Genf, in die Zentrale des UNHCR, weitergeleitet worden. Das ließ mich ein wenig aufatmen und hoffen, dass mein Gesuch auf ein Leben als Flüchtling in einem fernen Land anerkannt wurde. Wenn sie sich bereits in Europa mit meiner Lage befassten, dann konnte das nur ein gutes Zeichen sein, redete ich mir ein. Es durfte einfach nichts schiefgehen. Heute erinnere ich mich nur noch verschwommen an meine damaligen Gedanken und Gefühle. Meine Tage waren geprägt von der Behandlung in der Trauma-Klinik. Im Mittelpunkt meines Daseins standen eine schrittweise Kräftigung meiner Gesundheit sowie das Warten auf eine Antwort aus Genf. Heute würde ich sagen, dass ich tief in meinem Inneren eine Sehnsucht nach Sicherheit und Frieden hatte und eine große Angst davor, diese Sehnsucht niemals erfüllt zu bekommen. Meine kleine Chance durfte ich auf keinen Fall aufs Spiel setzen! Ich war zu schwach, um es so zu formulieren, aber ganz bestimmt gab es damals einen Traum vom Paradies, ohne dass ich ihn mit Leben füllen konnte. Und irgendwie hatte ich gespürt, dass ich vielleicht schon kurz vor dem Ziel stand. Um kein Risiko für mein Überleben einzugehen, verbarg ich mein Geheimnis. Es schien mir zwar unvorstellbar, dass es wirklich irgendwo in der weiten Welt ein Land gab, das mich aufnehmen wollte, aber der UNHCR hatte diese Hoffnung in mir geschürt. Ich fragte mich insgeheim, warum ein fremdes Land bereit sein sollte, so etwas zu tun. Mich aufnehmen? Die junge Frau ohne Bildung, die nur das Soldatenleben kannte, die dem Tod oft näher stand als dem Leben, die selber hatte töten müssen. Ein »Ding«, ein »Niemand«, benutzt für die Interessen von anderen.

Ich hatte keine Vorstellung davon, wie es in einem *wohlhabenden* und *demokratischen* Land sein könnte. Vermutlich waren mir diese Worte noch nicht einmal zu Gehör gekommen. Aber ich hatte verstanden, dass es immerhin die Möglichkeit gab, irgendwohin und ganz weit weggebracht zu werden. Eine Stimme in mir flehte mich an, mein Geheimnis aus mir herauszulassen. Eine andere Stimme flehte darum, den Mund zu halten, um die vermutlich einzige Gelegenheit auf ein Überleben in Sicherheit nicht aufs Spiel zu setzen. Meine Gedanken kreisten und machten mich schwindelig. Manchmal war ich still und niedergeschlagen, dann wieder vollkommen aufgedreht und euphorisch. Es gab keinen Anfang und kein Ende. Dann traf ich eine Entscheidung: Ich erzählte ihnen nichts von meiner Tochter. Das Geheimnis blieb in meinem Herzen. Einen derart schlechten Menschen wie mich, noch dazu mit einer derart chaotischen Familiengeschichte, würde sicher niemand aufnehmen wollen. Kein einziges Land dieser Welt. Schließlich würden sie sehr viel Geld bezahlen müssen! Eine Frau mit zwei Kindern! Die Flüge und das neue Leben! Ich selber hatte doch keinen einzigen Cent. Von meinem Sohn Moses hatte ich dem UNHCR erzählt. Denn auch über seinen bekannten Vater hatte ich berichtet. Es war alles protokolliert worden. Meine Geschichte war sehr glaubwürdig und mein Sohn Moses war ein Teil davon. Aber meine Tochter? Wie sollte ich ihre Herkunft erklären? Ich schämte mich.

In dieser Situation hörte ich zum ersten Mal das Wort *Dänemark*. Burt Leenschool, mein Helfer beim UNHCR in Südafrika, hatte dieses Wort ausgesprochen. »Dänemark will dich aufnehmen«, hatte er gesagt.

Ich wollte unbedingt fort, aber trotzdem war ich ein wenig enttäuscht, denn ich dachte, Dänemark läge in Afrika. Da ich aber möglichst weit wegwollte, am liebsten nach Amerika, konnte ich mich nicht richtig freuen. Er beruhigte mich sofort, indem er mir erklärte, dass Dänemark in der Nähe von Deutschland läge. Germany war mir ein Begriff. Ich hatte in Südafrika sogar schon freundliche Deutsche kennen gelernt, und so konnte ich es kaum abwarten, ein Flüchtling in Dänemark zu werden. Bis meine Papiere zur Ausreise fertig waren, begann ich, von dem fernen Land in Europa zu träumen. In Südafrika war Winter, und ich hatte keine Ahnung, dass mein Flug im Juni 1999 nach Kopenhagen mich geradewegs in den Sommer brachte.

All das erzählte ich später meinem *Far*, und er nahm mich in seine starken Arme.

Der erste Schnee meines Lebens war noch schöner, als ich ihn mir ausgemalt hatte.

Im Diakonissen-Stift in Dänemark

Beim Besuch eines Waisenhauses in Ruanda, 2003.

In meinen Koffern waren zahlreiche Geschenke …

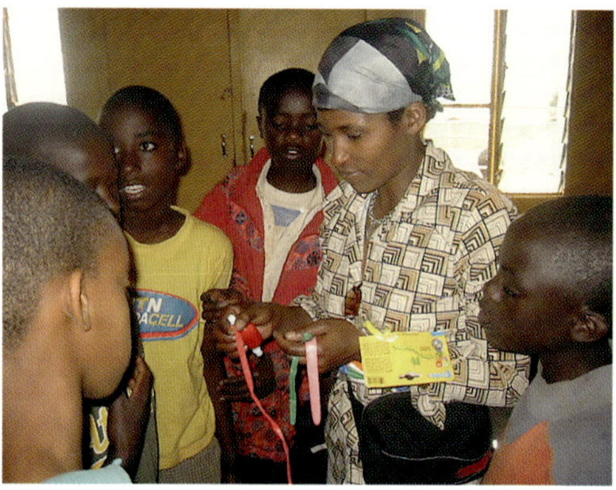

… und Spenden aus Deutschland und Dänemark.

Meine Großmutter.

Kabawo war mehr als ein Kamerad gewesen, er war wie ein Bruder.

Als ich Destiny wiedergefunden hatte, war ich überglücklich.

Mein Sohn Moses.

Mit meiner Tochter Destiny, in Südafrika 2006.

Moses und Destiny, im Dezember 2006 in Ruanda.

Bundespräsident Köhler traf ich 2006 anlässlich des Internationalen Tages gegen den Einsatz von Kindersoldaten.

Mit Ingeborg und Claus Schmidt.

Mit Jörg Nowak, der mir half, meine Tochter in Südafrika zu finden.

Mit John Rasmussen, meinem »Far«, und Bruni Prasske.

Mit dem ehemaligen Kindersoldaten Ishmael Beah bei einem Wiedersehen in Hamburg, im Juni 2007.

In ruandischem Festgewand.

Unterwegs

Im Spätsommer 2002 sollte mein Buch in Deutschland veröffentlicht werden. Für den 20. September, den Weltkindertag, hatte ich von der UNICEF eine Einladung nach Berlin bekommen. Der Tag stand unter dem Motto »Kinder zuerst«. Ich freute mich darauf, für die Rechte von Kindern einzutreten. In Deutschland gab es viele engagierte Personen, Institutionen und Politiker, sie sich gegen den Einsatz von Kindersoldaten einsetzten. Mein eigenes Engagement, die vielen Interviews, die ich mittlerweile geführt hatte, und die Treffen mit Politikern aus unterschiedlichen Ländern hatten mich wachsen lassen. Es gab meinem Leben einen tieferen Sinn, wenn ich meine Stimme gegen die Zwangsrekrutierung von Kindern erhob. Bei dieser Arbeit merkte ich, dass ich nicht die einzige Betroffene war. Überall auf der Welt gab es Kinder und Erwachsene, die unter unmenschlichen Lebensbedingungen zu leiden hatten. Und es gab viele Menschen, die sich gegen diese Ungerechtigkeiten engagierten. In meiner Wunschvorstellung hoffte ich darauf, dass es eines Tages für alle dreihunderttausend Kindersoldaten einen Ort gäbe, wie ich ihn in Dänemark gefunden hatte. Ein Ort, an dem ihre Wunden versorgt werden und ihre Seelen heilen können. Wie oft hatte ich mich in den letzten Monaten gefragt, was aus meinen Kameraden und aus den vielen anderen unbekannten Kindersoldaten geworden ist und was in Zukunft aus ihnen wird. Dänemark hat sein Versprechen eingehalten und mich wachsen und gesunden lassen, aber was ist mit den vielen anderen kranken Seelen? Für ihre Zukunft wollte ich mich einsetzen. Diese Arbeit wurde mein ganz persönlicher Kampf. In manchen Momenten fühlte es sich sogar so an, als sei es mein ganz persönlicher Krieg gegen einen brutalen Feind.

Als es Zeit für meine Reise nach Deutschland wurde, brachte Far mich zum Bahnhof. Es war ein unbeschreibliches Gefühl für mich, von meinem Vater zum Zug gebracht zu werden. Er ging an meiner Seite, trug meine Tasche, suchte das richtige Abteil, zeigte mir meinen Platz und warf einen prüfenden Blick auf meine Mitreisenden. Er versprach mir, dass ich von nun an nie wieder allein zum Bahnhof oder Flughafen müsste und dass er mich jedes Mal abholen würde, wenn ich zurück nach Hause käme. Dieses Versprechen hält er bis heute. Schon von weitem kann ich jedes Mal die dänische Fahne in der wartenden Menge flattern sehen, kann Far meinen Namen rufen hören.

Der Zug nach Deutschland war voll besetzt. Ich hatte einen reservierten Fensterplatz am Tisch. Mir gegenüber saß eine Mutter mit einer kleinen Tochter im Kindergartenalter. Die Mutter hatte einen großen Busen, und ich stellte mir vor, wie das kleine Mädchen aus diesen Brüsten getrunken hatte, als es noch ein Baby war. Ich konnte meinen Blick nicht von dem Dekolleté der Frau nehmen. Unentwegt starrte ich auf ihre Brüste. Ich wurde regelrecht durstig nach der Milch in diesen Brüsten, hätte sie gern berührt, mich an sie gelehnt und ihre Wärme gespürt. Den ganzen Weg von Kopenhagen nach Hamburg sagte ich kein einziges Wort, aber ich spürte ein Dauerlächeln auf meinen Lippen und genoss den Anblick. Gleichzeitig stellte ich mir unzählige Fragen. Liebte ich etwa Frauen? Könnte es sein, dass Frauen mir die Wärme geben könnten, nach der ich mich sehnte? Fehlte mir vielleicht noch immer die Muttermilch, von der ich nicht genug bekommen hatte, weil mein Vater meine Mutter davongejagt hatte, als ich noch sehr klein war? Oder vermisste ich einfach nur die Kühe meines Dorfes?

In Deutschland fühlte ich mich auf Anhieb wohl. Ich lernte nette und hilfsbereite Menschen kennen, die großes Interesse an meiner Lebensgeschichte und meiner Arbeit hatten. Das Land war viel größer als Dänemark, und Amnesty International organisierte umfangreiche Vortragsreisen, die mich in zahlreiche deutsche Städte, und später auch in andere Länder, führten.

Meine Kontaktperson bei Amnesty war Helmut. Er sprach Termine mit mir ab und begleitete mich auf einigen Reisen. Vor Ort wurden wir dann meistens von weiteren Mitarbeitern von Amnesty International empfangen. An manchen Tagen hatte ich zwei Auftritte, einen am Vormittag in einer Schule und einen am Abend in einer Buchhandlung, einem Kulturzentrum oder einer Begegnungsstätte. Ich war berührt von der großen Resonanz, die mein Auftreten hervorrief. Ich gab Zeitungs-, Radio- und Fernsehinterviews und wurde nicht müde, meine eigene Geschichte und meine Sichtweise zu schildern. Ich sprach sogar vor deutschen Bundeswehrsoldaten und versuchte, den jungen Rekruten zu vermitteln, was ich als kleines Mädchen in Uniform erleben und ertragen musste. Ganz besonders gern sprach ich jedoch vor Schülern. Nicht selten fanden die Veranstaltungen in großen Sälen vor mehreren hundert jungen Zuhörerinnen und Zuhörern statt. Das war immer sehr aufregend und ich machte es sehr gern. Wenn die jungen Leute mir gebannt zuhörten und später ihre Fragen stellten, dann konnte ich spüren, dass meine Botschaft sie erreichte. Mein einfaches Englisch verstanden die deutschen Schüler meistens sehr gut und es war nur selten eine Übersetzung nötig. Es war hilfreich, wenn sie von ihren Lehrern bereits auf die Thematik der Kindersoldaten vorbereitet worden waren. Häufig hatten die Zuhörer auch vorab mein Buch gelesen oder meine Website besucht. Bei meinen Vorträgen nahm ich nie ein Papier mit Notizen zur Hand, sondern sprach immer frei. Nach einer Weile hatte ich eine gewisse Routine erlangt, die es mir einfacher machte, vor den jungen Leuten zu sprechen. In ihrer Nähe fühlte ich mich manchmal richtig vertraut. In gewisser Weise hatte ich sogar den Eindruck, ich sei kaum älter als sie.

»Hallo, mein Name ist China Keitetsi. Ich freue mich, heute bei euch zu sein. Es sind jetzt sind so viele Augenpaare auf mich gerichtet, dass mein Herz ganz heftig klopft. Ich bin aufgeregt«, sagte ich manchmal, und es entsprach genau der Wahrheit. Dann grinsten die Schüler und nickten mir aufmunternd zu.

»Es ist noch früh am Morgen. Wenn ich allein entscheide, wann ich aufstehe, dann schlafe ich normalerweise bis mittags, aber heute hat euer Lehrer mich aus dem Bett geschmissen. Also mache ich gern mal eine Ausnahme«, erklärte ich ihnen, wenn ich noch müde war und in der vorherigen Nacht zu wenig Schlaf bekommen hatte. Viele Schüler lachten dann laut auf.

»Nachts kann ich oft nicht gut schlafen und die Müdigkeit kommt erst im Morgengrauen. Schlechte Träume aus meiner Vergangenheit rauben mir den Schlaf. Ich wäre gern eine Frühaufsteherin. Und noch viel lieber wäre ich ein Mädchen, das jeden Morgen zur Schule gehen darf. Ich hatte nie die Möglichkeit, regelmäßig zur Schule zu gehen. Das, was ihr jeden Morgen macht, pünktlich aufstehen und zur Schule gehen, das war immer mein großer Traum. Dieses Glück hatte ich leider nicht. Ich durfte nicht in der Schule sitzen und etwas lernen. Ich habe nie erlebt, wie es sich anfühlt, wenn die Glocke klingelt, der Unterricht beendet ist und man nach Hause zu den Eltern und Geschwistern gehen darf. Ich weiß nicht, wie es ist, wenn zu Hause ein gedeckter Tisch wartet. Ich habe es nie erlebt, aber ich bin unglaublich neidisch darauf. Die meisten von euch haben bestimmt ein eigenes Zimmer mit einem eigenen Computer, an euren Wänden hängen vielleicht Fotos aus der Zeit, als ihr noch kleiner wart. All das kenne ich nicht. Ich kenne keine Zugehörigkeit zu einer glücklichen Familie und zu einem friedlichen Leben. Ich habe keine Fotos aus meiner Kindheit. Das einzige Foto aus meiner Kindheit, das ich kenne, war aufgenommen worden, als ich dreizehn Jahre alt und bereits eine erfahrene Kämpferin war. Zu dem Zeitpunkt hatte ich bereits eine Menge schlimmer Dinge getan und mir war bereits sehr viel Schlimmes angetan worden. Noch heute vermisse ich schmerzlich ein richtiges Zuhause mit Eltern und Geschwistern. Ihr könnt es euch bestimmt nicht vorstellen, aber als Kind kannte ich kein einziges Spiel beim Namen, höchstens Fußball. Das spielte ich manchmal mit einem selbst angefertigten Ball. Ihr denkt vielleicht, es sei ein Vergnügen, wenn man nicht zur Schule gehen muss, aber ich kann euch sagen,

es hat überhaupt keinen Spaß gemacht, nichts zu lernen. Und es war überhaupt nicht cool, eine Kindersoldatin zu sein. Es ist überhaupt nicht so wie in dem Computerspiel Counterstrike. Ich war neun Jahre alt, als ich zur Soldatin wurde, klein, mager und schwach. Zu schwach, um eine Waffe zu tragen, aber trotzdem erlebte ich schon einen Monat später meinen ersten Angriff und musste Aufgaben im Gefecht übernehmen. Als Kindersoldatin wird dir fast alles genommen und nichts gegeben. Man raubt dir dein Kindsein. Das ist etwas, was sich nie wiedergutmachen lässt. Die verlorene Zeit der Kindheit kann man nie zurückholen. Es ist überhaupt nicht cool, sondern verdammt grausam, wenn man Waffen tragen muss, die töten können, und wenn man zusehen muss, wie die Kameraden Arme und Beine verlieren. Diesen Anblick vergisst man niemals. Ich möchte euch erzählen, was es für mich bedeutet, ein Leben in Sicherheit und Frieden leben zu können. So wie ihr! Ihr braucht keine Angst vor einem Angriff zu haben! Keine Angst vor einem unbekannten Feind, vor einer verirrten Kugel, einem Hinterhalt, vor Hunger oder Verwundung. Ihr braucht keine Angst davor zu haben, ein Niemand zu sein. Jeder von euch bedeutet in dieser Welt etwas. Ihr habt eine Familie, Geschwister, Lehrer, Nachbarn, Freunde und Verwandte. Andere Menschen sorgen sich um euch. Es gibt Millionen von Kindern, denen es nicht so geht. Millionen, die keine Angehörigen mehr haben, die nicht zur Schule gehen können und die ungebildet bleiben. Die nicht wissen, wohin das Leben sie führt.

Es gibt Länder, in denen über Jahrzehnte Krieg und Unruhe herrschen, in denen Kinder nichts anderes kennen als Krieg und Gewalt. Um sie herum gibt es Menschen ohne Hände, ohne Arme, ohne Beine. In meiner Heimat sind viele Kinder gezwungen worden, in den Krieg zu ziehen. Kinder, die viel jünger waren, als ihr es jetzt seid. Junge Mädchen, die missbraucht worden sind, schwanger wurden und Kinder bekamen, obwohl sie viel jünger waren, als ihr es seid. Ich bekam mein erstes Kind, als ich vierzehn Jahre alt war.«

Immer wenn ich diesen Satz bei meinen Vorträgen gesprochen habe, ging ein Raunen durch den Saal. Die Schüler wollten dann immer wissen, wo mein Sohn geblieben sei, ob ich Kontakt zu ihm habe und wie alt er inzwischen sei. Meist konnten sie sich nicht vorstellen, dass ich schon einen derart großen Jungen haben könnte. Auf sie wirkte ich jung, höchstens Anfang zwanzig, sagten sie mir, eher wie ein Teenager, fast so jung wie sie selber.

»Für mich ist es nicht einfach, über meine Vergangenheit zu sprechen. Es raubt mir Energie und schmerzt. Aber für euch werde ich es tun, damit ihr meine Erfahrungen als Kindersoldatin besser verstehen könnt und damit ihr es anderen weitererzählen könnt. Je mehr Menschen über das Schicksal von Betroffenen wie mir Bescheid wissen, desto besser kann den ehemaligen Kindersoldaten geholfen werden. Und vielleicht wird es eines Tages überhaupt keine Kindersoldaten mehr geben. Ich erzähle euch von meiner Zeit als Soldatin, und ihr werdet vielleicht überrascht sein, dass wir trotzdem vieles gemeinsam haben und dass die meisten Kinder dieser Welt große Gemeinsamkeiten haben, egal auf welchem Kontinent sie leben. Denn alle Kinder wünschen sich Liebe, Geborgenheit, Nahrung und Trost. Von nichts anderem habe ich in den zahllosen Nächten als Kindersoldatin geträumt.

Ihr habt von eurer Mutter bestimmt häufig die Worte I love you *gehört. Es gibt viele Kinder, die ohne diese schönen Worte aufwachsen müssen.«*

Während ich sprach, war es immer erstaunlich ruhig unter den Schülern. Manche Lehrer wollten mein Geheimrezept kennen lernen. So konzentriert hätten sie ihre Schützlinge noch nie erlebt, behaupteten sie. Meistens war die Zeit immer viel zu kurz, aber die Kinder ließen sich selbst durch das schrillste Läuten der Schulglocke nicht stören. Sie blieben sitzen und stellten weitere Fragen. Und ich war immer bemüht, ihnen nicht nur Negatives aus Afrika zu erzählen.

»Denkt nicht, dass alle Menschen in Afrika versuchen, sich gegenseitig umzubringen. Ja, es gibt leider Regionen, in denen Krieg und Gewalt wüten, aber die weitaus größte Mehrheit der Afrikaner lebt in Frieden. Auf meinem Heimatkontinent gibt es stärkere Extreme und Unterschiede als in Europa. Die Kluft zwischen arm und reich, zwischen entwickelt und unterentwickelt ist riesig. In Afrika gibt es, genauso wie hier, Mobiltelefone, moderne Autos, Hochhäuser und moderne Städte. Oder denkt an Ruanda. Ihr habt sicher von den schrecklichen Ereignissen gehört, von dem Völkermord an den Tutsi 1994. Trotzdem glauben die Menschen in Ruanda an eine Zukunft und versuchen, das Land zu entwickeln und die Vergangenheit hinter sich zu lassen.«

Zumeist bestürmten die jugendlichen Zuhörer mich mit Fragen, die ich bereitwillig beantwortete.

Was waren deine Aufgaben als Kindersoldatin? Was hast du mit deinem Kind gemacht, als du kämpfen musstest? Warum laufen Kindersoldaten nicht einfach weg? Hattest du Freunde? Was hast du gegessen? Hattest du einen richtigen Freund? Warst du mal verliebt? Was ist aus deinen Kindern geworden? Hast du sie gefunden? Gibst du Gott die Schuld an deinem schweren Schicksal? Kannst du überhaupt anderen Menschen jemals vertrauen? Kannst du lieben? Bist du noch einmal zurück nach Uganda gegangen? Hast du deine Eltern wiedergesehen? Wie heißen deine Kinder? Was vermisst du hier in Europa?

Ich sagte ihnen immer, dass ich afrikanische Hähnchen vermisse, denn sie hätten richtige Muskeln und schmeckten viel besser als die Hähnchen aus den europäischen Supermärkten.

*

Wenn ich von meinen Vortragsreisen zurück nach Kopenhagen kam, nahm mein Far mich in seine starken Arme und ich konnte mich fallen lassen. Nach anstrengenden Reisen brauchte ich Ruhe und Geborgenheit. Die Vorträge wühlten mich auf und brachten alte Erinnerungen zurück. Mein Therapeut war einerseits erfreut über meine großen Fortschritte und meine Offenheit gegenüber anderen Menschen, aber andererseits spürte er auch meine Belastungen und Sorgen. Er merkte, wie gut es mir tat, meine Geschichte in die Welt hinauszutragen.

»Sprechen ist der beste Weg, China!«, sagte er immer wieder zu mir. »Wenn du über deine Erfahrungen sprichst, wenn du anderen davon erzählen kannst, wirst du merken, wie gut es dir inzwischen schon geht. Mit dem Berichten deiner Erfahrungen trägst du zum Verständnis einer furchtbaren Ungerechtigkeit bei.«

Er hatte Recht, aber manche meiner Sorgen waren trotzdem nicht kleiner geworden. Noch immer hatte ich meinen Sohn nicht wiedergesehen, und noch immer wusste ich nicht, was aus meiner Tochter geworden ist. Wenn ich die Sehnsucht nach meinen Kindern nicht mehr verdrängen konnte, zog es mir immer wieder den Boden unter den Füßen fort. Ich sehnte mich nach Liebe. Nach der Liebe meiner Kinder. Nach ihren Gesichtern, ihren Stimmen und ihrer Nähe. Und ich sehnte mich auch nach einer unbekannten Liebe. Einer Liebe, die ich bisher nie empfangen hatte, von der ich aber spürte, dass es sie irgendwo da draußen, irgendwo in dieser Welt auch für mich geben musste. Ich hörte von dieser Liebe, sah sie in Filmen und hatte keine Ahnung, wie sie sich anfühlte. Ich müsse Geduld haben, sagte mein Therapeut immer wieder. Einen Schritt nach dem anderen gehen. Manchmal rief ich Moses an und vergewisserte mich seiner Liebe. Jedes Mal klang er reifer und stärker. Ich liebte meinen Sohn über alles. Warum gab man ihm keinen Pass? Warum ließen sie ihn nicht ausreisen? Wenn ich doch nur ein Lösung wüsste! Woher sollte ich die viele Geduld nehmen, die nötig war, um mich zu beruhigen und auszuharren? Geduld! Ich hasste dieses Wort!

An manchen Abenden las ich stundenlang im Gästebuch meiner Website und freute mich über die unzähligen Zuschriften von Kindern, Jugendlichen und Erwachsenen aus Dänemark, Deutschland, der Schweiz und Österreich. Es gab mir Kraft, wenn ich spürte, wie fremde Menschen Anteil an meinem Schicksal nahmen. Es gab rührende Kommentare voller Mitgefühl und Wärme. *Good luck China! Never give up!* Das schrieben mir fast alle meine Leserinnen und Leser. Manchen deutschen Kommentar übersetzte mein Far für mich. Bald würde mein Buch auch in englischer Sprache erscheinen und weitaus mehr Menschen erreichen.

Immer wieder wurde ich nach Deutschland eingeladen. Es gab Fernsehauftritte, eine Dokumentation über mein Buch und zahllose Berichte in Magazinen und Zeitungen. Im Juni 2003 feierte das Deutsche Komitee von UNICEF seinen fünfzigsten Geburtstag. Von den Organisatoren war ich erneut nach Berlin eingeladen worden. Erst als ich dort eintraf, wurde mir bewusst, dass es sich um eine ganz besondere Veranstaltung handelte. Manche Gesichter der anwesenden Gäste kamen mir bekannt vor, ich wusste nicht, wo ich sie schon gesehen hatte. Vielleicht sogar im Fernsehen. Bei einer Frau mit blonden Haaren war ich mir sehr sicher, dass ich sie kannte. Später stellte sich heraus, dass ich sie häufiger in den deutschen Nachrichten gesehen hatte. Ihr Name war Sabine Christiansen. Eine der Frauen war mir auf Anhieb besonders sympathisch. Ich spürte ihre besondere Stärke und ihre Hilfsbereitschaft. Sie wurde mir als Heide Simonis vorgestellt, Ministerpräsidentin von Schleswig-Holstein. Sie hatte mein Buch gelesen und begrüßte mich sehr freundlich. Nachdem wir uns ein wenig kennen gelernt hatten, lud sie mich zu ihrem Amtssitz nach Kiel ein, wo sie sich gern in Ruhe und viel ausführlicher mit mir unterhalten würde. Hier habe sie furchtbar viel zu tun, aber wenn ich nach dem UNICEF-Geburtstag Zeit habe, dann würde sie mich sehr gern wieder treffen. Ich sagte ihr sofort zu und freute mich darauf, die nette Frau bald wiedersehen zu dürfen.

Im Rahmen der Feierlichkeiten gab es ein Mittagessen in einem Hotel. Ich wurde neben Roger Moore platziert und war froh, ein bekanntes Gesicht an meiner Seite zu haben. Ich begrüßte ihn freudestrahlend.

»Ich kenne Sie aus Filmen. Ich habe Sie schon oft gesehen. Ein Film war besonders aufregend. Ich weiß nicht mehr, wie er heißt, aber an eine Szene erinnere ich mich ganz genau. Ich glaube, der Film spielte in Brasilien. Sie wurden von üblen Verbrechern verfolgt, es war sehr dramatisch, und ich habe laut geschrien: *Nein, stirb nicht!* Und zum Glück haben Sie überlebt.«

Er lachte und war ein sehr unterhaltsamer Tischnachbar. Mir gegenüber saß ein alter Mann in einem Rollstuhl. Er war der lustigste alte Mann, den ich je erlebt hatte. Mit seinen Späßen brachte er uns immer wieder zum Lachen. Ich kam kaum zum Essen, so sehr musste ich über ihn lachen. Später fragte ich Roger Moore, wer er sei.

»Das ist Sir Peter Ustinov!«

»Ein Russe?«

»Er ist von allem etwas. Ein wunderbarer Mensch und ein großer Künstler, Schriftsteller, Regisseur und Schauspieler.«

Am Abend gab es einen Empfang mit leckerem deutschem Bier. Ich saß direkt neben Ustinov und amüsierte mich wunderbar. Später kam eine nette Dame an unseren Tisch.

»China, ich freue mich, Sie zu treffen. Ich habe Ihr Buch gelesen. Es hat mich tief bewegt.«

Die Dame sagte, sie könne sich nicht vorstellen, wie ich das alles ertragen habe. Besonders beeindruckt sei sie von meinem Engagement im Kampf gegen den Einsatz von Kindersoldaten. Dann bedankte sie sich sogar für meinen Auftritt zum UNICEF-Geburtstag.

»Meinem Mann habe ich auch von Ihrem Buch erzählt. Ich würde sie gern mit ihm bekannt machen. Warten Sie, ich hole ihn. Er steht dort drüben«, sagte sie, und ich versuchte fieberhaft, mich zu erinnern, ob ich sie kennen müsste.

Als sie mit einem älteren Mann zurückkam, stand ich auf und reichte ihm die Hand. Er hatte ein mildes Lächeln und seine Frau stellte mich vor. Er wusste sofort, wer ich war, und motivierte mich zu weiterem Engagement.

»Es ist schön, Sie hierzuhaben, Frau Keitetsi«, sagte er, und ich freute mich über seine lieben Worte.

Als das nette Ehepaar an einen anderen Tisch ging, fragte ich Herrn Ustinov, wer die beiden seien.

»Bundespräsident Rau und seine Frau. Sie ist die Schirmherrin von UNICEF.«

»Oh, das wusste ich nicht.«

Ich blieb einige Tage in Berlin und lernte die unterschiedlichsten Menschen kennen. Ein junger Mann mit einem hübschen Lächeln sprach mich an. Er sah gut aus und war sehr freundlich. Seinen Namen hatte ich noch nie gehört, aber das hatte nichts zu bedeuten, denn ich hatte die meisten Namen noch nie gehört, egal wie berühmt ihre Träger waren. Er war Musiker, sagte er mir, und wolle gern einen Song zum Thema »Kinder im Krieg« aufnehmen. Er arbeite bereits daran und würde gern mit mir darüber sprechen.

»Ich verstehe leider nichts von Musik«, sagte ich zu ihm.

»Das macht nichts. Meine Geschwister und ich würden uns vielleicht eher von dir und deinen Geschichten inspirieren lassen. Es wäre schön, wenn du uns einmal besuchen könntest. Wir sind eine große Familie und machen gemeinsam Musik. Vielleicht hast du schon mal etwas von uns gehört. Wir heißen Kelly Family.«

Joey Kelly und ich verstanden uns auf Anhieb. Während ich ein Bier trank, erzählte er mir von seiner besonderen Familie. Es hörte sich wunderbar an, was sie gemeinsam erlebt und erschaffen haben. So viele Geschwister zu haben, die sich gut verstanden und zusammenarbeiteten, stellte ich mir traumhaft vor. Im Laufe des Abends hatte Joey immer neue Ideen für eine gemeinsame Musik-CD unter meiner Mitwirkung. Mir war es recht. So würden vielleicht noch mehr Menschen etwas über das Schicksal der vielen Kindersoldaten erfahren. Bei der nächsten Gelegenheit würde ich die Kelly Family ganz bestimmt besuchen.

Doch zunächst hielt ich eine Reihe von Vorträgen in Norddeutschland, die Amnesty International organisiert hatte. Bei einer dieser Veranstaltungen in Hamburg lernte ich Ingeborg und Claus Schmidt kennen. Nach meinem Vortrag hatten sie mich gebeten, mein Buch für sie zu signieren. Dabei erzählten sie mir, sie seien extra aus ihrer Heimatstadt Oldenburg angereist, um mich kennen zu lernen, weil meine Lebensgeschichte sie sehr berührt habe. Wir setzten uns gemeinsam in ein nahe gelegenes Lokal, und sie erzählten mir, dass sie gern persönlich zur Aufklärung über das Thema Kindersoldaten beitragen würden. Ingeborg war bereits in einer Arbeitsgruppe von UNICEF in Oldenburg aktiv. Das Ehepaar lud mich ein, dort mein Buch vorzustellen und vor Oldenburger Schülern zu sprechen. Die beiden waren mir auf Anhieb sympathisch und wir tauschten unsere Adressen aus. Später informierten sie mich über die geplanten Termine und luden mich ein, während meines Aufenthaltes in Oldenburg bei ihnen zu Hause unterzukommen. Es schien wirklich eine Menge Menschen zu geben, die sich für mein Thema interessierten und aktiv etwas gegen die Zwangsrekrutierung von Kindern als Soldaten taten. In den letzten Monaten war mir immer deutlicher geworden, dass es beim Engagement von Menschen gegen Unmenschlichkeit nicht darauf ankam, dass sie persönlich von den Ungerechtigkeiten betroffen waren. Vielen Menschen reichte die bloße Kenntnis über Missstände und Grausamkeiten, um ein starkes Mitgefühl mit den Opfern zu haben. Selbst wenn diese auf einem weit entfernten Kontinent lebten und von der Existenz der verschiedenen europäischen Länder, aus denen das Mitgefühl kam, nie etwas gehört hatten. Ingeborg und Claus gehörten zu den Menschen, die sich aus Mitgefühl heraus für eine gerechtere und friedlichere Welt engagierten.

Ruandische Hochzeit

Als die Einladung aus Ruanda kam, konnte ich nicht ablehnen. Mein Cousin Frank wollte heiraten, und er bestand darauf, dass ich dabei sei. Er versprach mir ein schönes Fest und ich solle doch bitte unbedingt rechtzeitig eintreffen. Ich fragte meinen dänischen Vater, ob er mich nicht begleiten wolle. Zu meiner großen Freude war Far sofort begeistert von der Idee, nach Ruanda zu fliegen. Mit ihm an der Seite hatte ich ein viel besseres Gefühl, denn eigentlich hatte ich Angst davor, meine Verwandten würden wieder ständig vom Genozid und den erlittenen Qualen erzählen. Ich war nicht stark genug, es erneut zu ertragen. Aber eine Hochzeit in meiner Familie und mit meinem lieben Far als meinem Begleiter schürte meine Vorfreude auf die Reise. Far wälzte unzählige Bücher und studierte Landkarten. Bald kannte er sich in Ruanda besser aus als ich. Noch bevor wir überhaupt das Flugzeug nach Kigali bestiegen hatten, wusste er genau, was wir alles besichtigen sollten. Wir würden sogar in die Berge fahren und uns Gorillas anschauen, sagte er zu mir. Er erzählte mir von interessanten Ortschaften, von denen ich noch nie etwas gehört hatte. Seit meinem ersten Besuch in Ruanda waren inzwischen drei Jahre vergangen. Ich hatte regelmäßig mit Frank und manchmal auch mit Jenny telefoniert, und meine Verwandten hatten mich sogar im Fernsehen gesehen, denn die Dokumentation von Susan Purén war von CNN-Africa mehrfach ausgestrahlt worden. Inzwischen war mein Buch auch auf Englisch erschienen und ich steckte einige Exemplare in mein Gepäck.

Als wir in Ruanda ankamen, hatte ich ein vollkommen anderes Gefühl als bei meiner ersten Reise, denn jetzt war mein Far bei mir. Vom ersten Moment an fühlte ich mich sicherer und entspannter. Sofort nach der Begrüßung richtete sich ein Großteil der Aufmerksamkeit auf meinen dänischen Vater. Der große weiße Mann an meiner Seite war etwas Besonderes. Alle wollten mit ihm sprechen und löcherten ihn mit Fragen. Ihm gefiel es. Ich sah meinen Far unentwegt lächeln und plaudern.

Frank war sehr froh, mich wiederzusehen. Er schien sich darüber zu freuen, dass es mir viel besser ging als bei meinem letzten Besuch. Ich bemerkte, wie er mich heimlich beobachtete und sich dabei offensichtlich eine Menge Gedanken machte.

In meinen Koffern waren zahlreiche Geschenke und jeder bekam etwas davon. Außerdem hatte ich Spenden für ein Waisenhaus dabei. Die Firma Lego hatte Kinderspielzeug gespendet, und eine deutsche Bekannte aus Flensburg hatte Kinderkleidung und Kuscheltiere gesammelt, damit ich sie an die Kinder in Ruanda weitergab. Mareike hatte die Dinge von Flensburg aus nach Kopenhagen gebracht, und die Fluggesellschaft KLM hatte sich freundlicherweise bereit erklärt, mein schweres Übergepäck kostenlos zu transportieren. Für die Kinder in meiner Familie hatte ich einen Fußball; die Jungen staunten nicht schlecht, als ich bereits am ersten Tag mit ihnen spielte. Ständig riefen sie meinen Namen und freuten sich darüber, dass ich wieder bei ihnen war. Sie fragten mich nach den Namen berühmter europäischer Fußballspieler und zum Glück wusste ich einige. Sie kannten nicht nur den dänischen Nationaltorhüter Peter Schmeichel mit Namen, sondern viele deutsche Spieler aus der Bundesliga. Oliver Kahn war einer ihrer Helden.

Am Abend saß ich eine Weile mit Frank zusammen.

»Es ist schön, dass du kommen konntest, China. Ich freue mich sehr.«

»Ich bin auch sehr froh. Schön, dass du heiratest. Deine zukünftige Frau ist sehr hübsch.«

»Danke sehr.«

»Nach eurer Hochzeit werden mein Vater und ich durch das Land reisen. Er hat sich bereits eine Route überlegt.«

»Du nennst ihn Vater?«

»Ja, er ist mein Vater. Ich habe auch noch zwei Brüder.«

»Aber er ist doch ein Weißer. Wie kann er dein Vater sein?«

»Ich sehe seine Farbe schon lange nicht mehr. Mein Vater ist das Beste, was mir passieren konnte. Ich bin so glücklich mit ihm. Er hat mich hierher begleitet, weil ich ihm meine Familie und ein wenig von Afrika zeigen möchte.«

»Du hast dich sehr verändert, China, und das macht mich glücklich. Du bist stärker geworden.«

»Vielen Dank.«

»Wir haben dich im Fernsehen gesehen. Manche fragen sich, ob du nun reich bist.«

Ich lachte und versuchte, Frank zu erklären, dass man nicht reich sein müsse, um im Fernsehen zu sein. Vorher hatte ich mir überhaupt nicht überlegt, was meine Verwandten jetzt über mich denken könnten.

»Weißt du, was die Leute sagen? China war in CNN, im gleichen CNN wie auch der Präsident von Ruanda. Nur berühmte Leute kommen zu CNN.«

»Das ist lustig. Man muss doch nicht berühmt sein, und Geld bekommt man auch nicht dafür, dass man ihnen ein Interview gibt. Das Einzige, was ich von denen bekommen habe, war der Puder auf meinem Gesicht.«

Frank lachte und wollte jedes Detail meiner Interviews mit CNN hören.

»China, hier denken die Menschen anders!«

Frank sprach sehr offen mit mir und ich war ihm dankbar dafür. Er klärte mich über die Mentalität unserer Verwandten, Bekannten und Nachbarn auf. Manche Denkweisen waren mir inzwischen fremd geworden, andere hatte ich nie gekannt. Als Soldatin hatte ich mit der Zivilgesellschaft, mit dem alltäglichen Geschwätz unter Nachbarn und Verwandten kaum etwas zu tun gehabt. Ich war China, und was die anderen über mich dachten, konnte ich mir nicht vorstellen. Es war mir auch nicht wichtig. Ich hatte genug mit mir selber zu tun.

Es war ein herrlicher Abend und über uns funkelten die Sterne.

Ich hatte das Gefühl, noch nie in meinem Leben einen schöneren Himmel gesehen zu haben. Von der Feuerstelle im Hof kroch der Duft gegrillter Hähnchen in meine Nase. Ich hielt es kaum aus, darauf warten zu müssen. Allein schon beim Gedanken an afrikanische Hähnchen lief mir das Wasser im Mund zusammen.

Frank strahlte mich an, drückte meine Hand und freute sich. Er stand mir nah. Ihm vertraute ich, und bei ihm hatte ich das Gefühl, er könne mich und meine Lage ein wenig verstehen.

»China, ich muss dir noch etwas Wichtiges sagen. Nimm es mir bitte nicht übel!«

»Was denn?«

»Mit diesen Haaren kannst du nicht zu meiner Hochzeit kommen.«

»Was? Wieso denn nicht? Was ist mit meinen Haaren?«

»Rastalocken sind eine schlechte Frisur. Besonders für eine Frau. Wer Rastalocken trägt, der raucht auch Marihuana. Schau dich mal um! In ganz Kigali wirst du kaum eine Frau finden, die Rastahaare trägt. Und deine Kleidung! Warum läufst du herum wie ein großer Junge? Du bist doch eine Frau!«

Ich wusste nicht, was ich sagen sollte. Was war schlecht an meinen Haaren? Bisher hatte noch niemand etwas daran ausgesetzt. Ich hatte nie das Gefühl gehabt, dass überhaupt jemand meine Frisur beachtete. Und wenn, dann fanden sie meine Locken lustig, so wie die Kinder im Kindergarten. Frank schaute mir offen ins Gesicht und wartete auf eine Reaktion.

»Ich mag mein Haar.«

»Aber du bist eine Frau. Warum läufst du so herum?«

»Was hast du gegen mich?«

»Ich habe doch nichts gegen dich, China. Denk doch nicht so etwas! Es geht um dein Haar. Du bist doch gar nicht dieser Junge, nach dem du aussiehst. Schneide sie ab! Und ziehe dir ein Kleid an! Mach dich hübsch! Verstecke dich nicht unter dieser merkwürdigen Kleidung!«

»Wenn du mich nicht so dabeihaben willst, wie ich jetzt aussehe, dann werde ich nicht an deiner Hochzeit teilnehmen.«

Innerlich bebend, stand ich auf und ging zu meinem Far. Die Hähnchen waren inzwischen fertig, und mein Vater probierte nun selber, was ich ihm so oft über das leckere Muskelfleisch unseres freilaufenden Geflügels erzählt hatte. Mir war der Appetit vergangen. Ständig musste ich an Franks Worte denken. Was war falsch an meiner Frisur und meiner Kleidung? Warum waren meine wilden Locken so bedeutend, dass Frank sie nicht bei seiner Hochzeitsfeier sehen wollte? Meine weiten Hosen und Pullis gehörten zu mir wie eine zweite Haut. Wie sonst sollte ich mich kleiden? Ich kannte es nicht anders. Für mich war es selbstverständlich, mich so anzuziehen. Ich dachte nicht einmal darüber nach. Ich stieg morgens in meine Jeans und warf sie abends neben mich auf den Boden. Nun schaute ich mich aufmerksam im Spiegel an. Hatte Frank etwa Recht? Frauen sahen eigentlich anders aus. Von meiner Figur war nichts zu sehen. Enge oder bunte Kleidung trug ich nie. Figurbetonte Röcke oder Kleider hatten meinen Körper nie berührt und meine Füße hatten noch nie in engen Frauenschuhen gesteckt. In meiner Tasche gab es keinerlei kosmetische Artikel. Ich hatte mir noch nie die Augen oder die Lippen geschminkt. Frank meinte es gut mit mir. Das spürte ich. Aber ich wusste nicht, wie ich reagieren sollte. Vorerst ging ich ihm aus dem Weg.

Am nächsten Tag schaute Frank mich fragend an. Inzwischen war ich noch unsicherer geworden. Ich war hierhergekommen, um seine Hochzeit zu feiern, aber er wollte mich nur dabeihaben, wenn ich mich äußerlich zu einer Frau verwandelte. Ich schaute mir die Frisuren der anderen Frauen an. Wie sollte man aus Rastalocken etwas anderes machen? Ich hatte keine Ahnung. Eine meiner Cousinen würde mich zu einer Friseurin mitnehmen, gab sie mir zu verstehen.

Ich ließ es geschehen. Die Locken fielen zu Boden. Einige Haarpartien wurden mühsam ausgekämmt, dann knetete die Friseurin duftende Cremes hinein. Die ganze Zeit schaute ich wie erstarrt in den Spiegel. Einige Frauen im Salon gaben aufmunternde Kommentare ab, aber mir fehlten die Worte. Meine neue Frisur wirkte fremdartig auf mich, vor allem die glänzende Creme irritierte mich. Dann kauften wir ein Kleid für mich. Ich sollte sagen, welches mir gefiel, aber ich hatte keine Ahnung. Woher sollte ich wissen, welches schön war. Zu Hause musste ich es anziehen und dann wurde ich geschminkt und fotografiert. Es war ein traditionelles ruandisches Kleid mit einer Schulterschärpe, von der ich nicht wusste, wie ich sie daran hindern sollte, ständig hinabzufallen. Alle lobten meine Veränderung, betonten, wie hübsch ich aussähe und wie gut mir das Kleid stünde. Als ich allein vor dem Spiegel stand, erkannte ich mich nicht wieder. Wer war diese fremde Frau mit der vielen Farbe im Gesicht, die mich anschaute? Ich kannte sie nicht.

»Beautiful! You are so beautiful«, sagten meine Verwandten wie aus einem Munde.

»China, du bist wunderschön!«, sagte mein Far.

Nur mühsam konnte ich meine Tränen zurückhalten. Was war geschehen? Was hatten sie mit mir getan? Meine Füße schmerzten in den ungewohnten Schuhen. Als ich über den Hof ging, lachte meine kleine Schwester Jenny.

»In einem Kleid und mit Frauenschuhen musst du kleinere Schritte machen. Es sieht merkwürdig aus, wenn du weiterhin wie ein Mann gehst.«

»Wie geht eine Frau?«

Während der gesamten Feier fühlte ich mich wie eine Fremde im eigenen Körper. »Du solltest nicht rauchen«, sagte eine meiner Cousinen, »Frauen rauchen nicht.«

Fremde Männer schauten mich mit merkwürdigen Blicken an, manche zwinkerten mir sogar zu und erhoben ihr Glas. Was wollten sie plötzlich von mir? Ich hatte das Gefühl, von oben bis unten gemustert zu werden. Offenbar gefiel ihnen, was sie sahen, aber ich konnte das Anstarren kaum ertragen. Mein Gott! Ich war eine andere! Lange bevor die Feier im Laufe der Nacht ihren Höhepunkt erreichte, lief ich davon. Ich hielt die Blicke und die merkwürdigen Gesten nicht länger aus. Mir war übel.

Mein Magen konnte sich nicht beruhigen. Ich hatte mich in eine fremde Hülle stecken lassen und konnte die alte China nicht mehr finden. Unruhig wälzte ich mich im Bett hin und her und sehnte den Morgen herbei. Ich wollte allein mit meinem Far sein. Gleich in der Früh würde ich ihm vorschlagen, das Haus meiner Verwandten hinter uns lassen und uns so bald wie möglich auf die Reise zu begeben.

Noch vor allen anderen stand ich auf, stieg in meine Jeans und wusch mir gründlich das Gesicht, um auch die letzten Spuren der Schminke zu beseitigen. Ich setzte mir eine Schirmmütze auf und fühlte mich schon ein wenig wohler. Von nun an trug ich ständig eine Kopfbedeckung. Nur zum Schlafen befreite ich mein Haar. An meine neue Frisur konnte ich mich einfach nicht gewöhnen. An manchen Tagen probierte ich es auch mit einem Kopftuch, das ich im Nacken knotete.

*

Far und ich fuhren in die Berge. Wir waren begeistert von der schönen Landschaft. Sanfte Hügel schmiegten sich bis zum Horizont aneinander und auf den fruchtbaren Feldern wurde die Ernte eingebracht. Ruanda putzte sich heraus. Seit meiner letzten Reise hatte sich vieles verändert. Überall waren neue Häuser und neue Straßen entstanden. Es gab wesentlich mehr Verkehr. Ich wunderte mich, dass Sicherheitsgurte vorgeschrieben waren und dass die Einhaltung dieser Regel sogar kontrolliert wurde. So etwas hatte ich in Afrika noch nie erlebt. Das gefiel mir, denn in Dänemark hatte ich den Sinn vieler Regeln und Gesetze bereits schätzen gelernt. Ruanda war wirklich schön. In manchen Momenten stellte ich mir vor, dass dieses Land vielleicht eines Tages eine zweite Heimat für mich werden könnte. Plötzlich konnte ich mir sogar vorstellen, dass dieses Land eine große Zukunft vor sich haben könnte. Ich staunte, als ich entdeckte, dass es einmal im Monat einen Tag des großen Reinemachens gab. Das ganze Volk war aufgefordert, sich daran zu beteiligen, das

Land sauberer und schöner zu machen. Sogar der Präsident beteiligte sich daran. Er pflanzte eigenhändig einen Baum. So etwas war in Uganda unvorstellbar. Besonders den Kampf gegen die Korruption hatte sich die neue Regierung auf die Fahnen geschrieben. Ich sah einen General, der ohne Begleitkonvoi durch die Straßen fuhr. Wie ein ganz normaler Bürger. Auch das hatte ich mir nicht vorstellen können.

Es gefiel mir außerordentlich gut, was ich sah. In vielen Bereichen hatte das Gute das Schlechte verdrängt. Vor Jahren hatten die Differenzen und der Hass zwischen den ethnischen Gruppen zu einer furchtbaren Katastrophe geführt. Früher war die Stammeszugehörigkeit in den Personaldokumenten der Bürger eingestempelt. Es gab keine Möglichkeit, seine Zugehörigkeit zu einer bestimmten Gruppe zu verschweigen. Vom ersten Schultag eines Kindes wusste jeder in der Klasse, welchem Stamm es angehörte. Inzwischen war es verboten worden, nach der Zugehörigkeit zu fragen. Die Zugehörigkeit zu einer bestimmten Volksgruppe sollte im neuen Ruanda keine Rolle mehr spielen. Ich hörte den Präsidenten im Fernsehen sprechen. *Lasst uns gemeinsam unser neues Ruanda gestalten!*

Far und ich fuhren zu einer Gorilla-Station in den Bergen. Dort trafen wir auf andere Touristen aus unterschiedlichen Ländern. Es war eine neue Erfahrung für mich, eine Touristin zu sein – noch dazu in Afrika, und es machte mir Spaß. Unterwegs hielten wir in einem kleinen Ort, fernab der großen Straßen. Die Dorfbewohner kamen angelaufen und bestaunten meinen Far. Ob er nicht ein Foto von sich dabeihabe, fragten sie ihn. Sie würden es gern irgendwo aufhängen. Er sei der erste Weiße, der sie besuchte. Wir lachten und erzählten ihnen von dem kleinen Land in Europa, aus dem wir hierhergekommen waren.

Frank hatte mir gesagt, wo ich meine Großmutter finden könne. Das Dorf war sehr abgelegen, aber schließlich erreichten wir es doch.

»Großmutter! Ich bin es, China, Ihre Enkelin aus Dänemark, das Kind Ihrer Tochter.«

Sie lächelte mich an, und ich hatte keine Ahnung, ob ihre trüben Augen mich erkannten und sie überhaupt wusste, wer ich war. Schon nach kurzer Zeit waren mein Far und ich umringt von unzähligen Menschen. Es müssen über hundert gewesen sein. Das ganze Dorf versammelte sich. Solch einen besonderen Besuch hatten sie noch nie empfangen. Mit vielen von ihnen war ich verwandt. Meine Großmutter steckte mir eine Münze zu. Davon sollten Far und ich im einzigen Laden des Ortes etwas zum Trinken kaufen. Ich war gerührt, denn die Münze war sehr alt und inzwischen wertlos geworden. Dafür konnte man auch in Ruanda nichts kaufen, aber meine Großmutter hatte es gut gemeint.

Als die Nacht kam, saßen wir noch lange vor ihrer Hütte. Niemand ging nach Hause. Alle wollten bei uns bleiben. Die Kinder berührten meinen Far. Jeder wollte seine weiße Haut anfassen. Sie behaupteten, noch nie einen Weißen in ihrem Dorf gesehen zu haben. Far sollte eine Rede halten. Wir lachten, aber Far schien bereit zu sein. Er räusperte sich und lächelte mir zu. Dann stand er auf und baute sich in seiner ganzen Stattlichkeit vor der Hütte meiner Großmutter auf.

»Dies ist mein erster Besuch in Afrika«, sagte er auf Englisch, »aber es ist ganz bestimmt nicht mein letzter. Die freundlichen Menschen von Ruanda und die schöne Landschaft begeistern mich. Ich werde schon bald wiederkommen!«

Alle klatschten, und mein Far fand warmherzige Worte für die vielen Dörfler, die ihm aufmerksam zuhörten.

»Ich bin weiß, aber mein Herz ist schwarz!«

Nun jubelten sie und prosteten sich gegenseitig zu. Ich brach in Lachen aus und konnte mich kaum beruhigen. *Ein schwarzes Herz!* Wie mochte das aussehen? Das Bier floss in Strömen und alle waren begeistert. Ich fühlte mich so wohl im Dorf meiner Großmutter, als sei ich zu Hause angekommen. Später wurde ein Festmahl aufgetischt, und ich konnte mich nicht daran erinnern, jemals etwas Köstlicheres gegessen zu haben. Der Mond schien so hell, dass wir keine Lampen brauchten. Ein funkelnder Himmel wirkte wie das Firmament aus einer Zauberwelt. Die Sterne waren zum Greifen nahe. Der Mond trug ein unwirkliches Rot. Ich glaubte zu träumen. Etwas Schöneres hatte ich noch nie gesehen.

Es war ein trauriger Augenblick, als ich mich von meiner Großmutter verabschieden musste.

»Ich würde euch gern ein Stück des Weges begleiten«, sagte sie, »aber wie soll ich das machen? Ihr seid doch mit dem Flugzeug gekommen. Da kann ich unterwegs doch nicht aussteigen.«

Ich schmunzelte, um sie nicht in Verlegenheit zu bringen, und versuchte, ihre Worte meinem Far zu übersetzen.

Als wir zurück bei Frank in Kigali waren, war ich froh, ihn wiederzusehen. Ich hatte ihn in mein Herz geschlossen.

»Frank, du musst mir einen Gefallen tun. Ich bitte dich darum. Es gibt niemanden sonst, der mir dabei helfen kann. Bitte fahre für mich nach Kampala und hole meinen Sohn. Ich muss ihn sehen. Ich halte es nicht länger aus. Ich spüre seine Nähe. Es sind doch nur ein paar hundert Kilometer bis dorthin. Nur ein paar Stunden mit dem Auto.«

Frank wusste mindestens genauso gut wie ich, dass mein Wunsch kaum zu erfüllen war. Warum sollte Moses' Tante ihm ihren Neffen anvertrauen? Woher sollte sie wissen, dass er wieder zurückkam? Und was würde ich sagen, wenn Frank mir erklären würde, dass mein Sohn nicht hatte mit ihm gehen wollen? Würde ich ihm glauben? Hatte Moses vielleicht sogar Angst? Er kannte mich doch nur vom Telefon. Er war zwölf Jahre alt.

»Nein, China. So können wir es nicht machen. Das wird nicht klappen. Dein Sohn braucht zuerst einen Pass. Erst dann kann er Uganda verlassen. Dass sie ihm keinen Pass geben, ist kein gutes Zeichen. Ohne Pass darf er nicht in Ruanda einreisen. Und stell dir vor, sie fragen, wohin er will! Auf dich sind sie in Uganda nicht gut zu sprechen. Wir sollten kein Risiko eingehen.«

»Es gibt doch andere Wege.«

»Willst du deinen Sohn in Gefahr bringen? Was wird er über

dich denken, wenn wir versuchen, ihn heimlich über die Grenze zu schmuggeln? Das ist wirklich keine gute Idee.«

Frank nahm mich in den Arm. Mir blieb nichts anderes übrig, als den Tatsachen ins Auge zu sehen und sie zu akzeptieren. Das Gespräch zog mir jegliche Kraft aus dem Körper. Apathisch saß ich im Garten und starrte ins Leere. Nicht einmal die Kinder konnten mich zum Spielen auf die Straße locken. Far versuchte, mich zu trösten, und ich versuchte, mich zusammenzureißen. Das Leben musste weitergehen.

Bei einem Spaziergang durch die Stadt blieb mein Blick an einer Frau haften, die auf dem Boden saß und Gemüse verkaufte. Auf der roten Erde hatte sie einen Sack ausgebreitet, auf dem einige Tomaten und Zwiebeln lagen. Als sie mein Interesse bemerkte, rief sie mich zu sich.

»Schwester, kauf meine Tomaten und meine Zwiebeln. Sie sind gut. Komm, Schwester, kauf mir was ab.«

Sie nannte einen Preis, und ich stellte mir vor, dass sie den ganzen Tag in der sengenden Sonne sitzen musste, um am Ende vielleicht einen Dollar Gewinn zu machen. *Kauf meine Tomaten!* Monoton wiederholte sie diese Worte. Die Frau war jung, in meinem Alter, schätzte ich. Ein Kind spielte in ihrer Nähe am Straßenrand. Manchmal fuhren die Autos erschreckend nah an dem kleinen Jungen vorbei. Staub wirbelte auf. Es war ein trauriger Anblick. Die Frau lächelte und machte erneut ein Zeichen, ich solle ihre Ware begutachten. *Ich könnte sie sein,* schoss es mir durch den Kopf. Der Gedanke erschreckte mich. Was wäre aus mir geworden, wenn man mich damals aus der Armee geworfen hätte? Es gab Phasen, da hatten sie mich nicht gebraucht. Ich war ein junges Ding mit einem Baby, die schweren Schlachten waren längst geschlagen. Den alten Machthaber hatten wir vertrieben. Wenn sie mich rausgeworfen hätten, dann hätte ich nichts gehabt, bis auf meinen Sohn. Auch er hätte vielleicht den ganzen Tag am Straßenrand spielen müssen. Ich dachte an meine Schützlinge im Kindergarten. Zwischen ihnen und dem Jungen am Straßenrand schien es keinerlei Gemeinsamkeiten zu geben.

Die Frau wunderte sich, dass ich sie noch immer anstarrte, und ich fragte mich, ob sie mir früher überhaupt aufgefallen wäre. Ob ich mir Gedanken über ihr Schicksal gemacht hätte? Heute gehört meine Hochachtung und oft auch mein Mitleid den afrikanischen Frauen. Beim Anblick der Gemüseverkäuferin am Straßenrand fragte ich mich, wie sie es in der prallen Sonne aushielt. Meine Gedanken kreisten. Was ist, wenn niemand ihre Tomaten und ihre Zwiebeln kauft? Was wird sie selber essen? Was wird sie ihrem Kind geben? Warum ist das Leben für manche Menschen so schwer und für andere so leicht?

Eine Liebe in Deutschland

Kurz nachdem Far und ich aus Ruanda zurückgekommen waren, klingelte eines Abends mein Telefon. Ich saß vor dem Fernseher und war nicht begeistert von der Störung. Es war ein Anruf von Helmut, dem Amnesty-International-Mitarbeiter und Koordinator meiner Vortragsreisen aus Deutschland. Er fragte, wie es mir gehe und ob ich mich schon auf die anstehende Vortragsreise in Deutschland freue. Die verschiedenen Ortsgruppen von Amnesty International hätten ihm bereits signalisiert, dass großes Interesse an meinem Besuch bestünde. Ob ich nicht einige Tage früher kommen wolle. Das Wetter sei noch so schön und bei ihm auf dem Lande habe es mir doch immer so gut gefallen. Außerdem wolle er mich gern mit jemandem bekannt machen. Dieser Jemand sei ein ganz besonderer Mann, der sich weltweit für soziale und humanitäre Projekte einsetze, ein Mann mit einem guten Herzen und voller Großzügigkeit für die Bedürftigen. Er engagiere sich besonders stark für Kinder. Vielleicht könne ich in irgendeiner Form mit ihm zusammenarbeiten. Er sei ein wunderbarer Mensch, der mir sicher gefalle.

»Wie alt ist er?«, fragte ich aus einer Art Reflex heraus. In letzter Zeit war ich fast nur noch von älteren Menschen oder den Jugendlichen umgeben, die meine Vorträge besucht hatten.

»Genauso alt wie du, China.«

»Und wie heißt er?«

»Clint.«

»Ist er Deutscher?«

»Nicht so ganz, aber er lebt schon sehr lange in Deutschland.«

Helmut erzählte mir noch, dass es eine Menge Leute gäbe, die sich um ein Treffen mit Clint reißen würden. Er sei bekannt für seine Großzügigkeit, aber gleichzeitig sei er ein ganz normaler und bodenständiger Mensch geblieben. Ich willigte ein. Ein Besuch in dem kleinen norddeutschen Dorf, in dem Helmut lebte, kam mir gerade recht.

Durch meine zahlreichen Reisen nach Deutschland war mir der Zug von Kopenhagen nach Hamburg vertraut geworden. Mir gefiel es, wenn die Waggons an Bord der Ostsee-Fähre fuhren, die Fahrgäste aus dem Zug stiegen und an Deck des Schiffes gingen. Meistens stand ich an der Reling und schaute über das Wasser. Der Sommer hatte sich noch nicht verabschiedet und das Wetter war wunderbar.

Mein Freund Helmut lebte in einem alten Haus mit einem großen Garten. Gleich nach meiner Ankunft kauften wir bei einem Bauern in der Nachbarschaft ein Hähnchen und ein Kaninchen für das Abendessen. Er zeigte mir ein Foto von dem Fremden, den wir am frühen Abend erwarteten. Er sah wirklich sehr gut aus. Sein Lächeln und sein offener Blick gefielen mir auf Anhieb. Sein Bild machte mich ein wenig nervös. Es war ein seltsames Gefühl, dass Helmut diesen Clint hierher eingeladen hatte, damit ich ihn traf. Soweit ich inzwischen verstanden hatte, war er sehr beschäftigt und hatte nur wenig Zeit. Aber anscheinend interessierte ich ihn, denn sonst hätte er sicher nicht eingewilligt.

Als die Zeit gekommen war, fuhren Helmut und ich zum Bahnhof. Und plötzlich stand Clint vor mir. Er hatte eine sehr große Tasche dabei und ich wollte sie ihm abnehmen. Er lächelte und meinte, sie sei viel zu schwer für eine Lady. Sein Lächeln war besonders, er schaute mir dabei direkt in die Augen und schien diesen wunderschönen Ausdruck nur für mich allein zu haben. Auf der Stelle wollte ich in seinem Blick versinken. Wie konnte ein Mann nur so schön lächeln? Ich wusste nicht, wohin ich schauen sollte.

Später saßen wir im Garten. Helmuts Frau hatte das Essen vorbereitet und den Tisch gedeckt. Von unserem Platz auf der Terrasse schauten wir über die weite Landschaft. Alte Bäume spendeten Schatten, der Mais auf den Feldern stand hoch und war reif für die Ernte, Pferde grasten auf einer Wiese und Vögel zwitscherten im Geäst. Ich wünschte, die Zeit könne stehen bleiben und wir könnten für immer hier verweilen. Clint saß neben mir und wir redeten ununterbrochen miteinander. Er wollte alles Mögliche über mich wissen und Helmut zeigte ihm mein Buch. Er schaute sich die Fotos an und vertiefte sich in den Klappentext. Zum Glück stellte er keine Fragen nach dem weiteren Inhalt. Aber er wollte etwas über meine Reisen nach Ruanda erfahren. Das Land und die grausame Geschichte des Völkermordes schienen ihn sehr betroffen zu machen. Er hatte einiges über die dortigen Geschehnisse gehört. Von sich erzählte er nur wenig und ich fragte ihn auch nicht aus. Von Helmut wusste ich bereits, dass er häufig im Mittelpunkt des Interesses stand, aber da ich persönlich vorher noch nie etwas von ihm gehört hatte, fiel es mir leicht, seine Bekanntheit zu vergessen. Er gab mir seine Karte und ich schrieb ihm meine Nummer auf. Clint konnte wunderbar erzählen und er brachte mich immer wieder zum Lachen. Wir gingen ein wenig spazieren und suchten uns schließlich einen Platz vor der Pferdewiese. In seiner Gegenwart fühlte ich mich geborgen und konnte mir nicht vorstellen, dass wir uns erst ein paar Stunden kannten. Ich fühlte Vertrautheit, wie ich sie nie zuvor zu einem Mann meines Alters empfunden hatte. Er schien schon so viel erlebt und gesehen zu haben. Er war zwar noch jung und strahlte eine jugendliche Unbefangenheit aus, aber gleichzeitig wirkte er weise, wie ein gereifter Mann. Wenn er sprach, wollte man ihm einfach zuhören. Man hatte das Gefühl, er würde immer das Richtige sagen und sicher auch das Richtige tun. Solch einem Menschen konnte man unbedenklich folgen. Er war gut.

»Du hast ein schönes Lächeln«, sagte Clint plötzlich zu mir. »Es sieht süß aus und gefällt mir sehr.«

Ich war verwirrt. Komplimente gehörten bisher nicht zu meinem Leben. Was sollte ich antworten? Mir fehlten die passenden Worte. Ich wollte einfach nur, dass Clint und ich ewig durch den Garten spazieren würden, in die Dämmerung und in die Nacht hinein.

»Wo sind deine Rastalocken geblieben? Auf den Fotos im Buch hast du noch welche gehabt.«

»Ich habe sie in Afrika gelassen.«

»Deine neue Frisur gefällt mir. Du siehst damit viel weiblicher aus. Sehr hübsch.«

Mein Gott! Was sollte ich nur sagen? Wie reagiert man auf ein Kompliment? Ich blickte zu Boden, dabei hätte ich ihn so gern angeschaut. Er sah so unverschämt gut aus, so froh und so unbeschwert. Ein Gesicht ohne Spuren von Verletzungen.

Unerwartet stand er auf und sagte, er müsse den letzten Zug nehmen, denn er habe noch eine sehr lange Reise vor sich. Er freue sich sehr, dass er Helmuts Einladung angenommen habe und mich kennen lernen durfte. Eigentlich habe er überhaupt keine Zeit und müsste schon lange wieder unterwegs sein.

»Aber warum musst du weg? Wieso schon heute Abend?«, fragte ich voller Enttäuschung, und er schaute mich überrascht an.

»Tut mir leid. Ich kann nicht bleiben.«

Mein Herz begann, heftig zu klopfen. Ich musste meinen Mut hervorholen und meine Angst bezwingen.

»Können wir wirklich in Kontakt bleiben?«, fragte ich und holte seine Karte aus meiner Hosentasche. Mein Gesichtsausdruck und meine Stimme müssen ihm das Flehen in meiner Frage verraten haben.

»Ja sicher, deshalb habe ich dir meine Karte gegeben. Und du hast mir deine Nummer aufgeschrieben. Melde dich, wenn dir danach ist.«

Wir umarmten uns und sagten *Auf Wiedersehen*. In meinem ganzen Körper kribbelte es. Ich schaute ihm nach und wäre am liebsten hinterhergelaufen. Er sollte nicht gehen. Er sollte bei mir bleiben. Sollte meine Hand halten und sich über mein Lächeln freuen.

Später machte ich ein Feuer, dort, wo wir beide im Garten zusammengesessen hatten. Ich schaute in die Flammen und ließ meine Gedanken tanzen. Welch ein besonderer Mensch er doch war! Obwohl er ein Weißer war, stellte ich mir vor, er könne mein Bruder sein. Es gab so viel Vertrautheit zwischen uns. Ich holte mir Wein aus der Küche und ließ ihn Schluck für Schluck auf mich wirken. Ich genoss das Feuer, den Wein, den Garten, die Bäume und die Gedanken an Clint. Er fand mich hübsch, sogar weiblich. Hatte ich wirklich ein süßes Lachen? *So schöne Zähne.* Das hatte ich vorher noch nie gehört. Sogar meine neue Frisur gefiel ihm.

Der Wein machte mich mutig. Ich holte seine Karte aus meiner Tasche, schaute mir die Zahlen an und griff nach meinem Handy. Sollte ich? Oder lieber nicht? Warum eigentlich nicht? Ich wählte die Nummer, legte aber auf, bevor es bei ihm klingelte. Es war schon spät in der Nacht, das Feuer nur noch ein Glimmen. Wieder wählte ich die Nummer.

»Hallo?«

»Oh, Clint. Entschuldige. Das war ein Versehen. Ich wollte dich nicht anrufen. Ich wollte nur die Nummer einspeichern. Das Telefon hat von selber gewählt.«

»China? Ist alles in Ordnung?«

»Tut mir leid.«

»Nein, nein. Ist schon okay. Was machst du gerade?«

»Ich sitze noch immer im Garten. An einem Feuer.«

»Das hört sich gut an.«

»Clint, ich muss dich etwas fragen.«

»Ja, bitte. Frag mich!«

»Kannst du für immer mein Freund sein?«

»China. Ja … ich meine … mache dir keine Sorgen. Aber weißt du … manche Dinge brauchen ein wenig Zeit. Vielleicht sollten wir noch ein wenig warten, bevor wir über Freundschaft sprechen. Ich glaube, zwei Menschen müssen sich erst besser kennen lernen, um Freunde zu werden.«

»Ich habe dich kennen gelernt.«

»China. Ich würde dich gern wiedersehen.«

»Ist das wahr?«

»Ja. Sehr gerne sogar. Ich bin auf dem Weg nach Indien. Nach

Kalkutta. Dort werde ich ein Hilfsprojekt besuchen. Wenn ich wieder zurück bin, dann sollten wir uns sehen. Was meinst du?«

»Wie lange bleibst du fort?«

»Nur zwei Wochen.«

»Gut. Das ist nicht lange. Und danach sehen wir uns?«

»Ja. Dann sehen wir uns!«

»Okay. Darf ich dich jetzt meinen Freund nennen?«

Ich hörte sein Lachen, hatte sein Gesicht vor Augen und war froh.

»Yes, of course, China.«

Der sternenklare Himmel funkelte über mir. Es kribbelte in meinem Bauch und ich tanzte um das Feuer herum. Später holte ich mir eine Decke, denn ich wollte diese Nacht bis zur letzten Sekunde genießen. Hier hatten wir zusammengesessen, hier am Feuer hatte er mir gesagt, dass er mein Freund sei, hier haben wir uns erneut verabredet. Welch ein Tag und welch ein Abend lagen hinter mir! Friedlich schlief ich ein und erwachte erst, als die Sonne am Horizont erschien und die Vögel zwitscherten.

Indien ist sehr weit weg, dachte ich. Was ist, wenn ihm dort etwas passiert? Aber was sollte schon passieren? Er ist ein erfahrener Reisender. Allerdings kann immer etwas passieren. Immer wieder versuchte ich, mich an jeden einzelnen Moment unserer Begegnung zu erinnern, an jedes Wort, an jede Geste und an jedes Lächeln. Ich versuchte, mir seine Augenfarbe vorzustellen, aber nicht immer wollte es mir gelingen. Dann ärgerte ich mich. Helmut hatte mir erzählt, dass Clint schon fast überall auf der Welt gewesen sei. Dieses Mal war er in Kalkutta, einer Stadt, von der ich noch nie etwas gehört hatte. Dort sollte es sehr viel Armut geben. Clint unterstützte dort Projekte für Not leidende Kinder.

Ich war sehr glücklich darüber, dass ich auf Anhieb Vertrauen zu ihm hatte, und ich war noch glücklicher, weil er mir versprochen hatte, mein Freund zu sein. Plötzlich war ich das glücklichste Mädchen auf Erden. Als er nach einigen Tagen anrief und ich seine Stimme erkannte, begann mein Herz zu hüpfen. Er rief mich an! Er rief mich aus Indien an! Seine Stimme war ganz klar, so als sei er in der Nähe. Lediglich ein kleines Echo in der Leitung erinnerte daran, dass er irgendwo in der Ferne war und in diesem Moment an mich dachte. Das Hüpfen meines Herzens war ein merkwürdiges Gefühl, und ich sagte mir, es käme vermutlich daher, dass ich ihn mochte und dass er mir seine Freundschaft versprochen hatte.

Wir sprachen lange miteinander. Er erkundigte sich mehrmals danach, ob es mir auch wirklich gut ginge, ob ich bereits auf Lesereise war, ob es mich nicht anstrengte und ob die Menschen nett zu mir waren. Ich sagte ihm, dass ich mich schon lange nicht mehr so gut gefühlt habe. Clint brachte mich immer wieder zum Lachen. Später wurde seine Stimme etwas ernster. Er sprach davon, dass er eines Tages, möglicherweise in einem Jahr, auf eine sehr weite Reise gehen würde. Ich solle ihm gut zuhören, denn es sei sehr wichtig. Es würde womöglich auch unsere Freundschaft betreffen. Dort, wo er vermutlich im nächsten Jahr hinginge, könne er nicht einmal mehr mit mir telefonieren. Es handele sich um einen Ort des Glaubens, der für ihn von größter Bedeutung sei.

Ich verstand nicht genau, was er damit sagen wollte, und außerdem war ein Jahr ein unendlich langer Zeitraum, den ich nicht überblicken konnte und dessen Ende sehr weit entfernt schien. Ich schenkte seinen ernsten Worten keine besondere Aufmerksamkeit. Dazu war ich viel zu glücklich und wie verwandelt. Ich betrachtete die Welt und auch mich selber mit anderen Augen. Wenn ich an einem Spiegel vorbeikam, dann schaute ich genauer hinein. Clint hatte gesagt, ich sei hübsch, und nun versuchte ich zu sehen, was er sah. Wenn er sagte, ich sähe mit meiner neuen Frisur weiblicher aus, dann wollte ich begreifen, was er damit meinte. Ich kämmte das kurze Haar in Form und versuchte es zu bändigen. Ich hatte keine Erfahrungen mit Frisuren und vermisste noch immer meine Rastazöpfe. Meistens trug ich dann doch wieder eine Mütze, weil ich nicht wusste, was ich mit meinen Haaren machen sollte. Vielleicht sollte ich mir eine dieser Cremes besorgen, die sie mir in Ruanda ins Haar geschmiert hatten. Aber wo gab es so etwas und wie hieß es überhaupt? Manchmal lachte ich mein Spiegelbild sogar an und fand meine Zähne selber schön. Vielleicht sollte ich häufiger lachen. Es sah wirklich nett aus.

Als Clint aus Indien zurückkam, war ich schon wieder in Kopenhagen. Sofort nach seiner Landung rief er bei mir an. Er war unglaublich fürsorglich und lieb zu mir. Immer wieder fragte er, ob er mir irgendwie helfen könne. Wenn es etwas gäbe, was er für mich tun könne, dann wäre er sehr froh.

»Lass es mich bitte wissen, China.«, sagte er.

»Das werde ich.«

»Du kannst deine Sorgen mit mir teilen. Wenn es etwas gibt, was du nicht allein ertragen kannst, dann sage es mir.«

»Ja, das werde ich.«

»Versprochen?«

»Versprochen!«

Jeden Abend rief er mich an und fragte, wie es mir ging. Diese Telefonate machten mich froh. Jedes Läuten meines Telefons ließ mein Herz höherhüpfen. Eines Abends erzählte ich ihm von meinem Sohn Moses. Bei Clint hatte ich keine Bedenken, er könne es falsch verstehen. Clint gegenüber war es für mich kein Problem, dass ich bereits mit vierzehn Jahren Mutter geworden war. Er konnte das verstehen. Er würde mich niemals dafür verurteilen. Ich erzählte ihm fast alles und ganz besonders, wie sehr ich mich nach meinem Sohn sehnte, von dem ich doch nur manchmal die Stimme genießen konnte.

»Es tut mir so leid für dich, liebe China!«

Seine Worte öffneten mein Herz. Ich erzählte ihm mehr und mehr und fühlte die Erleichterung. Ich dachte, ich hatte einen wahren Bruder gefunden.

»Ich möchte mit dir verreisen, China. Komm mit mir nach Rom. Lass uns dort ein paar Tage verbringen. Bitte sag Ja!«

»Rom?«

»In Italien.«

»Ja.«

»Heißt das, du kommst mit?«

»Ja doch!«

Clint arrangierte alles und wir trafen uns in Frankfurt am Flughafen. Er nahm mich in die Arme, und ich konnte mich nicht daran erinnern, jemals glücklicher gewesen zu sein. Als wir im Flugzeug saßen und über den Wolken schwebten, nahm er meine Hände und schaute mir liebevoll in die Augen. Ehe ich noch begriff, was vor sich ging, versanken wir in einem Kuss. Welch ein himmlisches Gefühl! Mein erster richtiger Kuss! So fühlte es sich an. Ich bin geküsst worden! Von einem lieben Mann. Einem Mann, der mir nichts Böses will. Einem Mann mit einem großen Herzen. Einem Mann mit einem wunderschönen Lächeln.

Clint wollte mir die Vatikanstadt zeigen. Er sei schon häufiger dort gewesen, sagte er. Im Beisammensein mit Christen aus aller Welt, die zur Residenz des Heiligen Vaters pilgerten, spüre er die Kraft des Glaubens besonders stark. Unser Hotel war in der Nähe und so machten wir uns schon am Morgen unseres ersten Tages in Rom auf den Weg dorthin. Ich staunte über die alten und prachtvollen Gebäude und Clint sprach über die Bedeutung des Glaubens in seinem Leben. Als wir vor der Residenz des Papstes standen, waren wir uns ganz sicher, ihn hinter den Gardinen gesehen zu haben. Der Schatten, der sich dort bewegt hatte, gehörte unserer Meinung nach eindeutig Johannes Paul II.

Hand in Hand gingen wir durch die Straßen von Rom, und ich meinte, in einem wunderschönen Traum gelandet zu sein. Ich hielt seine Hand, wie ein Kind, das einen Beschützer gefunden hat. Nie wieder wollte ich diese Hand loslassen. Sie gab mir Kraft und Halt. Die Wärme seiner Hand erfüllte meinen ganzen Körper.

»Was hältst du davon, wenn wir ein paar neue Kleider für dich aussuchen?«

»Kleider?«

»Nicht unbedingt Kleider, aber irgendwelche schönen Sachen.«

»Ich weiß nicht.«

Clint führte mich in eine Boutique, und ich hatte keine Ahnung, was ich dort sollte. Das Angebot überforderte mich. Bei manchen Kleidungsstücken konnte ich nicht einmal erkennen, wie man sie tragen sollte und was mit ihnen anzufangen sei. Aber Clints Lächeln war wichtiger als alles andere, und so probierte ich verschiedene Röcke, Kleider und Blusen an. Während ich die Kleidung vorführte, machte Clint lustige Späße und schaute mich mit sehnsüchtigen Blicken an. Mich verwirrte, was ich im Spiegel sah, aber ich bekam Spaß an der Sache. Er machte mir liebe Komplimente. Ich sah vollkommen verwandelt aus. Manche Sachen gefielen mir sogar sehr gut. Die Kleider betonten meine Figur und Clint flüsterte mir süße Worte ins Ohr. Er wollte, dass es mir gut ging. Das spürte ich sehr deutlich. Aus dem Spiegel der schicken römischen Boutique strahlte mir eine China Keitetsi entgegen, die ich noch nie gesehen hatte. Es war wunderbar. Ich konnte mich nicht entscheiden. Das alles war viel zu neu und ungewohnt für mich. Es dauerte Stunden, bis ich mir endlich sicher war, was mir gefiel. Clint zeigte überhaupt keine Ungeduld, sondern spornte mich an, mir alle Zeit der Welt zu lassen. Bepackt mit Einkaufstüten, gingen wir in ein Schuhgeschäft und suchten passende Paare für mich aus. Auch das war ein neues Gefühl. In den schmalen Damenschuhen, die zu meiner neuen Garderobe passten, musste ich ganz anders gehen als zuvor. Das war nicht einfach, aber es machte mir Freude. Ich hob meinen Kopf, streckte mich und stolzierte über die Boulevards. Clint sagte, nun hätte ich endlich meine Schönheit hervorgeholt und er könne diesen Anblick genießen. In meinem ganzen Leben habe ich mich nicht so wohl gefühlt und so viel gelacht wie gemeinsam mit Clint in Rom.

In der Zwischenzeit hatte er mein Buch gelesen. Sehr behutsam stellte er mir Fragen zu meiner Vergangenheit und spendete mir Trost. Er tat alles dafür, dass ich meine schlimmen Erfahrungen mit Männern zu vergessen versuchte.

»Denke immer daran, China, nicht alle Männer sind gleich.«

Die Zeit verging wie im Flug. Schon bald mussten sich unsere Wege wieder trennen, denn wir hatten zahlreiche Termine an unterschiedlichen Orten wahrzunehmen. Aber von nun an bekam ich mehrmals täglich eine SMS von Clint und spät am Abend telefonierten wir stundenlang miteinander.

Einer meiner Wege führte mich zu Ingeborg und Claus Schmidt nach Oldenburg in Norddeutschland. Sie nahmen mich wie eine Freundin auf und ich fühlte mich in ihrem Zuhause und in der hübschen Stadt auf Anhieb wohl. In verschiedenen Schulen hatten sie meinen Besuch vorbereitet, und so traf ich auf Schüler, die großes Interesse an meiner Lebensgeschichte zeigten und bereits viele Informationen über Kindersoldaten hatten.

In den letzten Monaten hatte ich häufiger mit Claus telefoniert und E-Mails ausgetauscht. Er war jemand, der hervorragend organisieren konnte und der seine Fähigkeiten und seine Energie aktiv und praktisch zum Wohle ehemaliger Kindersoldaten einsetzen wollte. In Dänemark hatte ich bereits vor längerer Zeit eine Stiftung zur Unterstützung ehemaliger Kindersoldaten gegründet, aber die damit verbundene organisatorische Arbeit überforderte mich. Ich verstand die komplizierten Regeln nicht, nach denen eingegangene Spenden zu verwalten und abzurechnen waren. Später hatte ich in Deutschland gemeinsam mit einem Freund den Förderverein »Hilfe für ehemalige Kindersoldaten und afrikanische Kriegsopfer e. V.« gegründet. Claus war als Manager in einem großen Unternehmen beschäftigt und stellte mir Fragen nach den Strukturen, Einnahmen, Projekten und Zielen meines Fördervereins. Wieder einmal musste ich einsehen, dass ich selber kaum den Überblick behalten konnte. Diese Dinge wuchsen mir über den Kopf. Mein Ziel war es, ehemaligen Kindersoldaten zu helfen, aber ich hatte keine Ahnung von den Richtlinien für Vereine und Organisationen, die zu diesem Zweck Geld sammelten. Der große Traum meines Fördervereins war der Bau eines Kinderheims für ehemalige Kindersoldaten in Ruanda. Alle meine Hoffnungen richteten sich auf das Ziel, wenigstens einigen Kindern eine lebenswerte Zukunft zu bieten. In dem Heim sollten sie ein Zuhause finden, einen sicheren und geschützten Ort, an dem sie in Frieden leben und lernen konnten. Dieser Ort sollte ihnen eine ähnlich gute Entwicklung ermöglichen, wie ich sie in Dänemark erfahren hatte.

Claus und Ingeborg hatten in Oldenburg bereits sehr viel Arbeit geleistet. Die Schüler hatten sich in Projekten intensiv mit dem Thema Kindersoldaten beschäftigt und sogar Geld für den Förderverein gesammelt. Ich war gerührt von ihrer Anteilnahme und ihrer Hilfs- und Spendenbereitschaft. Manche Kinder hatten einen Großteil ihres Taschengeldes gespendet. Sie waren stolz darauf, wenn Kindersoldaten durch ihre Hilfe ein besseres Leben ermöglicht wurde. Je mehr Zeit ich mit Claus und Ingeborg verbrachte, desto deutlicher wurde mir, wie viel ihnen die Ziele meines Fördervereins bedeuteten. Claus machte sich Gedanken über die praktische Umsetzung meines Vorhabens und wollte ganz genau wissen, wie ich mir den Bau eines Kinderheims vorstellte.

Nach unseren Gesprächen grübelte ich unentwegt über die Möglichkeiten und die Zukunft des Vereins nach. Warum war das Helfen nur so kompliziert? Inzwischen hatte ich viele Menschen kennen gelernt, die helfen wollten, aber nicht selten stellte die praktische Umsetzung ihrer Hilfsangebote und Spenden ein Problem dar. Mir kam eine Idee, die ich Claus sofort mitteilte.

»Claus! Du wirst der Projektkoordinator des Fördervereins!«

Er schaute mich an und schmunzelte.

»Liebe China, diese Funktion gibt es in einem deutschen Förderverein nicht.«

»Was heißt das?«

»Ach China, mit den Details würde ich dich nur langweilen. Wenn ich eine Aufgabe in deinem Verein übernehmen würde, dann die des Kassenwartes.«

Er erklärte mir diesen Aufgabenbereich und wenig später besprach ich seine Ideen mit dem ersten Vorsitzenden des Vereins in Berlin. Claus bekam alle Vollmachten, die er benötigte, um mit seiner Arbeit zu beginnen. Er schrieb unendlich viele Briefe und Mails, leistete Öffentlichkeitsarbeit, bat um Spenden und verwaltete unser Konto. Schon bald konnte unser Verein die Bezahlung von Schulgeld für bedürftige Kinder in Uganda ausweiten.

Ingeborg und Claus Schmidt reisten sogar gemeinsam mit mir nach Ruanda, um sich vor Ort ein Bild über die Lage zu machen. Claus blieb eine längere Zeit im Lande und half sogar beim Bau meines Hauses. Dabei machte er wichtige Erfahrungen mit Baufirmen, die für unser geplantes Projekt von großer Bedeutung waren.

Heute steht der Verein, auch dank der wunderbaren Arbeit von Claus und Ingeborg Schmidt, vor der Erfüllung unseres großen Traums. Mit der Unterstützung von *missio*, dem Internationalen Katholischen Missionswerk, und dem Bischof von Byumba in Ruanda werden wir ein erstes Heim für fünfzehn ehemalige Kindersoldaten in der Nähe von Kigali bauen können.

Weg frei für Moses

Im Dezember 2003 bekam ich einen völlig überraschenden Anruf. Ich wurde gebeten, mich in einem Hotel mit Salim Saleh, dem Bruder des ugandischen Präsidenten, zu treffen. Er würde mich sehr gern sprechen. Ich kannte Salim Saleh und den Präsidenten persönlich aus meiner Zeit als Kindersoldatin.

Ich staunte nicht schlecht, dass Salim Saleh in Dänemark war. Er war nie ein Mann gewesen, der staatsmännisches Gehabe zeigte und sich mit seinem Status als General und Bruder des Präsidenten aufspielte. Er hat sich immer untypisch für Männer in seiner Position verhalten. Ich war ungeheuer neugierig darauf, ihn zu treffen. Was konnte er von mir wollen? Und vor allem wollte ich herausfinden, ob er mir nicht helfen konnte, meinen Sohn nach Dänemark zu holen. Zum vereinbarten Termin ging ich ins Hotel.

Es gab keinen Grund für mich, ihn mit der Ehrenbezeichnung »Afande« anzusprechen, die sonst eine Selbstverständlichkeit für eine jüngere Frau in meiner Position gewesen wäre.

»Guten Abend, Sir!«, sagte ich.

Er hielt sich nicht lange mit Höflichkeitsfloskeln auf, sondern schaute mich eher prüfend an.

Wir sprachen über früher, über die Zeit beim Militär. Das war vertrautes Terrain und Salim Saleh wirkte entspannt. Solange wir unverbindlich plauderten, war ich vollkommen ratlos, was dieses Treffen bedeuten sollte. In meinem Kopf war einzig der Gedanke an meinen Sohn, aber solange ich nicht begriff, warum ich überhaupt hier war, hielt ich mich mit konkreten Fragen zurück.

»Es wäre gut, wenn du den Präsidenten triffst. Ihr solltet euch unterhalten«, sagte Salim Saleh plötzlich zu mir. »Wenn du bereit bist, dann könntet ihr euch schon demnächst sehen.«

Ich war völlig überrascht. Der Präsident wollte mich treffen? Dieses Gespräch war nur eine Anfrage? Was hatte das zu bedeuten? Er blieb unverbindlich, aber betonte mehrmals, dass es sicher auch in meinem Sinne wäre, mich mit dem Präsidenten zu treffen. Ich bräuchte nichts zu befürchten. Zum Abschied gab er mir etwas auf den Weg, was mich sehr irritierte.

»Was passiert ist, ist passiert, China! Komme zurück nach Uganda! Komme zurück in deine Heimat! Wir sollten zusammenarbeiten, dann lassen sich deine Probleme am besten lösen.«

Ich war sprachlos. Was hatte das zu bedeuten? Ich war auf der Hut und hielt mich mit Kommentaren zurück.

»Ein Gespräch mit dem Präsidenten kann sicher nicht schaden«, sagte ich schließlich, »wo kann ich ihn treffen?«

»Ich werde alles arrangieren und dir rechtzeitig Bescheid geben. Er kommt nach Kopenhagen.«

»Gut, ich bin bereit.«

Nach einer Weile meldete er sich tatsächlich wieder bei mir und nannte den Termin und den Ort für die Begegnung mit dem Präsidenten von Uganda.

In dem noblen Hotel in Kopenhagen wimmelte es von Sicherheitsleuten. Vor der Präsidentensuite wurde meine Tasche kontrolliert. Sie nahmen mir den Fotoapparat ab und dann durfte ich eintreten. Ich war furchtbar nervös. Eine Mischung aus Angst und Unsicherheit hatte mich seit Tagen nicht schlafen lassen und mir den Appetit geraubt. Mein Herz klopfte wie wild, dabei musste ich jetzt Ruhe bewahren und mich konzentrieren. Meine Angst musste unsichtbar und meine Stimme fest bleiben.

Wie sollte ich ihn grüßen? Ich war ihm bisher ausschließlich als Soldatin begegnet. Nun war ich eine einfache Zivilistin. In meinem Kostüm und mit der Handtasche im Arm konnte ich ja schlecht salutieren. Salutiert wird nur in Uniform und die hatte ich glücklicherweise schon vor acht Jahren hinter mir gelassen. Sollte ich strammstehen oder stillstehen? Bisher hatte ich bei jeder unserer Begegnungen salutiert. Zum ersten Mal hatte ich ihn gesehen, als ich mit neun Jahren meinen ersten Kampfeinsatz in der »National Resistance Army« hinter mich gebracht hatte. Damals war er der Anführer der Befreiungsarmee, die gegen die Regierung von Präsident Obote kämpfte. Wir durften damals sogar an seinem Tisch sitzen. Aber auch das hatte mich nicht von den furchtbaren Erlebnissen während meines ersten Einsatzes ablenken können. Zu deutlich hatte ich damals noch die Schreie der Sterbenden im Ohr.

Sollte ich ihm die Hand geben, so wie man es in Dänemark macht? Dem Präsidenten von Uganda die Hand geben? Diese Vorstellung würde meinen Landsleuten sicher absurd erscheinen. Das war sehr weit von dem entfernt, was von einer jungen Frau aus Uganda gegenüber ihrem Präsidenten erwartet wurde. Er war immer mein Vorgesetzter gewesen. Mein *Commander in Chief*.

Einer der Leibwächter öffnete die Tür. Das Erste, was ich sah, waren zwei Frauen, die mir gegenübersaßen. Sie trugen Zivil und wirkten wie Sekretärinnen.

Ich sagte nichts. Museveni saß in einem großen Sessel. Er trug einen schwarzen Anzug, und ich glaubte, ein Lächeln über sein Gesicht huschen zu sehen. Museveni grüßte mich, wie man ein kleines Mädchen anspricht. Ich fühlte mein Herz kräftig gegen meine Brust schlagen.

Es war irgendwie merkwürdig, aber mit dem Mann, der mir nun gegenübersaß, konnte ich meine Vergangenheit nur schwer in Verbindung bringen. Auf eine merkwürdige Art war er sehr weit entfernt von mir. Ich fühlte weder Wut noch Rachegelüste. Alles, was ich wollte, war mein Sohn, und der Präsident konnte der Schlüssel dazu sein. Ich stand ihm als eine Mutter gegenüber und nicht als eine ehemalige Soldatin.

»Afande, ich möchte Ihnen kurz schildern, wer ich bin und was mir zugestoßen ist.«

Ich ließ nichts aus und sprach beinahe so, als referiere ich vor den Studenten und Schülern in meinen Vorträgen. Doch ihm gegenüber sprach ich auch über meine Entführung in Südafrika. Dann kam die Sprache auf mein Buch.

»Afande, ich bin sehr traurig über das, was passiert ist. Schauen Sie mich an! Ich habe eine schreckliche Vergangenheit. Ich habe keine Bildung genossen, mein Leben war ein einziger Kampf. Ich war eine Kindersoldatin und zum Ende meiner Dienstzeit hatte ich den Rang eines Sergeants. Kindersoldaten geben niemals auf! Das haben sie uns gelehrt. Niemals aufzugeben! Bis heute. Meine Zukunft ist ungewiss. Afande, mein Sohn lebt in Kampala. Ich habe ihn seit acht Jahren nicht mehr gesehen. Die Behörden stellen ihm keinen Pass aus und ich kann nicht nach Uganda einreisen.«

»Aber davon weiß ich nichts.«

»Afande, warum bekommt er keinen Pass?«

»Davon höre ich zum ersten Mal. Es sollte kein Problem sein. Hätte ich gewusst, dass du einen Sohn hast, dann hättest du ihn schon lange bei dir haben können.«

Der Präsident teilte den beiden Frauen mit, sie sollten entsprechende Eintragungen vornehmen. Ich nannte den Namen und die Adresse und war mir zugleich sicher, dass ihnen jede Einzelheit bereits bekannt war.

»Warum kommst du nicht nach Hause?«, fragte Museveni mich. »Es wird kein Problem geben. Uganda erwartet dich. Es ist doch immer noch deine Heimat.«

»Mein Leben ist jetzt in Dänemark. Vielleicht werde ich eines Tages kommen, aber nicht jetzt. Und wenn ich an den Film denke, der über mich in Uganda gezeigt wurde, ist es besser für mich, nicht dorthin zu reisen. Aber eines habe ich in meinem schweren Leben begriffen: Man kann die Wahrheit niemals aus der Welt schaffen! Man kann versuchen, sie zu verdecken, aber eines Tages wird sie wieder ans Licht kommen. Auch nach den schlimmsten Schlachten gab es Überlebende. Glauben Sie das nicht auch, Afande? Die Regierungen dieser Welt sollten endlich nachdenken und sich der Wahrheit stellen. Wir Soldaten durften nie einen Pass haben, wir durften das Land nicht verlassen.

Keiner der Machthaber hat je damit gerechnet, dass eines von uns Kindern überlebt, fliehen kann und es sogar bis nach Europa schafft und der Welt die Wahrheit sagt. Aber mir ist es gelungen.«

Ich wusste nicht, woher die vielen Worte kamen.

»Afande, ich bin zutiefst verletzt. Irgendwelche Minister haben eine Schmutzkampagne gegen mich gestartet. Damit ich meinen Mund halte, haben sie behauptet, ich sei eine Lügnerin, und haben gekaufte Zeugen präsentiert.«

Er schaute mich fragend an. Ich konnte nun nicht mehr klar denken und ließ meinen Worten freien Lauf.

»Afande, es gibt auch noch ein weiteres Problem. Ich habe meine Tochter nicht verkauft, wie es behauptet wurde. Ich musste sie in Südafrika zurücklassen. Ich habe keine Ahnung, wo sie ist. Ich weine jede Nacht um sie.«

Ich erzählte ihm von dieser großen Last. Die Worte kamen wie von selbst. Ich hatte keine Ahnung, warum ich ihm das alles erzählte. Irgendwie erschien er mir unschuldig, so als sei er wirklich nicht informiert. Ich stellte mir vor, dass hinter seinem Rücken Kräfte agierten, von denen er selber nichts wusste. Vielleicht war es auch nur die Hoffnung einer verzweifelten Mutter.

»Komm nach Hause! Wir werden dir helfen! Auch bei der Suche nach deiner Tochter.«

Ich war vollkommen verwirrt. Einerseits wurde Boxer Geld angeboten, damit er für das ugandische Staatsfernsehen behauptete, ich hätte meine Tochter verkauft, und nun wollte der Präsident nichts davon gewusst haben, dass diese Tochter überhaupt existierte. Wer steckte dahinter? Ich durfte niemandem trauen, aber hier hatte ich zumindest die Möglichkeit, die Wahrheit zu erzählen.

»Ich habe damit nichts zu tun. Das lag nicht in meiner Verantwortung«, sagte der Präsident.

»Sagen Sie den Verantwortlichen, sie sollen aufhören mit ihren Lügengeschichten über mich. Und lassen Sie meinen Sohn in Ruhe.«

Nicht lange nach diesem Treffen erhielt Moses seinen Pass. Endlich war seine Reise nach Dänemark in Sichtweite. Doch es war Winter, und ich ahnte, dass Moses die Kälte kaum ertragen könnte. Für mich waren sogar die Temperaturen in Südafrika damals ein Schock gewesen, obwohl dort wenigstens auch im Winter zumindest die Sonne schien. Das dänische Winterwetter konnte ich Moses nicht zumuten. Was würde er denken? Dass seine Mutter in einem Kühlschrank lebte, in dem es keine Blumen, Blätter und kein grünes Gras gab? Nein, der Sommer war viel besser geeignet. Zudem hatte ich im Frühjahr eine Reihe von Vortragsreisen zugesagt, die mich durch die deutschsprachigen Länder und nach Tschechien führen würden, wo mein Buch ebenfalls erschienen war. Außerdem sollte ich einige Tage in London verbringen. Moses musste zunächst sein Schuljahr beenden, und wir verabredeten, dass er in seinen großen Ferien im Sommer 2004 nach Kopenhagen kommen sollte. Von nun an durchströmten mich noch mehr Glücksgefühle.

Clint versuchte, so häufig wie möglich bei mir zu sein. Er tat alles für mich und ordnete mein Leben neu. Er wusste immer genau, was zu tun war, und er hatte die Mittel und Wege, ein gesetztes Ziel zu erreichen. Für meine Sorgen und Nöte, für alle Dinge, die mich quälten, belasteten und ängstigten, für alles, was ich erledigen musste, hatte ich nun einen Partner, einen Bruder und einen Engel an meiner Seite. Oft fragte ich mich, womit ich einen derart lieben und gutherzigen Mann verdient hatte. Alle Menschen, die Clint kannten und die ich im Laufe der Zeit ebenfalls kennen lernte, schienen ihn zu lieben. Sein warmes Lächeln und seine klaren Augen zogen jeden in den Bann. Manchmal dachte ich, er sei viel zu gut für diese Welt. Er hatte sicher nie im Leben jemandem etwas Böses angetan. Sobald er sprach, konnte man sich in seine Stimme verlieben, und sobald er ein Mädchen freundlich anlächelte, war es um sie geschehen. Mein Telefon wurde zu meinem ständigen Begleiter. Nun gab es unzählige Momente in meinem täglichen Leben, die mir durch seine liebevollen SMS versüßt wurden.

Clint lernte meinen Vater kennen, der seit Monaten an meinem Liebesglück teilhatte und sich darüber freute. Er genoss meine Verwandlung von einer traurigen Exsoldatin zu einer lebensfrohen Frau und Kämpferin für das Gute. Und mein Far wusste genau, welchen Anteil meine Liebe zu Clint an meinem neuen Leben hatte. Das Glück seiner Tochter machte auch ihn glücklich. Wenn ich in meiner neuen fraulichen Kleidung an seinem väterlichen Arm spazieren ging, dann genoss er die Blicke der Passanten. Wir machten uns einen Spaß daraus, zu mutmaßen, was sie über den reifen Herrn und die junge Frau denken mochten.

»Ich kann mir keinen besseren Schwiegersohn als dich vorstellen!«, hatte er zu Clint gesagt. Es gab Tage, an denen ich wie auf Wolken schwebte. Clint schenkte mir die Liebe, die ich nie gespürt hatte. Erst durch seine Liebe war ich zu einer Frau geworden. Durch seine Liebe entdeckte ich mich und meinen Körper neu. Seine Worte, seine Hände und seine innige Zuneigung waren Balsam auf meinen innerlichen und äußerlichen Wunden.

Ein Haus der Hoffnung

Eines Tages machte Clint mir einen fantastischen Vorschlag. Obwohl er eigentlich keine Zeit hatte, wolle er mit mir nach Ruanda reisen. Ich solle ihm meine zweite Heimat zeigen. Wir könnten gemeinsam dorthin fliegen, aber er bliebe leider nur einige Tage dort. Genug, um einen Eindruck vom Land zu bekommen. Außerdem habe er sich etwas für mich und meine Kinder überlegt. Und dafür müssten wir gemeinsam nach Kigali reisen. Ich platzte vor Neugier. An seinem ernsten Gesicht konnte ich die Bedeutung seiner Überlegungen ablesen und musste mich zusammenreißen, um ihn nicht mit meinen ungeduldigen Fragen zu löchern.

»China, wir kennen uns nun seit acht Monaten. Durch dich habe ich sehr viel erfahren und gelernt, was ich sonst niemals hätte erfahren können. Du hast meinen Blick auf die Menschen und die Welt verändert.«

Ich war ein wenig überrascht, denn eigentlich war *ich* doch diejenige, deren Welt sich durch unsere Liebe verändert hatte.

»China, immer wenn ich dich gefragt habe, wo dein Zuhause ist, dann wusstest du keine Antwort. Du kannst es bis heute nicht sagen, denn du hast nie ein wirkliches Zuhause gehabt und hast auch bis heute keins gefunden. Du bist eine Vagabundin ohne feste Wurzeln, wie du selber immer sagst. Wie ein afrikanischer Baum in europäischer Erde, der noch keinen richtigen Halt gefunden hat. Ich habe immer ein Zuhause gehabt, und das war auch immer sehr wichtig für mich. Ich hatte mein eigenes Zimmer, ich wusste immer, wo meine Familie ist, wo wir an warmen Tagen im Garten zusammensitzen, wo wir Weihnachten feiern und wo wir auch mal traurig waren. Ich stelle es mir unglaublich schwer vor, wenn man solch einen Ort nicht kennt.«

Clint sprach mir aus dem Herzen. Ich hatte wirklich nie ein richtiges Zuhause gehabt. Ich war nie irgendwo angekommen, um zu bleiben, aber seit einiger Zeit konnte ich wenigstens davon träumen, eines fernen Tages ein Zuhause zu haben. Ich hatte keine Ahnung, wie es aussehen würde und wo es sein könnte, aber ich stellte mir vor, dass an jenem Ort meine Kinder bei mir seien. Und entgegen aller Vernunft stellte ich mir auch vor, dass Clint dazugehörte.

»Ich möchte dir helfen, ein Zuhause zu bekommen. Ich möchte diesen wunderschönen afrikanischen Baum endlich verwurzeln, damit er allen Stürmen standhält und wunderbare Blüten und Früchte austreibt. Lass uns nach Ruanda fahren und ein Grundstück für dich kaufen. Darauf bauen wir ein Haus für dich und deine Kinder.«

Ich glaubte, nicht richtig zu hören. Ein Haus bauen? Ich kannte Clints Großzügigkeit. Geld bedeutete ihm nicht viel. Er hatte genug davon. Seine Familie hatte ihm ein Vermögen hinterlassen und er verwendete es größtenteils für wohltätige Zwecke. Clint war überzeugt von seiner Idee, und ich war davon begeistert, ohne mir vorstellen zu können, was das Vorhaben konkret bedeutete. Mir gefiel der Gedanke an ein Haus in Ruanda. Damit verband ich die Vorstellung von einer Heimat, von einem Ort, an den ich gehörte. Je mehr ich mich mit dem Plan beschäftigte, desto stärker beflügelte er mich. Wir vereinbarten, dass ich einen Anteil an den Kosten übernehmen würde. Solch ein Vorhaben kostete in Ruanda nur einen Bruchteil dessen, was ein Haus in Europa kosten würde, und Frank würde mir sicher bei dem anfallenden Papierkram helfen. Bestimmt konnte ich auch einen Kredit aufnehmen. Clint wollte alles geregelt haben, bevor er mich für lange Zeit verlassen musste.

Als der Tag unserer Reise gekommen war, flog ich von Kopenhagen nach Brüssel, wo ich mit Clint verabredet war. Nach meiner Ankunft checkte ich direkt für den Flug nach Kigali ein. Es waren noch einige Stunden Zeit bis zum Abflug und Clint war noch nicht da. Unentwegt schaute ich zu den ankommenden Passagieren, die durch die Eingangstür des Warteraums kamen. Meine unbändige Vorfreude mischte sich mit Sorgen. Clint war sehr beschäftigt. Selbst am Tag unseres Abflugs hatte er viel zu tun. Was sollte ich machen, wenn er es nicht rechtzeitig schaffte? Ich wurde immer nervöser und lief die Gänge auf und ab. Ein Leben ohne ihn konnte und wollte ich mir nicht mehr vorstellen. Jede Trennung zerrte an meiner Kraft. Nur bei ihm fühlte ich mich wirklich als glückliche und liebende Frau. Diese Reise bedeutete mir unendlich viel.

Endlich entdeckte ich sein Gesicht in der Menge der Fluggäste. Er ging so schnell, dass er alle anderen überholte, dabei schaute er suchend in meine Richtung. Ich rannte ihm entgegen und flog in seine Arme.

In diesem Moment war ich von unserer Liebe überwältigt. Ich hätte vor Glück weinen können. Gleichzeitig gab es diesen großen Schatten, der auf unsere Liebe fiel. Immer wenn die Sprache auf den Monat *September* kam, schnürte es mir die Kehle zu. Clint hatte von Beginn unserer Freundschaft an darüber gesprochen. Sein Leben würde sich ab September vollkommen verändern, aber ich wollte es nicht hören und nie wahrhaben. In nur wenigen Monaten würde er sein bisheriges Leben hinter sich lassen. Er habe sich für einen Weg entschieden, den er ganz allein gehen müsse und auf dem es keinen Raum für die Liebe zu einer Frau gäbe. Er könne niemals der Schwiegersohn für meinen Far sein. Wie eine Unwetterwolke, die einen bedrohlichen Schatten auf die Erde wirft, warf Clints baldiger Abschied einen düsteren Schatten auf mich. Wie sollte es dann nur ohne ihn weitergehen? Sein Entschluss stehe fest und sei unumkehrbar. Er versuchte mir zu erklären, dass er keinen Frieden mit sich und der Welt fände, wenn er sein bisheriges Leben weiterführe.

Trotz allem hegte ich noch immer die Hoffnung auf ein Wunder. Vielleicht änderte er seine Pläne noch. Vielleicht würde er bei mir bleiben. Vielleicht würde der *September* ihn mir doch nicht nehmen. Vielleicht waren es nur Worte, die von seinem

Fortgehen kündeten. Und um Worte zu ändern, braucht es nur Sekunden. Das hatte ich in meinem Leben oft genug erfahren. Worte hörst du, aber du kannst sie nicht berühren, es ist nur ein Klang, den du nicht sehen kannst. Schon als Kind habe ich gelernt, den Worten nicht zu trauen. Aber Clint hatte ich leider als einen Mann kennen gelernt, der zu seinen Worten stand. Mit Worten und Taten hatte er mir unendliche Hilfe gegeben. Sein Beistand hatte mein Dasein grundlegend verändert und dafür dankte ich ihm jeden Tag aufs Neue. Aber Clint wollte diesen Dank nicht haben. Stattdessen sagte er immer, es sei doch nichts Besonderes, was er für mich tat. Ich wollte, dass er meine Dankbarkeit verstand, und bat ihn, sich in meine Lage hineinzuversetzen. Wie würde er sich fühlen, wenn jemand ihn aus der Finsternis der Alpträume in die Welt der rosaroten Wolken katapultierte?

»Ich wäre gerührt«, sagte er dann immer, »und ich glaube daran, dass alle Menschen genauso miteinander umgehen sollten.«

Einmal hatte er mich gefragt, was meine größte Angst im Leben sei. Ich konnte ihm nicht antworten, meine Zunge war wie gelähmt. Kein einziges Wort kam über meine Lippen, aber die Gedanken rotierten in meinem Kopf. Ich war verliebt. Ich hatte die Liebe entdeckt, mich in ihre wohligen Arme fallen lassen und mich von ihr trösten lassen. Aber die Liebe hatte nicht alle Ängste vertreiben können. Die Angst um meine Kinder begleitete mich in jedem Moment meines Lebens. Und die Angst vor dem, was Menschen anderen Menschen antun können, wird mich niemals verlassen. Ich wusste, zu welchen Grausamkeiten Menschen fähig sind. Wie sollte meine Angst verschwinden? Aber was war meine größte Angst? Eine Entscheidung hätte die anderen Ängste eine Stufe zurückgesetzt. Ich konnte die Frage nicht beantworten. Stattdessen hatte ich aus dem Fenster geschaut und die Angst vor seinem Abschied gespürt.

Als wir die Maschine bestiegen, sah Clint sehr müde aus, aber ich spürte, dass er trotzdem voll konzentriert war und sich sehr auf unsere Reise freute. Gleichzeitig war er voller Ungeduld und machte Pläne für meine Zukunft. Es solle mir auch gut gehen, wenn er nicht mehr bei mir war. Ich wollte nichts davon hören, aber Clint stellte einen detaillierten Plan darüber auf, was ich in der nächsten Zeit erledigen musste. Er kannte mich so gut, dass er wusste, wie unbedarft ich auch über Monate hinweg wichtige Dinge unerledigt ließ. An erster Stelle dieses Plans stand die Behandlung meiner Zähne, die durch das nächtliche Knirschen arg gelitten hatten. Er werde einen speziellen Zahnarzt für mich finden und außerdem wolle er einen Termin bei einem Magenspezialisten vereinbaren. Seiner Meinung nach musste es sicher ein Mittel gegen meine quälenden Schmerzen geben. Als Nächstes solle ich einen Spezialisten für meine Muskelschmerzen aufsuchen. Viele meiner Kriegs- und Folterverletzungen waren nie behandelt worden und behinderten mich immer noch. Wenn ich länger ging, als ich es gewohnt war, dann schmerzte mein rechtes Bein. Im Krieg gab es keine ärztliche Versorgung und keine Rehabilitationsmaßnahmen, wie ich sie in Dänemark kennen gelernt hatte. Man war schon froh, wenn noch alle Glieder am Körper waren. Wunden waren nur von Bedeutung, wenn sie infiziert waren und eine Amputation zu befürchten war. Alles andere wurde als Kleinigkeit abgetan. Schmerzen gehörten zum Leben. Zudem war meine Haut von kleinen und größeren Narben übersät, insbesondere in meinem Gesicht zeigen sich auch heute noch die einstigen Kratzer aus dem ugandischen Busch. An dritter Stelle auf der Liste stand mein Sohn Moses. Clint machte Pläne, wie er am besten zu unterstützen sei. Er dachte dabei an seine schulische Ausbildung und natürlich auch an seinen bevorstehenden Besuch in Europa. Clint stellte Überlegungen an, was wir gemeinsam mit ihm unternehmen könnten. Und dann setzte er die Suche nach meiner Tochter auf die Liste. Beim Gedanken daran verkrampfte sich mein Magen. Ich durfte jetzt nicht daran denken. Bald würde ich Moses zum ersten Mal sehen. Die Vorfreude auf ihn vermengte sich schon jetzt mit Ängsten und Nervosität. Mein Therapeut hatte Recht! Ich musste einen Schritt nach dem anderen gehen!

Bevor wir Kigali erreichten, drückte Clint meine Hand so fest, dass sie beinah schmerzte. Er hatte Angst vor dem, was er womöglich zu sehen bekam. Der Völkermord an den Tutsi, die unvorstellbaren Opferzahlen und die Tatsache, dass auch meine Familienangehörigen davon betroffen gewesen waren, wühlten ihn auf.

Für mich war es ein wunderbares Gefühl, mit dem Mann, den ich über alles liebte und mit dem ich gern mein ganzes Leben verbringen würde, auf meiner afrikanischen Heimaterde anzukommen.

Frank, meine Schwester und einige andere Angehörige erwarteten uns am Flughafen. Clint fühlte sich auf Anhieb wohl und sein einnehmendes Lächeln begeisterte meine Angehörigen.

Am Abend gingen wir in die Stadt, um meine geliebten Grillhähnchen zu essen. Schon von weitem stieg mir der Geruch in die Nase. Als ich sah, wie die Gäste das Geflügel zerteilten und genüsslich verspeisten, stiegen mir Tränen der Freude in die Augen. Als mir ein ganzes Hähnchen in der Größe zweier dänischer Supermarktexemplare serviert wurde, kam Clint nicht aus dem Staunen raus.

»Das schaffen wir nie, oder?«

»Das schaffe ich sogar allein«, sagte ich und schnappte mir einen Schenkel. Mmh, das war der Himmel auf Erden!

Am nächsten Tag besuchten wir das Kigali Memorial Centre, die größte Gedenkstätte für die vermutlich eine Million getöteten Tutsi und unzähligen Hutus, die mit ihren Tutsi-Freunden und Verwandten in den Tod geschickt worden waren. Das Memorial Centre war erst kürzlich, anlässlich des zehnten Jahrestages des Massakers, eingeweiht worden. Wir wussten nicht, was uns dort erwartete. Das Terrain der Gedenkstätte war gleichzeitig der Ort eines Massengrabes für zweihundertfünfzigtausend massakrierte Opfer. Ein modernes Gebäude bildete den Eingangsbereich. Mir stockte der Atem. Sollte ich mir das wirklich antun?

Ich klammerte mich an Clints Hand. Im ersten Teil des Zentrums war die Zeit vor dem Völkermord dargestellt. Ich ging an Bildern und Texttafeln vorüber, ohne dass ich einen Blick darauf warf. Aus Angst, etwas Furchtbares zu entdecken, schaute ich lieber zu Boden. Doch dann erblickte ich ein farbenfrohes Fenster. In schillernden Farben leuchtete das Glas. Es zeigte eine Szene, die ich erst auf den zweiten Blick erfasste. Bei genauerem Hinsehen entdeckte ich die Darstellung von leblosen Körpern in dem farbigen Fensterbild. Das Kunstwerk warf ein verwirrendes Licht in den Raum.

Es folgte ein Teil der Ausstellung, bei dem ich mich, trotz aller innerlichen Widerstände, dazu zwang, genauer hinzusehen. Auf unzähligen Bildern und teilweise auch auf Videofilmen war das Morden dokumentiert, das mutige Journalisten und andere Zeugen unter Lebensgefahr für die Nachwelt festgehalten hatten. Es war unfassbar, was dort gezeigt wurde. Es gab Aufnahmen von Männern, die wahllos andere Männer, aber auch Frauen und Kinder mit ihren Macheten abschlachteten. Wie konnten Menschen etwas Derartiges tun? Wie konnte die Welt es zulassen? Innerlich bebend, war ich gefasst darauf, meine Schwester Grace unter den Opfern zu entdecken. Was würde mit mir geschehen, wenn der Moment ihres Todes tatsächlich irgendwo zu sehen wäre? Mein Gott! Sollte ich nicht besser weglaufen? Stattdessen schaute ich wie gebannt auf die einzelnen Aufnahmen und suchte in den Gesichtern der Opfer nach den Spuren ihres Lebens. Waren sie einst glücklich gewesen? Was hatten sie gedacht und getan im Angesicht des Todes? Was hatte meine Schwester gefühlt?

Sprachlos gingen wir hinaus. Vor einem der Massengräber auf dem weitläufigen Gelände kniete Clint nieder. Ein Schild wies darauf hin, dass an dieser Stelle vierhundert Menschen bestattet worden waren. Es gab Abteilungen im Memorial Center, in denen die Gebeine der Verstorbenen offen zu sehen waren. Clint war schockiert. Solch einen Blick hatte ich bei ihm noch nie gesehen. Man konnte zahllose Skelette und Totenschädel sehen.

Der Tod war allgegenwärtig. Manche der Toten hielten noch immer einen Rosenkranz zwischen ihren verknöcherten Fingern. Im Angesicht des Todes hatten sie ihn eng um ihre Hand gewickelt. Den Anblick eines Kinderskelettes, das mit einem verwitterten Tragetuch an ein Erwachsenenskelett gebunden war, werde ich nie im Leben vergessen können. Auf dem gesamten Gelände standen Kreuze, an manchen Stellen waren auch frische Blumen hinterlegt. Wir verließen die Opfer und gingen zum Garten, der vor dem Hauptgebäude lag. Dort stand ein Fahnenmast, den ich wortlos betrachtete. Mit meinem Blick folgte ich dem Mast und schaute zur Spitze, wo die Flagge von Ruanda im Wind flatterte. Über ihr gab es nur noch den blauen Himmel, der klar und rein über dem Grauen strahlte. Während ich zur Flagge hochschaute, konnte ich nur hoffen, dieses Land möge auf dem Weg in eine bessere Zukunft sein.

»Denkst du an deine Schwester?«, fragte Clint.

Ich nickte, denn mir war die Sprache genommen.

In Gedanken versunken, umfassten wir gegenseitig unsere Finger. Wie auf ein Zeichen hin verabschiedeten wir uns von den Opfern, die hier ihr letztes Zuhause gefunden hatten und an der Seite vieler Leidensgenossen ruhten. Sie waren auf unterschiedliche Arten getötet worden, aber unter demselben Hass gestorben.

»Was hältst du davon, wenn wir in ihr Dorf fahren?«

Wieder nickte ich und überlegte schon im nächsten Moment, wie wir dort hinkommen könnten.

Meine kleine Schwester Jenny zeigte uns den Weg. Es war nicht weit entfernt von Kigali und schon bald erreichten wir das Dorf. Die einzige erwachsene Überlebende aus der angeheirateten Familie meiner Schwester war Grace' Schwägerin. Sie bat uns in ihr Haus, wo ich unvermittelt auf ein etwa zehnjähriges Mädchen traf. Sie war meiner Schwester Grace wie aus dem Gesicht geschnitten und mir schossen sofort Tränen in die Augen. In ihren Gesichtszügen, in ihrer Haltung und in ihrem Blick sah ich meine Schwester. Im nächsten Moment musste ich an meine eigene Tochter denken, die nur wenig jünger war. Ob sie ihrer Cousine ähnelte? Ich versuchte, mich zusammenzureißen und mit der Kleinen zu sprechen. Mein Gott! Sie ist meine Nichte, ging es mir durch den Kopf. Ich habe mehr Angehörige, als ich dachte. Wieder fühlte ich mich mit dieser Erde, mit Ruanda verbunden und meine Trauer mischte sich mit Hoffnung. Ich würde für dieses Mädchen sorgen, so gut ich konnte. Grace' Schwägerin und meine Nichte lebten in einfachsten Verhältnissen. Später zeigten sie uns das Haus, in dem Grace gelebt hatte. Es war nur noch eine Ruine. Meine Nichte war wenige Monate alt gewesen, als das Töten begann. Auf dem Rücken ihrer Mutter hatte sie, wie durch ein Wunder, überlebt. Die Mörder hatten sie liegen gelassen und ihr vermutlich einen langsamen Tod gewünscht. Aber ihr unschuldiges Leben war verschont geblieben. Grace' Schwägerin, die ebenfalls davongekommen war, hatte das Baby weinend an dem toten Körper seiner Mutter gefunden.

Es war Sonntag und in der Dorfkirche wurde gebetet. Clint und ich setzten uns in die hinterste Reihe. Während mein Liebster in den Worten des Priesters Trost suchte, dachte ich an den Schrei des letzten Opfers, bevor das Morden ein Ende genommen hatte. War es ein Kind, eine Frau oder ein Mann, der vielleicht versucht hatte, seine Familie mit Steinen zu beschützen? Mit den einzigen Waffen, die ihm zur Verfügung standen? Ich schaute nach draußen. Vor der Kirche wogen Bäume im Wind, als würden sie tanzen. Ein Trauertanz zu den Schreien der Sterbenden. Der Himmel war strahlend blau. Auch damals wird er den Mördern geleuchtet haben, die unter greller Sonne den Opfern ins Auge sehen mussten. Morden und gemordet werden. Täter und Opfer. Jeder, der je einem anderen Wesen das Leben genommen hat, ob einem Huhn, einer Ziege oder einer Kuh, der kennt den Moment des Sterbens. Und wer Menschenleben genommen hat, wer das Blut aus ihren Wunden hat fließen sehen und das Licht aus ihren Augen für immer hat verschwinden sehen, der wird diesen Anblick niemals vergessen. Die Täter tragen neben solchen Erinnerungen auch die Schuld ein Leben lang mit sich herum. Kein einziger Mord lässt sich ungeschehen machen. Jene, die anderen Menschen das Leben genommen haben und es zutiefst bereuen, leiden zumeist allein, denn kaum jemand kann diesen Schmerz nachempfinden. Wie kann es sein, dass der furchtbare Anblick menschlichen Leidens nicht ausreicht, das Töten auf dieser Welt sofort zu beenden? In meiner Vorstellung erschienen die Menschen dieses Dorfes in ihrer Todesangst. Ich konnte sie förmlich um ihr Leben rennen und flehen sehen. Wer würde zuerst sterben? Die Kinder, die den Schutz ihrer Eltern suchten, oder die Eltern, die davonliefen, um den Tod ihrer Kinder nicht sehen zu müssen? Die Menschen wussten genau, was sie erwartete. Es gab keinen Ausweg.

Der Tod stand unmittelbar bevor. Die Nachricht über das Töten war wie ein Lauffeuer durch das Land gegangen. Ausrottung! Alle Tutsi, ohne Ausnahme, sollten sterben! Die Herzen der Ehepartner rasten im wilden Takt, als sie sich ein Wiedersehen im Himmel versprachen. Jedes mögliche Detail erschien vor meinen Augen. Grace musste gedacht haben, dass ihr Baby auf ihrem Rücken mit ihr sterben würde. Aber was war mit ihrer damals sechsjährigen Tochter, die sie an den Händen hielt? Was hoffte meine Schwester? Dass ihre Tochter zuerst starb, um die Mutter nicht sterben zu sehen? Ihr Mann war vor ihnen ermordet worden, erzählte uns seine Schwester. Im ganzen Land hatten die Macheten gewütet. Als ich Kind war, lag eine Machete immer in der Nähe. Sie wurde für viele anfallenden Arbeiten gebraucht. Ein ganz normales Werkzeug. Und jetzt ein Mordwerkzeug.

*

Gemeinsam suchten wir ein Grundstück für mein Haus. Frank beriet uns dabei, und es war erstaunlich einfach, etwas Passendes zu finden und einen angemessenen Preis auszuhandeln. Clint bestand darauf, dass wir sofort einen Architekten beauftragten und gemeinsam die Pläne besprachen. Ich verstand nichts von solchen Dingen, aber die Vorstellung von einem kleinen Haus für mich und meine Kinder beglückte mich sehr. Clint hatte Worte gefunden, die ich nie vergessen würde.

»Wenn du ein richtiges Zuhause für deine Kinder schaffst, dann werden sie auch nicht sagen: *Wir wünschten, wir hätten einen Vater*. Verstehst du mich China?«

»Ich weiß, was du meinst, und du hast Recht. Ein Zuhause gibt meinen Kindern Geborgenheit und macht die Zukunft sehr viel leichter. Du bist so unglaublich fürsorglich, Clint. Ich weiß nicht, wie ich dir danken soll.«

»Es macht mich glücklich, wenn ich euch helfen kann. Schon bald siehst du deinen Sohn. Der dänische Sommer ist schon da. Ich freue mich für dich.«

Nachdem alles in Auftrag gegeben war, zahlte auch ich meinen Anteil und nahm später auch einen Kredit auf. Von nun an würde ich hart arbeiten müssen, um mein Haus und meinen Garten fertig zu stellen.

Bei meinem letzten Aufenthalt in Ruanda hatte ich, nach vielen vergeblichen Versuchen, endlich meinen Onkel M. M. getroffen. Frank hatte mir gesagt, dass er noch am Leben sei, was mich umso mehr freute, weil ich damit wirklich nicht hatte rechnen können. Er war in Uganda ein Kindersoldat gewesen und hatte sich irgendwann mit vielen anderen Tutsi nach Ruanda begeben, um dort zu kämpfen. Damals wäre auch ich, als erfahrene Kämpferin von dreizehn Jahren, beinahe in Ruanda gelandet. Nur weil ich mich nicht eindeutig zu meiner Stammeszugehörigkeit geäußert hatte, war ich nicht mitgenommen worden. Von meinem Onkel M. M. und seinem älteren Bruder Caravel hatte ich danach nie wieder etwas gehört. Angesichts der vielen hunderttausend Toten war ich davon ausgegangen, dass auch sie ihr Leben hatten lassen müssen. M. M. war damals zwar nicht in derselben Einheit wie ich, aber wir hatten uns trotzdem manchmal gesehen. Er war schon immer ein sehr netter und fast schüchterner Junge gewesen.

Frank hatte mir erzählt, dass M. M. inzwischen in der ruandischen Armee einen hohen Dienstgrad erreicht hatte. Schon bei meinem ersten Aufenthalt in Ruanda, vor vier Jahren, hatte ich mit ihm telefoniert, und es hatte mich einige Mühe gekostet, ihn davon zu überzeugen, dass ich wirklich seine Nichte China war und noch lebte. Als es dann endlich mit einem Treffen zwischen uns geklappt hatte, waren wir auf Anhieb wie alte Vertraute. Es tat mir gut, einen ehemaligen Kameraden zu treffen, der auch schon als Kind das Soldatenleben kennen gelernt hatte. Mir erschien es so, als habe mein Onkel die meisten Leiden aus seiner Vergangenheit überwunden. Aber als er mir vom Tod seines Bruders erzählte, meines Onkels Caravel, nahm der Schmerz uns beide gefangen.

»China, ich war dabei, als er starb. Es war ein Splitter. Das verdammte Ding hat ihn in den Kopf getroffen.«

Nachdem ich M. M. im letzten Jahr darum gebeten hatte, hatte er mir die Stelle gezeigt, an der das Unglück geschehen war. Der Ort war nicht weit von Kigali entfernt und ich schaute mir das Terrain genauer an. So weit das Auge reichte, war nichts weiter zu sehen als Bananenplantagen. Die einzige Abwechslung bildete ein kleiner Hügel, über den die Überlandstraße führte. Mein Onkel deutete genau auf diese Stelle und hielt den Wagen auf der Erhebung an.

»Hier ist die Bombe explodiert. Der Splitter hat ihn in den Kopf getroffen.«

Es war ein Hinterhalt gewesen. Auch ich hätte dort sterben können, überlegte ich. Wenn sie mich damals mitgenommen hätten, hätte dieser Hügel auch mein Grab werden können. Viele Tutsi-Soldaten aus Uganda waren in das Land ihrer Eltern zurückgekehrt, um für ihr Volk zu kämpfen.

»Als es passierte, war ich nicht weit von ihm entfernt und rannte zu meinem Bruder. Caravels Wunde sah übel aus. Er ahnte sofort, dass er es nicht überstehen würde. Ich wollte ihn nicht dort liegen lassen und versuchte, ihn aus der Schusslinie zu bringen und hinter einen Baum zu legen.«

Mein Onkel machte eine Pause, und ich versuchte, mir die Szene vorzustellen. Oft genug war ich selber in ähnliche Gefechte verwickelt gewesen. In solch einer Lage musste man in Bruchteilen von Sekunden Entscheidungen über Leben und Tod treffen.

»*Lauf weiter! Hau ab!*, hatte Caravel zu mir gesagt. *Es reicht, wenn einer von uns stirbt! Sorge dafür, dass ich mein Blut nicht umsonst vergieße. Lass mich mit meinem Blut unsere Heimat Ruanda reinwaschen!* China, glaub mir, seit diesem Tag kämpfe ich noch entschlossener für ein freies Ruanda, in dem alle Völker friedlich miteinander leben können. Ich mache es auch für meinen Bruder.«

»Wie konntest du dich retten?«

»Frag mich nicht! Mich hat ein Schuss in die Schulter erwischt. Irgendwie habe ich es überstanden.«

Ich wusste, wovon mein Onkel sprach. Sein Leben lang war er ein Soldat gewesen, und in der Armee des neuen Ruanda wollte er seine Erfahrungen für sein großes Ziel einsetzen.

Ich wollte nun, dass Clint meinen Onkel kennen lernte. Einen Tag bevor mein Liebster abreisen musste, trafen wir uns mit M. M. Es war erstaunlich, zu beobachten, wie gut die beiden sich spontan verstanden. Ich war es bereits gewohnt, dass auch fremde Leute sich sehr schnell zu Clint hingezogen fühlten, aber hier beruhte es auf absoluter Gegenseitigkeit. Die beiden Männer vergaßen mich beinah, so sehr vertieft waren sie in ihre Gespräche. Es tat mir gut, zu sehen, wie wohl Clint sich in meiner Heimat fühlte und wie gut er sich mit meinen Angehörigen verstand. Wenn er doch nur länger bleiben könnte!

Als Clint zurückfliegen musste, fiel ich in eine tiefe Traurigkeit. Immer wenn ich für mehrere Tage mit ihm zusammen gewesen war, konnte ich mir ein Leben ohne ihn nicht mehr vorstellen. Allein der Gedanke daran machte mir furchtbare Angst. Ich hätte losheulen können, aber stattdessen war ich wie gelähmt. Nachdem Clint sein Gepäck eingecheckt hatte, blieben uns nur wenige Minuten. Dann verschwand er hinter einer dunklen Scheibe. Er verließ Ruanda, und ich wusste, dass seine Hände mich in diesem Land, in meiner neuen Heimat, niemals wieder berühren würden. Hier wird es nicht einmal mehr eine freundschaftliche Umarmung geben. Unsere Wege werden sich hier nie wieder kreuzen. Auch wenn es noch nicht der endgültige Abschied war, so bekam ich doch einen bitteren Vorgeschmack auf den *September.*

Nachdem er abgereist war, blieb ich mit einer Handvoll Papieren für den Hausbau zurück. Aber zum ersten Mal in meinem Leben verunsicherten die Dokumente mich nicht, sondern waren ein wunderbares Symbol für die Zukunft meiner Kinder.

Ankunft und Abschied

Es waren fast zehn Jahre vergangen, seitdem ich meinen Sohn zum letzten Mal in den Armen gehalten hatte. Bei meiner Flucht aus Uganda hatte ich einen kleinen Jungen zurücklassen müssen. Am Telefon hatte ich in den letzten zwei Jahren einen Sohn kennen gelernt, der beinahe erwachsen wirkte. Ich malte mir aus, welche Gesichtszüge er haben könnte und wie viel von mir selber wohl in ihm stecken würde.

Je näher der Tag seiner Ankunft kam, desto nervöser wurde ich. Sobald ich etwas in die Hand nahm, fiel es hinunter, keine Tasse und kein Glas waren vor mir sicher. Ich räumte mein Appartement auf, putzte jeden Winkel und verstaute alle herumliegenden Papiere in einen großen Karton. Mein Schlafzimmer bereitete ich für Moses vor, während ich im Wohnzimmer übernachten wollte. Ich kaufte Blumen, um unser Zuhause zu verschönern. Was sollte ich ihm kochen? Was schmeckte einem Jungen in seinem Alter? Hatte er jemals europäisches Essen probiert? Was sollte ich anziehen? Sollte ich meinen Far zum Flughafen mitnehmen oder lieber allein gehen? Immer wieder griff ich zum Telefon und rief Clint, meinen Far und andere Freunde an, um zu fragen, wie ich mich verhalten sollte. Manche sagten, ich solle etwas Einfaches kochen. Ich wurde gefragt, ob Moses genauso gern Hähnchen aß wie ich. Woher sollte ich das wissen? Ich hatte Angst davor, mich falsch zu verhalten und vielleicht übertrieben auf ihn zu reagieren. Das richtige Maß war mir ein Rätsel. Durch Clint hatte ich begriffen, wann ich mich in bestimmten Situationen unangemessen verhielt. Ich sagte und tat Dinge, die andere merkwürdig und irritierend fanden. Inzwischen wunderte ich mich selber darüber, dass ich Clint gleich am ersten Abend gefragt hatte, ob er für immer mein Freund sein könne. Ich hatte nie gelernt, im normalen, im friedlichen, im zivilen Leben zu bestehen. Und nun kam mein Sohn. Ab morgen würde ich eine richtige Mutter sein. Mein ganzes Herz wollte ich ihm geben. Ihn mit Liebe überschütten. Aber war das richtig? Wie sollte ich ihn begrüßen? Sollte ich ihn umarmen oder besser nur die Hand reichen? Ich musste ihm zeigen, wie sehr ich ihn liebte und wie viel er mir bedeutete. Aber wie?

Als die Zeit gekommen war, stand ich allein in der Ankunftshalle des Flughafens. Die Maschine war pünktlich gelandet. Die ersten Passagiere kamen durch die Absperrung. Darunter waren erstaunlich viele afrikanische Jungen. Meine Augen suchten die Gesichter ab. Dann sah ich ihn! Er trug einen cremefarbenen Anzug und schwarze Schuhe. Mein Junge! So groß?! Er ging an der Hand einer asiatischen Frau. Sie trug eine Uniform. Meine Gedanken rasten, das Blut schoss mir ins Gesicht. *Ja, er ist es. Er schaut mich schon von weitem an. Er erkennt mich. Er geht schneller. Er kommt direkt auf mich zu! Moses!*

Bevor ich die Hand meines Sohnes nehmen konnte, fragte die Dame an seiner Seite nach meinem Pass. *Mein Pass?* An meinen Pass hatte ich überhaupt nicht gedacht.

»Entweder Sie können sich ausweisen oder ich muss den Jungen hierbehalten«, sagte sie auf Dänisch, und Moses schaute mich fragend an.

Mit zitternden Händen kramte ich in meiner Tasche, obwohl ich wusste, dass mein Pass dort nicht zu finden war. Gleichzeitig schaute ich meinen Sohn an. Ich war vollkommen überrascht und verwirrt und musste Zeit gewinnen. Ich hatte diesem Jungen das Leben geschenkt. Er war mein eigen Fleisch und Blut. Wie konnte ich damit rechnen, diese Tatsache eines Tages mit einem Ausweis beweisen zu müssen? Wie konnte ich wissen, dass ich einen Pass vorzeigen muss, um die Hand meines Sohnes halten zu dürfen?

»Können Sie Ihre Identität anderweitig beweisen?«

Unfähig, etwas zu sagen, reichte ich ihr meine Geldbörse, die prall gefüllt war mit Zetteln, diversen Bank- und Kundenkarten sowie meiner dänischen Identitätskarte. Sie prüfte die Dokumente und ließ uns gehen.

»Mami«, sagte er, und ich legte schüchtern meinen Arm um ihn.

Er war so groß! Fast dreizehn Jahre alt. Moses reichte mir bis weit über die Schultern. Ich entdeckte die Züge seines Vaters in seinem Gesicht.

»Mein Junge, wie geht es dir?«

»Gut! Das Flugzeug war auf über elftausend Meter. Wir waren über den Wolken.«

Wir fuhren nach Hause, wo ich das Essen vorbereitet hatte. Moses saß auf dem Sofa und schaute mich an. Ich konnte mein Glück nicht fassen. Wovon ich so viele Jahre geträumt hatte, war nun in Erfüllung gegangen. Moses, auf den ich so viele Jahre gewartet hatte. Seine Anwesenheit machte mich verlegen.

»Du siehst so jung aus«, sagte er plötzlich. »In Afrika sehen die Mütter anders aus.«

»Sehe ich merkwürdig aus?«

»Nein, überhaupt nicht. Es ist nur … na ja … eher wie eine Schwester.«

»So geht es mir auch«, sagte ich mit einem breiten Lächeln, »irgendwie kommst du mir auch wie ein Bruder vor. Aber ich bin wirklich deine Mutter. Und ich möchte nichts lieber sein als deine Mutter.«

Moses lächelte mich an. Er schien unkompliziert zu sein. Das Essen schmeckte ihm und er aß mit großem Appetit.

»Wie alt warst du, als ich auf die Welt kam?«, fragte er mich noch am ersten Abend. Ich war unsicher, was ich ihm erzählen und erklären sollte. Aber mein Sohn hatte ehrliche Antworten verdient. Wenn ich daran dachte, dass ich als Kind keine Fragen stellen konnte, weil mir ohnehin nie jemand geantwortet hätte, dann erschien es mir umso wichtiger, ihn vor den Tiefen der Unwissenheit zu bewahren. Irgendwann saßen wir gemeinsam auf dem Sofa. Nach einer Weile berührte ich seinen Arm und eine wohlige Wärme durchströmte mich.

»Mami, ich bin müde.«

*

Am nächsten Tag gingen wir nach draußen. Nach einem Spaziergang durch mein Wohnviertel und einem Besuch im Supermarkt machten wir Halt an einer großen Spielwiese. Moses erzählte mir, dass er gern Fußball spielte und viele europäische Spieler kannte.

Wir liefen nach Hause, ich zog mir eine kurze Hose und Sportschuhe an, besorgte einen Ball und dann gingen wir zurück zur Spielwiese. Mein Sohn schaute mich ausgesprochen überrascht an, aber es schien ihm zu gefallen, dass ich tatsächlich mit ihm Fußball spielen wollte. Ich stellte mich ins Tor und er schoss. Ich bemerkte seine Rücksicht und munterte ihn auf, härter zu schießen. Irgendwann gesellte sich ein Junge aus der Nachbarschaft zu uns. Er war kleiner als Moses. Wir spielten eine Weile zu dritt und ich sprach mal auf Englisch mit Moses und mal auf Dänisch mit dem Jungen. Wir hatten unseren Spaß. Im Tor war ich wirklich nicht schlecht.

Der Kleine wollte unsere Namen wissen. Zuerst fragte er Moses in einem niedlichen gebrochenen Englisch.

»You sister?«, fragte er mit einem Blick auf mich.

»My mother.«

»No!«

»Yes, she is my mummy.«

Der Kleine fühlte sich verschaukelt. Er fragte mich, ob es wirklich stimmte. Er wollte nun alles ganz genau wissen, wie alt wir beide seien und wie es sein könne, dass ich seine Mutter sei. Er wurde richtig wütend, weil er uns nicht glauben konnte. Irgendwann schoss er den Ball vom Feld und rannte davon. Er war sich sicher, dass wir uns über ihn lustig machten. Ich rief ihm hinterher, dass wir wirklich die Wahrheit sagten, aber es nutzte nichts. Ich schaute Moses an und er bog sich vor Lachen.

»I have a very special mother«, sagte er schließlich.

»You're right!«

Ich hatte nicht gedacht, dass es so einfach ist, eine Mutter zu sein. Aber bald begriff ich, dass es an meinem Sohn lag. Moses machte es uns so einfach. Er lebte sich schnell ein und zeigte mir, wie wohl er sich in meiner Nähe fühlte. Am Abend saßen wir auf dem Sofa und unterhielten uns. Wie konnte ein zwölfjähriger Junge nur so reif und verständnisvoll sein? Als er müde wurde, fragte er mich, ob ich nicht mit ihm in seinem Zimmer schlafen wolle. Er legte sich hin und ich bereitete meine Matratze neben seinem Bett aus. Anstatt zu schlafen, erzählten wir uns die halbe Nacht die Geschichten aus unseren Leben. Mein Sohn hatte schon sehr viel mitgemacht. Er hatte am Sterbebett seines Vaters gestanden und ihn angefleht, er möge bei ihm bleiben. Doch eine seltsame Krankheit hatte ihn innerhalb weniger Tage gelähmt und vergiftet. Moses war damals alt genug gewesen, um alles zu begreifen. In seiner Verzweiflung hatte mein Junge versucht, seinen Vater wachzurütteln, doch da war das Leben schon von ihm gegangen.

Mein Sohn fragte mich Dinge, von denen ich nicht wusste, ob er sie wissen sollte. Dass ich es in meinem Leben sehr schwer gehabt hatte, ahnte er bereits. Aber ich tat mich schwer mit der Entscheidung, was ich ihm erzählen konnte. Er schaute mich mit seinen dunklen Augen an und sagte die entscheidenden Worte, die mein Herz vollständig öffneten.

»Mach dir keine Sorgen, Mami. Du kannst mir alles erzählen. Wem sonst? Ich bin dein Sohn!«

Wir beide hatten so vieles gemeinsam. Auch ich hatte meinen Vater in jungen Jahren verloren, selbst wenn er damals noch nicht gestorben war. Von meiner Mutter wusste ich viele Jahre nicht, wo sie abgeblieben war. Moses und ich mussten beide schon früh erwachsen werden. Mein Sohn war von seinem Vater zum Oberhaupt der Familie bestimmt worden, obwohl es Ebby gab, seinen Halbbruder, der ein Jahr älter war. Ich staunte darüber, welche Verantwortung Moses trug und wie er alles meisterte. Ich hatte einen wunderbaren Sohn. Schnell wurde mir klar, dass Ebby eine besondere Rolle für Moses spielte. Die beiden schienen unzertrennliche Brüder zu sein, die sich gegenseitig stützten, wann immer sie konnten.

Moses ließ nicht locker. Er wollte genau wissen, warum ich aus Uganda geflohen war. Ich erzählte ihm von dem Offizier, der mich über Monate missbraucht und keine Nacht in Ruhe gelassen hatte. Ich hatte ohnehin einen schweren Stand in meiner Einheit, da mein früherer Vorgesetzter, ein ranghoher ehemaliger Regierungsangehöriger, dessen persönliche Leibwächterin ich gewesen war, als Verräter im Gefängnis saß. Es war ein Leichtes, mir etwas anzuhängen. Ich hatte keinen Gönner mehr gehabt. Niemand hätte sich meinetwegen die Finger verbrannt. In dieser Situation, und als knapp Achtzehnjährige, fasste ich den Entschluss, nach zehn Jahren beim Militär zu desertieren.

»You have a sister! Du hast eine Schwester!«, sagte ich zu Moses, ohne dass ich meine Zunge kontrollieren konnte. Die Worte kamen ganz von selbst.

Er richtete sich in seinem Bett auf und schaute mich mit großen Augen an. Mehr konnte ich nicht sagen, denn die Tränen raubten mir die Stimme. Ich durfte ihn nicht mit den Details belasten. In den folgenden Tagen schütteten wir uns immer wieder gegenseitig unsere Herzen aus.

Mein Far zeigte sich von seiner besten Seite. Als stolzer Großvater fuhr er mit Moses in die Stadt und die beiden bummelten durch die Straßen und Geschäfte. Auch mit Clint verbrachten wir viel Zeit, und ich war froh, dass Moses und er sich auf Anhieb gut verstanden. Ich hatte meinem Sohn viel von Clint erzählt. Er wusste, was Clint mir bedeutete und wie sehr er mir geholfen hatte. Plötzlich war alles so einfach. Ich war eine richtige

Mutter, mein Sohn liebte mich, und meine engsten Vertrauten waren liebevoll zu meinem Jungen.

Nach einigen Wochen fuhren Moses und ich gemeinsam nach Deutschland. Die Kelly Family hatte uns eingeladen. Moses war sehr aufgeregt, denn schließlich war Deutschland die Heimat des Torhüters Oliver Kahn. Das Land, aus dem ein derart genialer Torwart kam, musste einfach toll sein.

Und tatsächlich verbrachten wir eine sehr schöne Zeit mit den Kellys. Inzwischen war ihre CD »Blood« fertig gestellt, auf der, in einer Sprechsequenz, auch meine Stimme zu hören ist:

Hello, my name is China Keitetsi, and I was a child soldier and I'm here in the West. Like I just close my eyes and say I'm happy! But it hurts too, to share this freedom, alone, while me friends are still there, told who to hate, who to end and who to spare.

Bei der CD »Blood« ging es nicht nur um mich und auch nicht nur um das Thema der Kindersoldaten, sondern um die Sorgen von Kindern generell. Ich war sehr froh, dass die Kelly Family sich dieser Nöte annahm. Mit ihrer Musik und mit ihrer Botschaft erreichten sie viele Menschen. Auf mich wirkte es manchmal immer noch wie ein Wunder, wenn Menschen sich selbstlos für andere Menschen engagierten und auf Problemlagen aufmerksam machten. Und das taten sie sogar, wenn die Leidenden auf einem anderen Kontinent lebten und mit der eigenen Lebenswelt nichts zu tun hatten. Es machte mich unglaublich froh und hoffnungsvoll, wenn ich merkte, wie in freien und wohlhabenden Ländern wie Dänemark oder Deutschland die Probleme der Schwachen nicht vergessen wurden. Aus solchen Taten sprach Liebe, und ich war glücklich, diese Liebe kennen gelernt zu haben. Diese Liebe war auch zu meinem eigenen Antrieb geworden.

Bei den Kellys konnte Moses den ganzen Tag im Garten herumtoben. Jimmy wurde eine Art Onkel für meinen Sohn. Moses nannte ihn sogar *Uncle Jimmy*. Die beiden mochten sich sehr und schienen Seelenverwandte zu sein. Patricia war eher wie eine Schwester und Paddy wie ein Bruder für meinen Sohn. Die Geschwister verwöhnten ihn und zeigten ihm ihre großen Herzen. Ich war froh, dass Moses so viele gute Erfahrungen mit Weißen machte. Wenn ich an meine eigenen Vorstellungen über Weiße dachte, dann wurde mir deutlich, wie fern der Realität sie gewesen waren. Mein Sohn hingegen lernte früh genug, dass wir alle gleich waren, unabhängig von unserer Hautfarbe, Herkunft und Religion.

Der Sommer mit Moses hätte kaum schöner sein können. Ich wollte den Lauf der Zeit anhalten. Die Monate sollten nie vergehen. Dem August sollte kein *September* folgen. Wenn es den *September* nicht gegeben hätte, dann wäre mir vor lauter Glück sicher ganz schwindelig geworden.

Vor dem Schlafengehen plauderten Moses und ich oft stundenlang miteinander. Ich hatte keine Scheu mehr, ihm fast alles über mich zu erzählen. Manche Geschichten mochte er besonders gern, und er bat mich, sie ihm immer wieder von neuem zu erzählen.

»Als ich ungefähr siebzehn Jahre alt war, gingen wir beide eines Tages zum Haus deines Vaters. Du warst drei Jahre alt, ein kleiner Bengel. Ich trug natürlich meine Uniform mit der geschulterten AK 47 und sah aus wie ein junger Mann. Uns ging es finanziell nicht gut und ich wollte deinen Vater um Geld für dich bitten. Wir hatten kaum genug zu essen. Als wir sein Haus erreichten, rief ich nach ihm. Seine neue Frau stand auf dem Balkon im ersten Stock. *Was willst du auf meinem Grundstück?*, fragte sie mich. *Ich will zu Moses' Vater.* Sie war sehr frech und wollte mich schnell loswerden. Aber da kannte sie mich schlecht. Damals konnte ich eine wilde Furie sein. *Verschwinde! Sonst schieß ich dir den Balkon mit einer Granate unter den Füßen weg!*, schrie ich hoch zu ihr. Du hättest sehen sollen, wie schnell sie verschwunden war. Dein Vater erzählte mir später, sie habe sich regelrecht vor mir versteckt.«

Moses bog sich vor Lachen und wollte alles ganz genau wissen. Ich erklärte ihm, dass wir Kindersoldaten uns gern über verängstigte Zivilisten lustig gemacht hatten.

Leider konnte mein Sohn sich nicht mehr an unseren kleinen Ausflug erinnern. Manchmal fragte er mich auch nach den Umständen seiner eigenen Geburt. Dann musste ich ihm immer wieder erzählen, dass ich kurz vor der Entbindung aus dem Krankenbett gestiegen und weggelaufen war. Ich hatte doch keine Ahnung, was mich erwartete. Über den Ablauf einer Geburt hatte nie jemand mit mir gesprochen. Man musste mich regelrecht einfangen und festhalten. Die Geburt war erstaunlich unkompliziert, obwohl ich selber noch ein Kind war.

Ich konnte meinem Sohn nicht erzählen, dass ich mir damals überhaupt nicht vorstellen konnte, schwanger zu sein. Ich hatte mich gefragt, wie ein Soldat überhaupt schwanger sein konnte und ein anderes Geschöpf im Bauch tragen konnte. Niemand hatte uns Kindersoldaten erklärt, was es hieß, schwanger zu werden und ein Baby zu versorgen. Darüber war kein einziges Wort verloren worden. Ich hatte mich vollkommen allein gelassen gefühlt und wusste nicht, was ich machen sollte.

*

In Deutschland verbrachten wir auch wunderbare Tage mit Clint. Moses liebte ihn. Gemeinsam erzählten wir meinem Sohn von dem Haus in Ruanda, das eines Tages für uns fertig sein würde. Die Ruhe, die Clint ausstrahlte, übertrug sich auch auf meinen Sohn. Er hörte ihm aufmerksam zu und schien zu spüren, dass Clint, genau wie er selber, der Schlüssel zu meinem Glück war. Doch er spürte auch den bevorstehenden Abschied dieses besonderen Menschen. Mein Magen fühlte sich an wie ein Stein, aber ich versuchte trotzdem zu lächeln. Clint hatte seine Wahl getroffen. Sein Leben sollte in eine andere Richtung führen. Er suchte den Frieden mit sich, mit der Welt und mit Gott. Ich versuchte es zu verstehen, aber es gelang mir nicht. Wenn *September* eine andere Frau gewesen wäre, dann hätte ich vielleicht gewusst, wohin mit meinem Schmerz, meiner Trauer und meiner Wut. Ich mochte nicht an das Schicksal dieser Frau denken, aber zumindest hätte ich mehr Hoffnung auf Clints Rückkehr haben können.

Die Nächte waren kühler geworden. *September* war gekommen. In der Nacht vor dem Abschied konnten auch die wärmsten Strümpfe meine eisigen Füße nicht wärmen. Ich versuchte zu schlafen. *Morgen wird er gehen. Morgen ist der Abschied da.* Die Gedanken ließen meine Tränen fließen und auf das Kissen tropfen. Die Tränen waren so schwer, dass ich die einzelnen Tropfen hören konnte. Die Adern in meinem Herzen schienen bersten zu wollen. Ich wälzte mich hin und her, und als ich immer noch hoffte, die letzte Nacht würde niemals vorübergehen, schien bereits die Morgensonne durch das Fenster.

Als ich in Clints waches Gesicht sah, merkte ich, dass ich trotz allem geschlafen hatte, denn die Erinnerungen an wirre Träume kamen hoch. Er hielt meine Hand und ich schaute auf die Uhr. In zwei Stunden würden sich unsere Wege womöglich für immer trennen. Ich wollte etwas sagen, aber alle Worte waren bereits abgenutzt. Es gab keine neuen und unverbrauchten Worte mehr. Keine Worte der Hoffnung, die plötzlich, einem Wunder gleich, aus dem Nichts auftauchten. Sprachlos schauten wir auf unsere Hände, die ineinander verschlungen waren. Meine kleine dunkle Hand in seiner großen hellen. Moses kam herein und setzte sich zu uns. Er schaute in unsere Gesichter und fing leise an zu singen.

»No man no cry!«

Dort, wo Clint hingehen wollte, konnte ich ihn nicht begleiten. Und auch nach einem Besuch konnte ich nicht fragen. Es fühlte sich an, als würde er sterben und ich musste hilflos dabei zusehen. Ich konnte ihn nicht festbinden, ihn nicht einmal ein klein wenig am Zipfel seines Hemdes festhalten. Ich konnte nur zuschauen und es akzeptieren.

Im Bahnhofsrestaurant tranken wir noch einen Kaffee zusammen. Uns gelang nur ein winziges Lächeln. Die Zeiger schritten voran. Dann war es so weit.

»Clint, ich kann dich nicht bis zum Zug bringen. Ich bin bis fast zum Ende mit dir gegangen, aber die letzten Schritte musst du allein gehen. Ich verabschiede mich hier.«

»Bitte, lass mich nicht allein. Bring mich bis zum Bahnsteig. Bitte.«

»Aber warum?«

»Ich kann mich nicht von dir trennen. Etwas anderes muss uns beide voneinander trennen. Der Zug muss es machen, sonst kann ich nicht gehen«, sagte er mit Tränen in den Augen.

Es war das erste Mal, dass ich ihn weinen sah. Dieser Moment lehrte mich den Preis der Liebe.

»Okay, ein Jahr lang bin ich an deiner Seite gewesen, und seit Wochen zwinge ich mein Herz, dich frei zu geben, und ich befehle meinen Augen, dich für immer gehen zu sehen. Nun werde ich wohl auch die letzten Schritte überstehen.«

Auf der Anzeigentafel sahen wir, dass noch zwei Minuten bis zur Abfahrt blieben.

»Es gibt einen späteren Zug. Den werde ich nehmen. Fünf Minuten später!«

Die gewonnenen Minuten brauchten wir dafür, um das andere Gleis zu erreichen. Er wuchtete seine schwere Tasche die Stufen des Zuges hinauf, blieb auf dem Bahnsteig stehen und schaute mir fest in die Augen.

»Sei nicht so unglücklich! Dein Leben fängt doch gerade erst an. Sei stark! Und du, lieber Moses, pass gut auf deine Mami auf und sei ein guter Junge. Ich werde die Welt von nun an allein betrachten müssen, genau wie du, China. Sei nicht traurig. Ich werde für immer dein Freund sein. Versprochen!«

Dann drängte der Schaffner sich zwischen uns. Ich hielt mir die Hände vors Gesicht, um meine Tränen zu verbergen. Clint sprang in den Zug, bevor der Schaffner die Tür hinter sich schließen konnte. Das Letzte, was ich hörte, war Clints sanfte Stimme.

»Wenn ich jetzt nicht gehe, dann gehe ich niemals.«

Er rannte durch den Zug, bis zum letzten Abteil, und winkte. Erst als der Zug nicht mehr zu sehen war, verließen Moses und ich den Bahnsteig. Niemals werde ich den Anblick der Bahn vergessen, die ihn mit sich nahm. Bis heute sehe ich die Schlusslichter des letzten Waggons in der Ferne verschwinden. Der Zug hatte die letzte Hoffnung mit sich genommen, aber die Liebe war mir geblieben.

*

Das Schlimmste war die Stille meines Telefons. Der vertraute Gong, wenn seine SMS eintraf, das sanfte Klingeln, wenn er mich anrief. Für mich waren es immer die untrüglichen Zeichen seiner Liebe gewesen. Nun schwieg der Apparat, und ich ahnte, dass es nie wieder ein Zeichen von ihm geben würde. Unbemerkt hatte er einen Brief hinterlassen, der mich auch nicht trösten konnte.

Liebe China, du musst mir glauben, dass ich dich wahrhaftig liebe und vom Beginn unserer Freundschaft an geliebt habe. Du weißt, dass ich gehen muss und nicht sagen kann, wie lange ich fortbleibe. Wenn ich es dort, wo ich hingehe, nicht ertragen kann, dann komme ich schon bald zurück. Aber vielleicht werde ich auch nie zu dir zurückkehren. Du weißt, dass ich nicht deshalb ein neues Leben beginne, weil ich dich nicht liebe. Du kennst mein Herz, du weißt, dass ich Fehler mache und meine Schwächen habe, aber du weißt auch, dass ich nicht in Frieden leben könnte, wenn ich bliebe. Und du erinnerst dich, dass ich Moses versprochen habe, für immer sein Onkel und sein Freund zu sein. Das war es auch, was du mich gefragt hast, als wir uns zum ersten Mal trafen. Ja, China, ich werde dein Freund sein.

Du brauchst keine Angst haben, vor nichts und niemandem.

Für immer, dein Freund Clint

Für Moses musste ich mich zusammenreißen. Die Trauer durfte mich nicht lähmen. Die Frage nach dem *Warum* durfte mich nicht beherrschen. Es gab schon viel zu viele *Warum* in meinem Leben. Wir Menschen werden die Wünsche und Beweggründe unserer Mitmenschen nicht immer restlos verstehen können. Wie oft schon habe ich ein *Warum* in die dunkle Nacht geschrien? Es gab immer ein *Warum*, auch beim Tod meiner Nächsten. Ich hatte sie nach dem *Warum* gefragt, als hätten sie selber die Kontrolle über ihren Tod gehabt. Wenn ein Kamerad an meiner Seite gefallen war, dann habe ich immer nach dem *Warum* gefragt. *Warum* ausgerechnet er? Aber die vielen Fragen haben einen bitteren Beigeschmack, der nach und nach meinen gesamten Körper durchzieht, und wenn ich nicht aufpassen würde, dann würde die Bitterkeit alle Süße, die ich auch noch in mir trage, verderben. Nein! Das durfte ich nicht zulassen!

Er war gegangen, und ich schritt noch einmal seine Spuren ab, aber der Staub hatte sich schon auf sie gelegt. Ich versuchte, Gott für das eine gemeinsame Jahr der Liebe zu danken, aber es gelang mir nicht. Stattdessen gab ich ihm die Schuld dafür, nicht länger lieben zu dürfen. Ach, das durfte nicht sein! Wie konnte ich nur immer an mein eigenes Leid denken? Was war mit Clint? Ließ er nicht seine gesamte Vergangenheit, seine Familie zurück?

Ich wünschte mir, mich in die Arme meines Far fallen lassen zu können und zu weinen. Aber ihn würde ich erst in einigen Wochen wiedersehen, denn schon bald stiegen Moses und ich in ein Flugzeug nach Ruanda. Ich wollte, dass mein Sohn seine Verwandten kennen lernte. An der Seite meines großen und starken Jungen fand ich Trost. Er tat alles, damit es mir ein wenig besser ging. Es fühlte sich an, als habe er mir die Jahre meiner Abwesenheit verziehen.

In Ruanda erwartete Moses und mich eine Baustelle, die bereits deutlich erkennen ließ, welch ein wunderbares Zuhause wir eines Tages haben würden. Ich legte meine Frauenkleider ab, stieg in einen Arbeitsanzug und half mit, wo immer ich konnte. Mein Sohn war ständig an meiner Seite, obwohl ich ihm sagte, er solle doch lieber mit seinen Cousins und Cousinen Fußball spielen.

Die ersten Wände standen bereits, und ich konnte es kaum abwarten, mich um den Garten zu kümmern. Ich würde Bäume und Blumen pflanzen, eine Terrasse anlegen und ein Zuhause schaffen. Clint hatte Recht! Ein richtiges Zuhause ist durch nichts zu ersetzen.

»Mummy, ich wünschte, ich wäre viel älter!«, sagte Moses, als wir gemeinsam an unserem neuen Haus bauten.

»Aber warum denn? Lass deiner Mummy ihren kleinen Sohn. Du bist schon jetzt viel zu groß für mich.«

»Wenn ich größer wäre, dann wäre ich auch stärker. Und dann könnte ich dir viel besser helfen als jetzt. Du arbeitest wie ein Mann. Das ist nicht gut. Wenn ich jetzt schon ein Mann wäre, würde ich alle Arbeiten für dich übernehmen.«

Bevor seine Ferien zu Ende gingen und Moses nach Uganda zurückmusste, machten wir Pläne für die Zukunft. Wir wollten uns so schnell wie möglich wiedersehen und trafen verschiedene Vereinbarungen. Beim nächsten Mal sollte auch sein Bruder Ebby dabei sein. Ich wollte ihn unbedingt kennen lernen und stellte mir bereits vor, einen weiteren Sohn zu bekommen. Und weil Ebbys Mutter nicht mehr lebte, brauchte er dringend Unterstützung. Seine Tante war nicht nur finanziell mit den zurückgelassenen Kindern überfordert. Ich stellte mir vor, dass Ebby in Zukunft ein Teil meiner Familie würde.

»Mummy, you are my hero!«, sagte Moses beim Abschied zu mir.

In Kigali traf ich zufällig Paul, einen früheren Kindersoldaten aus Uganda, der bereits 1990 nach Ruanda gegangen war. Ich erkannte ihn sofort wieder, aber er hatte große Mühe, in mir das kleine Mädchen von damals zu entdecken. Für den Abend verabredeten wir uns zu einem Bier und ich zeigte ihm mein Buch. Er blätterte in der englischen Ausgabe und stieß auf den Namen eines alten Freundes.

»Corporal Kabawo war ein Freund von dir? Ich habe ihn vor ein paar Monaten gesehen. Er ist jetzt Captain in unserer Armee.«

»Bist du dir sicher?«

»Natürlich. Ich kenne ihn.«

Mir stockte der Atem und Tränen der Freude schossen in

meine Augen. Vor vielen Jahren war mir erzählt worden, dass Kabawo umgekommen sei. Jetzt, wo ich endlich meinen Frieden gefunden hatte und alte Spuren aufnehmen konnte, tauchten immer weitere Kameraden von damals auf. Nichts wollte ich lieber, als etwas über das Schicksal meiner damaligen Leidensgenossen zu erfahren. Und nun war auch noch Kabawo in der Nähe. Ich war überglücklich, und Paul gab mir einen Tipp, wie er zu erreichen sei. Kabawo war mehr gewesen als ein normaler Kamerad. Damals hatte ich oft das Gefühl gehabt, einen Bruder an der Seite zu haben. Wir hatten manchen Hinterhalt überstanden, und in einer besonders brenzligen Lage, als ich den Vater meines Sohnes am anderen Ende des Landes treffen wollte, hatte er mich sicher dorthin gebracht.

Als ich Kabawo telefonisch erreicht hatte, verabredeten wir uns in einem Restaurant in der Stadt. Er kam in Begleitung dreier Männer. Ich sah sie schon von weitem. Es war ein überraschender Anblick. Aus dem Jungen, den ich vor knapp fünfzehn Jahren zuletzt gesehen hatte, war ein Mann geworden. Er musste in meinem Alter sein. Sein Gesicht zeigte noch immer dieselben Züge wie damals. Er strahlte mich an und zeigte das gleiche verschmitzte Lächeln wie damals. Die breite Zahnlücke zwischen seinen Schneidezähnen war mir sofort wieder vertraut. Wir nahmen uns in die Arme, als hielten wir uns an den wenigen schönen Momenten unserer gemeinsamen Vergangenheit fest.

»China! Du bist es wirklich! Du lebst!«

»Kabawo! Du siehst auch viel lebendiger aus, als ich dachte.«

Ich schaute in seine Augen, die einen Teil meines eigenen Lebens widerspiegelten.

Wie viele von uns hatten überlebt? Wie viele waren geschickt genug gewesen? Wie vielen hatte das Glück zur Seite gestanden?

Kabawo stellte mich seinen Freunden vor. In seiner Euphorie überschüttete er sie mit Geschichten aus unserer gemeinsamen Zeit und forderte mich unentwegt auf, ihnen etwas von damals zu erzählen. Im Laufe des Abends begriff ich, dass ich eine der ganz wenigen Überlebenden aus seiner Vergangenheit war. Er hatte fast alle verloren. Er hatte keine Familienangehörigen mehr noch überlebende Freunde von damals. Ich konnte nun bezeugen, dass auch er eine Geschichte hatte. Es brach mir das Herz. Ich dachte an den Schmerz, den ich in Dänemark immer empfand, wenn Bekannte mir ihre Kindheitsfotos zeigten. Denn auch ich hatte mich oft wie ein Mensch ohne Spuren der Vergangenheit gefühlt, umgeben von Menschen, deren Familiengeschichten bis in vergangene Jahrhunderte zurückreichten. Es gab Freunde, die ihre Urgroßeltern noch persönlich kannten und Geschichten über deren Urgroßeltern erzählen konnten. Ich stellte mir jedes Mal vor, dass das Wissen um die Vergangenheit der Familie und Vorfahren Geborgenheit schaffen würde.

An jenem Abend in Kigali genoss Kabawo die Brücke zu seinem vorherigen Leben. Nun wussten seine Freunde viel besser, wer er war. Ich zeigte ihm mein Buch, und er blätterte durch die Seiten, bis er seinen Namen fand.

»China! Du hast an mich gedacht! Da steht mein Name! Da steht unsere gemeinsame Geschichte! Du hast mich nicht vergessen!«

»Nimm es. Das Buch ist für dich.«

»Ich werde es immer bei mir behalten, und wenn meine Söhne alt genug sind, werde ich es ihnen zeigen.«

Mein alter Kamerad machte einen zufriedenen Eindruck. Er glaubte an eine bessere Zukunft, in der seine Söhne und alle anderen Kinder ein besseres Leben führen konnten, als wir es hatten. Ein Leben ohne Krieg und ohne die Tragödie des Völkermords. Er glaubte an eine Zukunft, in der die Menschen friedlich zusammenlebten, sich gegenseitig unterstützten und jenen halfen, die in der Vergangenheit an Körper und Seele verwundet worden waren. Solch ein Leben war unser gemeinsames Ziel. Das Ziel von zwei ehemaligen Kindersoldaten, die den Krieg erlebt hatten. In unserer Vergangenheit hatte der Einzelne nicht viel gezählt, aber jetzt wussten wir um die Bedeutung und Kostbarkeit jedes Menschenlebens. Wir hatten Trauer, Schmerz, Freude und Glück kennen gelernt und waren an der Last unserer Geschichte nicht zerbrochen, sondern gewachsen. Kabawo und ich konnten gemeinsam in einem Restaurant sitzen und lachen. Das Gräberfeld des Völkermords war nur einen Steinwurf entfernt. Aber wir hatten überlebt und träumten nicht nur von einer besseren Welt, sondern versuchten auch, daran mitzuwirken.

Als Kabawo gegangen war, dachte ich noch einmal an das, was schon lange hinter mir lag. Ich schaute über den Stadtrand hinweg in Richtung der grünen Hügel. Meine Gedanken kreisten um jene, die es nicht mehr gab. Ich hatte meine Eltern und mehrere Geschwister verloren. Nichts konnte sie zu mir zurückbringen. Sie waren schon lange von mir gegangen. Manchmal hatte ich bei meinen Vorträgen zum Publikum gesagt, dass mir meine gesamte Kindheit genommen worden war. In jenem Moment, als ich allein in die Nacht schaute, fühlte ich diese Tatsache deutlicher denn je. Mir war so unendlich viel genommen worden. In mir gab es eine Sehnsucht, die nie gestillt werden konnte. Vieles konnte nie wiedergutgemacht werden. Meine Würde als Frau hatte man mir geraubt, bevor ich überhaupt richtig wusste, was ein Mädchen von einem Jungen unterschied. Ich hatte meine Freunde und Kameraden zurückgelassen und sogar mein Heimatland. In solch einer Lage ist es schwer, sich selber zu lieben. Sich und seine Herkunft, seine Vergangenheit und seinen Körper zu akzeptieren.

Wo ist meine Tochter?

Solange ich konnte, war ich in Ruanda geblieben. Meine Trauer um die Trennung von Clint habe ich versucht, durch die Arbeit auf der Baustelle zu verdrängen. In den Nächten wollte ich todmüde ins Bett fallen, um nicht nachdenken zu müssen. Meistens gelang es mir trotzdem nicht. Meine quälenden Gedanken gewannen den Kampf gegen meine müden Glieder.

In Europa warteten nicht nur zahlreiche Termine auf mich, sondern leider auch die Dämonen. Als ich zurück in Kopenhagen war und an die weiße Decke meines Appartements starrte, lauerten sie bereits, um mir den Schlaf zu rauben. Europa ohne Clint war eine schwere Bürde. Mein Lebensmut schwand von Tag zu Tag. Die Traurigkeit bemächtigte sich meiner. Ich musste mich zusammenreißen und aufpassen, um nicht abzustürzen. Mein Sohn brauchte mich. Ich durfte nicht aufgeben. Jeder neue Tag erforderte meine gesamte Energie.

Die Monate vergingen. Ich ging auf Vortragsreisen und lernte neue Länder kennen. Einmal war ich in die USA eingeladen und sprach in der Universität von Harvard. Dann kamen Einladungen aus Kanada und sogar aus Japan. Ich genoss die Freundlichkeit und Liebenswürdigkeit der Japaner und verliebte mich in ihr Essen. Während meiner dreiwöchigen Vortragsreise durch Japan, die in Kooperation mit Amnesty International stattfand, hatte ich keine Ahnung, wo genau ich mich befand, wie die Städte hießen, die ich besuchte, und welche Namen die köstlichen Speisen hatten.

In den wenigen Momenten der freien Zeit fühlte ich eine Leere in mir, die durch nichts auszufüllen war. Der Verlust der großen Liebe meines Lebens verlangte mir alles ab. Eines Nachts unterschied sich einer der quälenden Träume von denen der Vergangenheit. Ich schreckte auf und spürte, wie intensiv ich versucht hatte, mir das Gesicht meiner Tochter vorzustellen. Wie sah sie aus? Mein Herz klopfte wie wild, und ich hatte Angst, es würde zerspringen. Würde sie mich hassen? Würde sie mich ablehnen? Würde sie fragen, warum ich sie zehn Jahre allein gelassen habe? Mein Magen schmerzte unter Krämpfen. Dagegen gab es keinen Spezialisten und keine Medizin. Als würde er sich endgültig aus meinem Köper verabschieden, seinen Dienst aufgeben und mich mit sich nehmen. Die Krämpfe erfassten meine Gedärme, und wieder lag ich hilflos am Boden meines Badezimmers, unfähig, den Schmutz der Vergangenheit zu bereinigen. Wenn ich jetzt, in diesem Moment, sterbe, ging es mir durch den Kopf, dann erfährt Destiny niemals in ihrem Leben, dass es mich überhaupt gegeben hat. Dann wird ihr niemand sagen, dass ihre Mutter sie liebt, dann werde ich niemals in ihr Gesicht schauen können. Ich musste aufstehen! Ich musste mich waschen! Ich musste atmen. Ich musste essen. Ich musste sie finden!

Ich war noch gefangen in meinem Liebeskummer und aufwühlenden Träumen, als ich eine Einladung aus Deutschland bekam. Im Jahr vor der Fußballweltmeisterschaft waren verschiedene Organisationen mit der Vorbereitung internationaler Hilfsprojekte für Kinder in aller Welt beschäftigt. Eines dieser Projekte hieß »Aktion Volltreffer. Auf Tore schießen statt auf Menschen«. Ich wurde gefragt, ob ich daran teilnehmen wolle und gemeinsam mit dem deutschen Bundestorwarttrainer Andreas Köpke als Botschafterin der Aktion fungieren könne.

Ich war sofort begeistert von der Idee, ließ mich genauer informieren und reiste schließlich zur Eröffnungsveranstaltung nach Köln. Die »Aktion Volltreffer« war von *missio* ins Leben gerufen worden und wurde der Öffentlichkeit erstmals im Mai 2005 mit einem Torwandschießen vor dem Kölner Dom präsentiert.

Bei dieser ersten Aktion lernte ich Jörg Nowak kennen, der in der Presseabteilung des Hilfswerks arbeitete. Er war der Initiator des Projektes, und ich staunte sehr, als der sympathische Mann mir von seiner Reise nach Nord-Uganda erzählte. *Missio* unterstütze dort Hilfsprojekte für ehemalige Kindersoldaten, die er besucht habe. Die »Aktion Volltreffer« stünde in enger Verbindung mit seinen Erfahrungen in Uganda, wo er traumatisierte Kindersoldaten kennen gelernt habe. Ein ehemaliger Kindersoldat, der in einem der Hilfsprojekte lebte, hatte ihm seine Geschichte erzählt. Dem fünfzehnjährigen Geoffry war von einem Rebellenführer befohlen worden, alle Menschen eines Dorfes zu erschießen. *Schieß sie alle tot!,* war dem Jungen befohlen worden, und ich konnte mich bei Jörg Nowaks Erzählung sofort in die Lage des Kindersoldaten hineinversetzen. Ich erzählte ihm, wie ich am eigenen Leibe die Verrohung erlebt hatte. Töten und Vergewaltigen bedeuten irgendwann nichts mehr. Sie werden Teil des Alltags. Jörg Nowak hörte mir aufmerksam zu. Er sagte, er habe bisher nur die Geschichten von Jungen gehört, die als Kindersoldaten eingesetzt worden waren. Oft fällt es mir sehr schwer, über bestimmte Erlebnisse aus meiner Zeit als Kindersoldatin zu sprechen, aber diesem Mann gegenüber konnte ich mich öffnen. Er hatte bereits Erfahrungen mit traumatisierten Kindern gemacht und verstand viel von unseren Problemen. Nun fügte ich noch die traurigen Geschichten hinzu, die wir Mädchen aufgrund unserer Weiblichkeit zu ertragen hatten. Es gab die Feinde, gegen die wir kämpfen mussten. Und es gab die Feinde in unserer eigenen Truppe, die Männer, unter denen wir Mädchen zu leiden hatten.

Jörg Nowak erzählte mir, dass er während seines Besuches des Hilfsprojektes in Uganda den ehemaligen Kindersoldaten Geoffry auf einer Wiese mit Freunden Fußball hatte spielen gesehen. *Geoffry, schieß, schieß ein Tor!,* hatte er ihm zugerufen, und so war die Idee zu der Aktion entstanden.

Als Jörg Nowak den Ortsnamen *Gulu* nannte, tauchten schreckliche Erinnerungen in mir auf. Gulu verband ich mit einem grausamen Schlachtfeld, verwundeten Soldaten in zerfetzten Uniformen, um die sich niemand kümmerte, und den Abtransport der Leichen ranghoher Offiziere. Nie im Leben werde ich den Gestank der Leichen auf dem Schlachtfeld bei Gulu vergessen. Damals war ich knapp vierzehn Jahre alt und fragte mich, für welches höhere Ziel die vielen Soldaten gestorben waren. Die Antwort auf diese Frage werde ich sicher nie bekommen, aber der Schock steckt noch immer tief in meiner Seele.

Jörg Nowak erklärte mir die Arbeit des Hilfsprojektes für ehemalige Kindersoldaten in Gulu, das er im Rahmen einer Reportagereise aufgesucht habe. Wir redeten stundenlang über meine Heimat. Als er mir sagte, dass er für das Internationale Katholische Hilfswerk *missio* häufiger in den Ländern des südlichen Afrikas unterwegs sei und auch über gute Kontakte nach Südafrika verfüge, schlug mein Herz höher. Vielleicht war er der Schlüssel auf der Suche nach meiner Tochter! Ich gab mir einen Ruck und erzählte ihm von ihr.

Durch mein erstes Buch *Sie nahmen mir meine Mutter und gaben mir ein Gewehr* wusste Jörg Nowak bereits, dass ich Destiny in Südafrika hatte zurücklassen müssen. Alles Weitere war ihm natürlich nicht bekannt. Ich bemühte mich, ihm die Jahre nach meiner Ankunft in Dänemark bis zum Aufspüren meines Sohnes Moses und die immer wieder aufkeimenden Ängste um meine Tochter zu erklären. Dabei hörte er mir aufmerksam zu und schaute mich voller Anteilnahme an. Jörg Nowak war ein Familienvater, der seine Frau und seine Kinder über alles liebte. Er konnte sich die Leiden einer Mutter auf der Suche nach ihren Kindern vorstellen. Ich sah ihm an, wie fieberhaft er überlegte, was er für mich tun könne, und ich spürte seine große Hilfsbereitschaft.

Er fragte mich nach Anhaltspunkten zum Aufenthaltsort meiner Tochter, aber es war nicht viel, was ich ihm sagen konnte. Das armselige Haus, in dem ich meine Tochter zurückgelassen hatte, stand in einer Straße ohne Namen im Armenviertel von Soweto. Damals achtete ich kaum auf meine Umgebung. Ich musste ums Überleben kämpfen und konnte an nichts anderes denken. Damals hatte ich große Verständigungsprobleme, befand mich in einem vollkommen fremden Land und litt im Winter unter der ungewohnten Kälte. Auf ein Leben als Zivilistin war ich nicht vorbereitet gewesen. Niemand hatte mir beigebracht, wie ich mit Alltagsproblemen und anderen Mitmenschen umgehen musste. Ein Leben ohne Vorgesetzte, Untergebene, Befehle, Appelle, Gehorsam, Bestrafung, Uniformen und Waffen war mir weitgehend fremd gewesen. Als ich dann auch noch in den Fängen meiner Entführer gelandet war und ein weiteres Trauma folgte, war ich kaum in der Lage, auf meinen eigenen Füßen zu stehen. In dieser Situation konnte ich damals nicht an den Ort meiner vorherigen Misshandlungen durch Peter zurückkehren. Ich war wie gelähmt, wenn ich nur daran dachte, dem Mann zu begegnen, bei dem meine Tochter möglicherweise immer noch lebte. Allein schon die Erinnerung ließ mich erschaudern und ich fühlte mich noch immer nicht bereit für eine Begegnung. Jörg Nowak versprach mir, über eine Suche nachzudenken und mit mir in Kontakt zu bleiben.

In den letzten Monaten hatte ich mir häufig überlegt, nach Südafrika zu fliegen und einen Privatdetektiv zu engagieren, der mir helfen sollte, meine Tochter zu finden. Manchmal hatte ich kurz davorgestanden, einen Flug zu buchen, aber dann lähmten mich die Ängste. Außerdem hatte ich keine Ahnung, welche Kosten auf mich zukommen würden. Seitdem ich Moses und Ebby unterstützte, das Haus fertig stellen und meine Miete in Dänemark zahlen musste, war ich manchmal pleite. Mit meinen Vortragsreisen verdiente ich kaum Geld. Auch von dem Verkauf der Bücher blieb nur ein kleiner Anteil für mich. Und wenn meine Schwester aus Ruanda anrief und um Geld für meine Nichten und Neffen bat, schickte ich es ihr, auch wenn mein Konto danach leer war. Durch meine zahlreichen Verpflichtungen litt ich manchmal unter finanziellen Existenzängsten. Moses und sein geliebter Halbbruder Ebby mussten versorgt sein, das Schulgeld rechtzeitig gezahlt und eine Summe für die nächste Reise angespart werden, damit wir uns wiedersehen konnten. Mir wuchsen die vielen Aufgaben über den Kopf. Aber trotzdem musste ich sobald wie möglich meine Bedenken besiegen und nach Südafrika reisen.

Durch die Begegnung mit Jörg Nowak wuchsen meine Hoffnungen, aber leider milderte es meine Befürchtungen nicht. Alle WENN und ABER dieser Welt schienen sich in meinem Kopf verabredet zu haben. Wenn ich an Moses und Ebby dachte, fühlte ich mich in manchen Momenten wie eine gute Mutter. Das kommende Weihnachtsfest wollten wir gemeinsam im neuen Haus verbringen. Die Aussicht darauf hielt mich hoch. Wir würden es uns schön machen. Ein richtiges Fest!

Aber wenn ich an Destiny dachte, fühlte ich mich als schlechte Mutter, die außerstande war, nach der eigenen Tochter zu suchen. An manchen Tagen ließen WENN und ABER mich weder essen noch schlafen. Ich rauchte eine Zigarette nach der anderen und magerte stark ab. Kein Rock und keine Hose fanden Halt an meinem schmalen Körper. Mein Far kochte mir die leckersten Speisen und tröstete mich, wann immer wir beisammen waren. Aber ich war sehr viel unterwegs. Flughäfen und Bahnhöfe wurden zu meiner neuen Heimat. Ich lernte viele Menschen in den unterschiedlichsten Städten und Ländern kennen. Ich gab Interviews, beantwortete hundertfach die gleichen Fragen und wurde nicht müde, für die Rechte und das Wohl von Kindern einzutreten. Wenn ich allein in meinem Hotelzimmer lag, dann kreisten die Gedanken. *Wird sie mir verzeihen? Wird sie mich lieben?* Aber kein Mensch dieser Welt, außer meiner Tochter Destiny, konnte diese Frage beantworten. Ich sprach mir selber Mut zu. Sosehr ich mich auch anstrengte, ich konnte mich nicht mehr an ihr Gesicht erinnern, als ich sie zum ersten Mal in den Armen hielt. Aber ich erinnerte mich an die Schmerzen während ihrer Geburt. Sie waren harmloser als das Bauchweh, das mich nun zerriss.

Ich rannte zum Spiegel, betrachtete mein eigenes Gesicht und versuchte, mir Destinys Gesicht vorzustellen. Das Gesicht eines zehnjährigen Mädchens. Ich habe versucht, sie trotz ihrer Abwesenheit zu lieben und zu vermissen. Ich habe so oft an sie gedacht, wie mein Herz den damit verbundenen Schmerz ertragen konnte. Aber wird mein Mädchen jemals erfahren, wie sehr ich sie vermisst habe, wenn ich vor Kummer meine Augen schließe und nie wieder öffne? Wird sie jemals an mich denken? Und wenn sie an mich denkt, auf welche Art wird sie es tun? Wie wird sie mich nennen? Mummy? Wird sie jemals erfahren, wo sich mein Grab befindet? Wird sie jemals Blumen darauflegen? Ich war überzeugt davon, dass sie sich von mir verraten fühlen musste. Und wenn ich ihr eines Tages alles erklärte? Ich hatte ein wenig Hoffnung, sie würde es verstehen. Aber wenn wir uns niemals wiedersehen? Wird sie jemals erfahren, was mir widerfahren ist? Ich weiß nicht einmal, ob sie weiß, dass ich am Leben bin, oder ob man ihr erzählt hatte, ihre Mummy sei tot. In manchen Momenten glaubte ich, ihre zarte Mädchenstimme zu hören.

Mummy, I go to bed now, hörte ich sie sagen, *aber ich bin noch zu klein, um mich selber zuzudecken. Es ist so kalt! Hilf mir, Mummy!*

Jörg Nowak hatte alle meine Informationen an eine Bekannte in Südafrika weitergeleitet. Sie arbeitete bei der südafrikanischen Telefongesellschaft und war an Daten herangekommen, die ich auf anderem Wege nicht hätte ausfindig machen können. Auf diese Weise hatte sie zwei Telefonnummern in Erfahrung gebracht, die möglicherweise zu Mobilanschlüssen gehörten, die Peter benutzte.

Als Jörg mir die Nummern gab, verkrampfte sich mein Magen. Die Nummern bedeuteten, ich müsse dort anrufen und mit Peter sprechen! Mit einem Mann, dem ich nie wieder im Leben hatte begegnen wollen. Aber ich hatte keine Wahl.

Jörg war in Deutschland und ich saß allein in meinem Appartement in Kopenhagen und wählte nach unzähligen abgebrochenen Versuchen endlich eine der Nummern bis zum Ende. Ich atmete tief durch. Meine Worte hatte ich mir sorgfältig zurechtgelegt. Niemand nahm ab. Bei der anderen Nummer war es genauso. Ich probierte es den ganzen Tag und die ganze Nacht. Vergeblich. Ich schlief nicht mehr. Ich aß nicht mehr. Aber ich rauchte. Die ausgedrückten Zigarettenstummel quollen aus dem Aschenbecher und legten Zeugnis meiner Nervosität ab. Jeder Wählversuch kostete mich Überwindung. Zwischendurch rief ich bei Jörg an, um ihm zu sagen, dass ich nichts erreicht hatte.

Als mein Far mich besuchen kam, zog er das Telefonkabel aus der Dose, setzte sich neben mich und nahm mich in seine Arme. Später schob er ein Hähnchen in den Backofen und stellte den Fernseher an. Spät am Abend deckte er mich zu. Aber wenn er am nächsten Morgen die Wohnung verließ und zur Arbeit ging, wählte ich erneut die Nummern.

Ich blieb erfolglos und deutete es als schlechtes Omen auf der Suche nach meiner Tochter. Ich musste härter arbeiten, mehr Geld verdienen und einen Detektiv engagieren. Wenn ich doch nur wüsste, was der richtige Weg war! Wenn doch nur Clint an meiner Seite wäre! Er fand doch immer eine Lösung.

*

Im Februar 2006 wurde ich vom deutschen Bundespräsidenten Köhler im Schloss Bellevue in Berlin empfangen. Im Zusammenhang mit dem Internationalen Tag gegen den Einsatz von Kindersoldaten war das Treffen mit dem Bundespräsidenten von *missio* vorbereitet worden. Als ehemalige Kindersoldatin und als Botschafterin der »Aktion Volltreffer« wollte ich dort von meinen persönlichen Erfahrungen berichten und auf Hilfsprojekte für die Betroffenen aufmerksam machen. Unmittelbar vor dem Treffen bekamen wir eine kurze Einweisung in die Verhaltensregeln bei der Begegnung mit dem Präsidenten. Man sagte uns, mit welchem Titel wir ihn ansprechen sollten und noch einige andere Dinge. Ich hörte nicht richtig hin und vergaß sehr schnell, was im Umgang mit ihm zu beachten sei. Zunächst gab es einen kurzen Empfang, bei dem Getränke angeboten wurden. Ich griff nach einer Flasche Bier und nahm einen kräftigen Schluck. Im selben Moment bemerkte ich, wie einer der Angestellten mir ein Zeichen gab. Aber für ein Glas war es nun schon zu spät. Der Präsident selber verhielt sich wesentlich unterkrampfter als die Mitarbeiter. Pater Hermann Schalück, der Präsident von *missio*, Jörg Nowak und ich hatten als Gastgeschenk ein Liberia-Kreuz für den Bundespräsidenten mitgebracht, das ich ihm überreichte.

»Dieses Kreuz ist aus einer Granate gefertigt worden. Die Granate ist in einem Dorf in Liberia explodiert und hat Menschen in den Tod gerissen. Ehemalige Kindersoldaten formen aus leeren Patronenhülsen und explodierten Granaten Kreuze wie dieses hier. Als Zeichen der Hoffnung und des Wandels möchten wir Ihnen, Herr Köhler, dieses Kreuz schenken«, sagte ich und überreichte ihm das metallene Kunstwerk.

Er bedankte sich sehr höflich, betrachtete das Kreuz von allen Seiten und erkannte die Spuren der ehemaligen Granate. Bei der Übergabe wurden wir fotografiert und ich lächelte in die Kamera. Anschließend berichteten Jörg Nowak und ich ihm von der Arbeit verschiedener Hilfsprojekte. Wir zeigten ihm auch die kleinen Liberia-Kreuze, die aus Patronenhülsen geformt wurden und die *missio* bereits viele tausend Male verkauft hatte und damit die Existenz zahlreicher ehemaliger Kindersoldaten sicherte. Für manche Zivilisten mochte die Vorstellung unheimlich sein, ein Kreuz in den Händen zu halten, das aus einer mörderischen Waffe geformt worden ist. Die Kugel, die aus der Patronenhülse beim Abschuss gestoßen wurde, hat möglicherweise sogar einen Menschen getötet. Für mich sind diese Kreuze die wunderbarste Verwandlung einer Waffe in ein Symbol der Hoffnung.

Später unterhielt ich mich unter vier Augen mit dem Präsidenten. Horst Köhler war interessiert an meiner persönlichen Geschichte und stellte mir viele Fragen. Der Präsident wollte wirklich genau wissen, was mir widerfahren war und wie ich die bitteren Erfahrungen überstanden habe. Dabei zeigte er mir durch das feuchte Glänzen in seinen Augen, wie betroffen ihn meine Geschichte machte.

Am Abend saßen Jörg und ich in einem thailändischen Restaurant in der Nähe des Bundestages und tauschten uns aus.

»Ich weiß nicht mehr, wie wir auf das Thema kamen, aber der Präsident erzählte mir, dass er Museveni aus der Arbeit mit der Weltbank kennt«, sagte ich zu Jörg.

»Horst Köhler war Direktor des Internationalen Währungsfonds. Da hatte er sicher auch mit afrikanischen Staatspräsidenten zu tun.«

»Ich hatte das Gefühl, er war geschockt, als ich ihm von der Rolle des ugandischen Präsidenten beim Einsatz von Kindersoldaten erzählt habe. Dass ich ihn als kleines Soldatenmädchen noch als Führer der Widerstandsarmee kannte, hat ihn vollkommen überrascht. Er hat mir aufmerksam zugehört und war sehr betroffen.«

»Solche Gespräche zwischen Präsidenten, Ministern und dir zeigen doch, wie wichtig es ist, dass unsere Politiker sich mit Betroffenen austauschen. Wenn sie allein auf ihre internen Berater setzen, dann kommen sie an viele Informationen überhaupt nicht heran. Ich bin sehr froh, dass der Präsident uns eingeladen hat. Du hast ihn beeindruckt, China. Du hast ihm von Dingen berichtet, von denen nur eine ehemalige Kindersoldatin erzählen kann. Ich hoffe, dass dieses Gespräch den vielen Kindersoldaten in aller Welt in irgendeiner Form hilft. Der deutsche Präsident ist ein mächtiger Mann.«

»Hoffen wir es.«

Wir aßen wunderbares thailändisches Essen und tranken Wein. Jörg und ich versuchten, uns eine bessere Welt vorzustellen. Manchmal gelang uns das sogar. Wenn wir nach getaner Arbeit zusammensaßen, gab es Momente, da sprach er das aus, was ich ganz ähnlich ebenfalls dachte und fühlte.

»China, stell dir vor, wir könnten eines Tages in Gulu in einem

Restaurant sitzen, Grillhähnchen essen, Bier trinken und über etwas anderes reden als Krieg und Kindersoldaten.«

»In Gulu? Ausgerechnet dort? Das wäre ein Wunder! Fast zu schön, um es sich vorstellen zu können. Bis dahin muss noch viel passieren. Nicht nur in Gulu, sondern auch bei mir. Vor allem muss ich meine Tochter finden.«

»Ich fliege im April nach Südafrika.«

»Was? Warum?«

»Es ist eine Reportagereise zu einem Aids-Projekt von *missio*. Ich habe dort einige Tage zu tun.«

»Ich komme mit!«

»Wirklich? Ich würde mich freuen.«

»Ja, ich muss nach Südafrika!«

Darauf stießen wir an, und ich war mir ganz sicher, dass diese Reise mich ans Ziel führen würde. Ich vertraute Jörg in jeder Hinsicht und hatte gespürt, dass er nicht eher aufgibt, bis er am Ziel war. Jörg würde mich zu Destiny führen! Da war ich mir plötzlich ganz sicher.

In den nächsten Tagen gab es noch verschiedene politische Termine in Berlin, unter anderem mit der Bundesministerin für wirtschaftliche Zusammenarbeit, Heidemarie Wieczorek-Zeul, und mit Vertretern des Menschenrechtsausschusses des Bundestages. Bei beiden Terminen konnte ich mir nicht die vielen Namen merken und sagte immer nur »Miss« und »Mister«. Ich hatte das Gefühl, in Berlin gute und wichtige Gesprächspartner gefunden zu haben und mit unserem Anliegen Fortschritte zu machen.

Die Abende verbrachten Jörg und ich immer in demselben thailändischen Restaurant, weil das Essen mir dort so gut schmeckte und mein Magen nicht rebellierte. Manchmal war ich derart erschöpft, dass ich nur noch Albernheiten von mir gab. Wir hatten gute Arbeit geleistet und versuchten, den Feierabend zu genießen. Jörg las alle Pressemeldungen im Zusammenhang mit unserem Besuch und der »Aktion Volltreffer« und zeigte mir einen Zeitungsartikel.

»Schau mal, was hier über den Bundespräsidenten und dich geschrieben wird! Sogar mit einem wörtlichen Zitat von Horst Köhler.«

Der Bundespräsident zeigte sich beeindruckt und dankbar für das Gespräch: »Das Schicksal von China Keitetsi berührt mich sehr, und es zeigt, wie wichtig es ist, dass wir unsere Kräfte bündeln, um gegen den Missbrauch von Kindern als Soldaten vorzugehen. Das Anliegen von China Keitetsi hat meine volle Unterstützung.«

»Gratuliere, China! Du hast ihn wirklich berührt.«

»Er ist ein guter Mensch. Ich mag ihn.«

*

Im März buchte Jörg Nowak seinen Flug nach Südafrika und fragte, wann meine genauen Flugdaten seien. Plötzlich blieb mir die Luft weg. Nach Südafrika reisen? Meine Tochter suchen? Würde ich das schaffen?

»China, lass es uns gemeinsam probieren. Du hast nun schon so lange darauf gewartet. *Missio* hat ein Partnerprojekt in Südafrika. Ich habe Kontakt zu Sister Mary aufgenommen, die dort arbeitet, und ihr alle Informationen über Destiny gegeben, die uns zur Verfügung stehen. Sie wird eine gewisse Vorarbeit leisten. Wenn wir im April dort ankommen, hat sie vielleicht schon eine Spur.«

»Ich habe Angst.«

In den letzten Wochen war mir so vieles durch den Kopf gegangen. Meine Tochter war nun elf Jahre alt. Ich malte mir die unterschiedlichsten Szenarien aus. *Was ist, wenn sie bei einer guten Familie lebt und dort glücklich ist? Dann kann ich sie doch nicht einfach aus diesem Leben herausreißen, auch wenn ich ihre Mutter bin. Und was ist, wenn sie noch immer bei Peter lebt und er sie womöglich genauso schlecht behandelt, wie er mich behandelt hat? Sie ist kein kleines Kind mehr. Ich kenne ihn als einen Mann, der Frauen in jeglicher Art benutzt. Und ich habe in meinem Leben viele andere Männer kennen gelernt, die kleine Mäd-*

chen benutzen. Oder was ist, wenn meine Tochter nicht mehr ... wenn ihr etwas zugestoßen ist?

Jörg versuchte, meine Ängste und Befürchtungen aufzufangen.

»China, du weißt, dass meine Frau wieder ein Kind erwartet. Es wird eine Tochter. Wir sind überglücklich darüber. Ich möchte unser Glück sehr gern mit dir teilen. Stell dir vor: Nicht nur ich bekomme eine Tochter! Du bekommst auch eine! Wir beide bekommen ein Kind! Glaub mir, wenn ich eine Tochter bekomme, dann wirst du auch eine Tochter bekommen. Ich habe die Hoffnung, dass wir Destiny gefunden haben, bevor das zweite Kind von meiner Frau Irina und mir auf die Welt kommt.«

Jörg war voller Tatendrang und Optimismus, während mich düstere Gedanken quälten. In meiner Vorstellung sah ich mich durch die trostlosen Straßen von Soweto laufen und nach einem Mädchen suchen, von dem ich nicht einmal wusste, wie es aussah.

»Aber wie soll Sister Mary meine Tochter finden?«

»Die Ordensschwester arbeitet seit Jahren in Soweto und kennt dort viele Menschen. Sie wird in den Kirchengemeinden nach ihr fragen. Du hast uns verschiedene Namen von Personen genannt, die etwas über deine Tochter wissen könnten. Vielleicht führt das weiter. Sister Mary hat gute Kontakte. Außerdem wird es nicht unendlich viele Mädchen von elf Jahren in Soweto geben, die Destiny heißen. Wenn sie eine Schule besucht, wird Sister Mary sie finden. Irgendjemand muss etwas wissen.«

Plötzlich bekam ich weiche Knie und vor meinen Augen blitzten Sterne auf. Die Angst raubte mir fast das Bewusstsein.

»Ich kann nicht! Was ist, wenn wir sie nicht finden oder wenn sie ... ich weiß nicht, wie ich das ertragen soll.«

»Keine Sorge, ich werde bei dir sein.«

»Ich muss darüber nachdenken.«

»Für welchen Termin wirst du deinen Flug nach Südafrika buchen, China?«

»Nein. Du musst allein fliegen. Bitte versuche, mich zu verstehen.«

Je näher der April kam, desto größer wurden meine Ängste. Sie steigerten sich bis ins Unerträgliche. Mein Magen schien aufzubrechen und meinen ganzen Körper zu vergiften. Was würde auf mich zukommen? Nur der Gedanke an meine Söhne, an Moses und an Ebby, ließ mich weitermachen. Sie brauchten mich.

Jörg flog allein nach Südafrika und würde sich melden, sobald es eine heiße Spur gäbe. Der Druck war kaum zu ertragen. Ich verkroch mich an einem abgelegenen Ort ohne Freunde, ohne Bekannte und ohne Fragen. Die nächsten Wochen würden entscheidend für mein weiteres Leben sein. Hundert Mal am Tag überprüfte ich meine E-Mails. Die Zeit schien nicht vergehen zu wollen. Woher sollte ich die Geduld nehmen? Jede Minute fühlte sich an wie ein endloser Tag und jeder Tag wie eine überlange Woche. Ein unendlich langsamer Tag nach dem anderen verging, ohne dass Jörg mir eine E-Mail schickte.

Zu den Magenschmerzen stießen Kopfschmerzen hinzu. Ich verlor die Kontrolle über meine Hände. Sie flatterten sinnlos vor meinem Körper hin und her. War es ein gutes Zeichen, dass er sich nicht meldete? Oder war es ein schlechtes?

Plötzlich sah ich im Posteingang seinen Namen. Reflexartig beendete ich das Programm, schaltete den Computer aus und vergrub mich unter einer Decke. Später nahm ich mir ein Bier und dann noch eines. Die Angst ließ mich erstarren. Ich wollte wissen, was in dieser E-Mail stand, aber ich traute mich nicht, hineinzusehen. Wenn es schlechte Nachrichten waren, was würde ich tun? Der Laptop lag auf meinem Schoß. Ich kaute an meinen Nägeln, obwohl es an ihnen schon lange nichts mehr abzubeißen gab. Ach, hätte ich Jörg doch bloß nie darum gebeten, nach Destiny zu suchen! Sollte ich lieber zurück nach Kopenhagen gehen und die Nachricht erst dort öffnen? Wenn sie schlecht war, dann könnte mein Therapeut mich vielleicht trotzdem retten. Ja, das war der beste Weg! Mein Therapeut oder mein Arzt würden mich stützen!

Wie oft hatte ich in den letzten Jahren gehört, dass ich eine starke Frau sei. In unzähligen E-Mails hatten es selbst Fremde immer wieder behauptet. *China, du bist so stark!* Und nun stand ich mutterseelenallein vor einer folgenschweren Aufgabe! Aufgeben oder weitermachen und alle Konsequenzen tragen?

Wenn ich noch eine Mutter gehabt hätte, dann wäre ich heulend in ihre Arme gefallen und hätte sie entscheiden lassen. Aber diesen Weg gab es nicht.

»Ich werde es tun!«, schrie ich in den leeren Raum hinein. »Sie ist doch nur ein kleines Mädchen, und wenn sie dort in Soweto ist und wenn diese E-Mail eine gute Nachricht enthält, dann muss ich sofort handeln! Dann kann ich nicht länger auf diesem verdammten Sofa sitzen bleiben und an meinen wunden Nägeln kauen!«

Dann endlich drückte ich die Tasten, die schon seit Tagen auf meine Finger gewartet hatten.

Dear China. How are you? Hope you are doing fine. They found her! Man hat sie gefunden! Ruf mich an!

Konnte das wirklich wahr sein? *Man hat sie gefunden!* Warum schrieb er nur diese kurzen Zeilen? Wie konnte meine Tochter in weniger als zwei Wochen gefunden worden sein? Sollte ich vor Freude hüpfen oder schreien? Sollte ich anrufen? Mein Körper kribbelte, als sei er von Bienen zerstochen worden. Ich steckte mir eine Zigarette nach der anderen an. Ich wünschte mir meinen Far an die Seite. Ich brauchte seine starke Schulter. War es nun eine gute oder eine schlechte Nachricht? *They found her!* Ich schrie es heraus.

»They found her!«

Ich konnte es nicht glauben! Spät in der Nacht versuchte ich, endlich wieder einmal zu schlafen. Ich brauchte dringend Schlaf! Meine Lider waren schwer und meine Glieder ermattet. In den letzten Nächten hatte ich stundenlang an die Decke gestarrt. Dabei hatte ich mir gewünscht, in einen Baum verwandelt zu werden, weil ein Baum nicht denken und nicht handeln musste. Aber dann fiel mir ein, dass ein Baum verbrennen konnte. Ich wünschte mir, Wasser sein zu können, aber dann dachte ich daran, dass ich womöglich gekocht würde. Später stellte ich mir vor, jemand anderer zu sein, ein Mensch ohne Sorgen, aber dann dachte ich an Moses und Ebby und ich wollte ich selber bleiben.

Als ich versuchte, Jörg in Südafrika anzurufen, war sein Telefon ausgeschaltet, was ich als ein schlechtes Zeichen deutete. Ich vermutete, er habe es ausgeschaltet, weil er schlechte Nachrichten für mich hatte. Auf die Idee, er sei womöglich in einem Gebiet ohne Empfang, kam ich natürlich nicht. Ich schickte ihm eine E-Mail und bekam auch am nächsten Tag noch keine Antwort von ihm. Endlich verließ ich mein einsames Versteck und reiste zurück nach Kopenhagen, denn vielleicht musste ich schon bald nach Südafrika aufbrechen. Es fiel mir unglaublich schwer, einen einzigen klaren Gedanken zu fassen.

Als wir endlich miteinander sprechen konnten, war ich so aufgeregt, dass ich kaum zuhören konnte.

»China, wir sind uns sicher, sie gefunden zu haben. Sister Mary hat in den Schulen und Kirchengemeinden nachgeforscht.«

»Wie sieht sie aus?«

»Wir gehen behutsam vor, China. Noch haben wir sie nicht gesehen. Sister Mary möchte so bald wie möglich mit dir sprechen. Es gibt offenbar zwei Frauen, die sich um das Mädchen kümmern.«

»Was ist mit dem Kerl?«

»Mit Peter? Er spielt dabei auch eine Rolle.«

»Was bedeutet das? Ist sie gesund?«

»China, bitte rege dich nicht auf. Alles ist auf dem richtigen Weg. Noch sind wir uns nicht absolut sicher. Wir müssen vorsichtig sein, dass niemand deine Situation ausnutzt.«

»Wie meinst du das?«

»Sobald bekannt wird, wer du bist und dass du in Europa lebst, wird die Sache möglicherweise komplizierter.«

»Ich will meine Tochter!«, rief ich in den Hörer hinein. Ich zitterte und versuchte, meine Gedanken zu ordnen. Es waren zu viele Informationen auf einmal.

Als ich aufgelegt hatte, versuchte ich, Ruhe zu bewahren. Was hätte Jörg gesagt? Es gebe eine viel versprechende Spur. Ganz offensichtlich wohne meine Tochter noch immer in derselben Siedlung wie damals. Man habe in einer Schule ein Mädchen ausfindig gemacht, das exakt der Beschreibung entspräche. Eine Spur führe sogar zu Peter, der immer noch im selben Haus wie damals wohne. Es gäbe angeblich zwei Frauen, die sich um das Mädchen kümmerten. Getroffen habe er noch keine von beiden. Wir dürften jetzt keinen Fehler machen, hatte er mehrmals gesagt. Ich solle der Ordensschwester vertrauen.

Wenig später kam eine E-Mail aus Südafrika, die aber nicht von Jörg stammte. In dem Schreiben behauptete eine Frau, die sich Goba nannte, meine Tochter bei sich zu haben. Meinem Posteingang konnte ich entnehmen, dass sie mich über meine Website kontaktiert hatte. Die Frau war eine Nachbarin aus der Siedlung, in der ich damals gewohnt hatte. So schnell wie möglich solle ich sie anrufen. Hatte Jörg mir überhaupt die Namen der beiden Frauen genannt, bei denen meine Tochter sich befinden sollte? Ich wusste es nicht mehr. In meinem Kopf schwirrten die Gedanken.

Zunächst traute ich mich nicht, anzurufen. Wenn ich dort anriefe und ein Mädchen wäre am Telefon? Woher sollte ich wissen, ob es meine Tochter war?

Schließlich nahm ich meinen ganzen Mut zusammen und wählte die Nummer von dieser gewissen Goba. Die Frau war sofort am Apparat. Ich stellte mich kurz vor und fragte nach meiner Tochter.

»Ist sie da? Kann ich mit ihr sprechen?«

Die Frau gab mir ausweichende Antworten und tat so, als habe sie meine Frage nicht verstanden. Sie versuchte einen merkwürdigen Smalltalk mit mir. Sie wollte wissen, wie es mir gehe und wie das Leben in Europa sei.

»Ist meine Tochter bei Ihnen? Sind Sie sicher, dass es meine Tochter ist? Wo ist sie?«

»Sie ist jetzt in der Schule.«

»Sieht sie mir ähnlich?«

»Ich weiß nicht, wie Sie aussehen. Es war mein Sohn, der sich Ihre Website angeschaut hat. Wir haben keinen Computer zu Hause. Er hat die E-Mail geschrieben. Ja, ich glaube, Sie sieht Ihnen ähnlich.«

Mein Gott! Wen habe ich da überhaupt am Apparat? Sie schien überhaupt nichts über meine Tochter zu wissen. Aber ich musste Geduld beweisen. Ihr Familienname kam mir bekannt vor. Und sie beschrieb mir ihr Haus. Es war wirklich ganz in der Nähe von Peters Haus. Aus ihren Bemerkungen konnte ich entnehmen, dass sie Peter tatsächlich kannte.

»Geben Sie mir Peters Telefonnummer«, sagte ich schließlich, »ich möchte mit ihm sprechen.«

»Ich habe erst gestern mit Peter gesprochen. Er sagte mir, er habe kein Geld. Sein Strom und sein Telefon sind abgestellt. Es ist Winter und dieses Jahr ist es sehr kalt. Können Sie bitte Geld schicken? Wir können nicht heizen. Es ist zu kalt für Destiny. Wenn sie aus der Schule kommt, dann friert sie immer.«

»Ja, kein Problem.«

Ich wollte etwas über meine Tochter hören. Wie sah sie aus? Welche Form haben ihre Augen? Ist sie groß? Oder klein?

Gobas Antworten verwirrten mich. Meine Zweifel wurden umso größer, als sie mich erneut nach Geld fragte. Es war keine große Kunst, sich meine Website anzuschauen. Der einzige positive Anhaltspunkt dafür, dass sie meine Tochter wirklich kannte, war ihre Bekanntschaft mit Peter. Vielleicht waren wir auf der richtigen Spur.

Ich schickte ihnen fünfhundert Euro. Später erzählte mir Jörg, er habe mit Sister Mary über die Geldanweisung gesprochen, die inständig bat, keine weiteren Überweisungen vorzunehmen. Geld würde die Lage unnötig verkomplizieren. Ich solle bitte sehr vorsichtig sein.

Dann erhielt ich wieder eine Mail von Goba. Dieses Mal schrieb sie, dass sich alle darauf freuen, mich in Dänemark zu besuchen. Ich traute meinen Augen nicht. Sie schrieb, dass sie und offenbar noch weitere Personen Destiny auf ihrem Weg zu mir nach Dänemark begleiten würden. Natürlich erwarteten sie, dass sie auf meine Kosten eingeladen würden. Mein Gott! Wenn es tatsächlich meine Tochter Destiny war, die bei ihnen war, dann saß ich in gewisser Weise in der Falle. Auf welche Forderungen sollte ich eingehen? Es gab noch keinen sicheren Beweis, dass es sich tatsächlich um meine Tochter handelte oder dass es für mich die Möglichkeit gab, sie zu treffen und vielleicht sogar eine gemeinsame Zukunft mit ihr zu haben. Was plante man dort in Südafrika? Wenn Jörg doch nur schon wieder zurück wäre! Bei unserem letzten Telefonat sagte er mir, dass Sister Mary mit einem Rechtsanwalt in Verbindung stehe, der die Lage prüfte. Ich solle unbedingt Ruhe bewahren und kein Geld mehr schicken. Inzwischen habe Sister Mary in Erfahrung gebracht, dass man Destiny von klein auf gesagt habe, ihre Mutter sei bei ihrer Geburt gestorben. Wann sollte man ihr sagen, dass es nicht die Wahrheit war und dass ich lebte? Wer sollte es ihr sagen?

Dann endlich war Jörg wieder in Deutschland und wir trafen uns im Mai beim Katholikentag in Saarbrücken. Er erzählte mir, was er in Südafrika erlebt hatte. Leider konnte er nur sehr kurz in Soweto bleiben, aber er war sich absolut sicher, dass Sister Mary alle Probleme im Griff hatte. Sie sei eine sehr kompetente und resolute Frau. Sie würde den rechtlich abgesicherten Weg gehen, der mir im schwierigsten Fall die größten Chancen ermöglichte, an meine Tochter heranzukommen. Noch war weder klar, ob ich sie überhaupt treffen konnte, noch, unter welchen Bedingungen ich sie zu mir nehmen konnte.

Die Unsicherheit zerrte an mir wie ein heftiger Sturm an einer armseligen Hütte. Gleichzeitig überkam mich eine Euphorie, die ungeahnte Energien freisetzte. Vielleicht durfte ich schon bald die Mutter einer Tochter sein!

Jörg erklärte mir, dass es tatsächlich zwei Frauen gab, die sich um Destiny kümmerten. Eine davon sei offenbar diejenige, die mir die Mails geschickt hat. Peter sei jedoch nach wie vor derjenige, der das Sagen über meine Tochter hat. Er habe gegenüber Sister Mary wenig schmeichelhafte Worte über mich gefunden. Er hatte mein Verschwinden wie die Flucht einer Kriminellen beschrieben. Die Lage sei nicht einfach und erfordere großes Fingerspitzengefühl.

Jörg und ich blieben einige Tage beim Katholikentag und nahmen zahlreiche Termine wahr. Am Abend saßen wir im Hotelrestaurant zusammen und planten die nächsten Schritte in Richtung Südafrika. Vor lauter Aufregung brauchte ich keinen Schlaf und nutzte die Nachtstunden, um meine E-Mails zu lesen und zu beantworten. Als ich sehr spät in einer jener Nächte eine E-Mail von Peter aus Soweto entdeckte, klopfte mein Herz bis zum Hals. Was wollte er von mir? Auf Jörgs Anraten hatte ich mich eine Weile ruhig verhalten und hatte weder Goba angerufen noch eine E-Mail geschrieben.

Im Anhang befand sich ein Foto. Als ich es öffnete, schaute mich ein wunderschönes Mädchen an. Ich zog den Stecker aus der Dose und rannte mit dem Laptop unterm Arm in die Lobby.

»Rufen Sie Herrn Nowak. Schnell! Er soll sofort herunterkommen. Bitte! Es eilt«, sagte ich zum Hotelmitarbeiter.

Ich zitterte vor Aufregung. Immer wieder starrte ich auf das Bild. Endlich kam Jörg schlaftrunken in die Lobby.

»Schau mal! Das ist Destiny!«

Er rieb sich die Augen und ich hielt ihm den Bildschirm vor die Nase.

»Sie sieht aus wie du, China! Schau doch! Wie du!«

»Meinst du wirklich?«

»Ja. Das ist deine Tochter.«

Jörg setzte sich neben mich, und ich merkte, wie er zusammenzuckte, weil ich ihm vor lauter Anspannung mit der Faust auf den Oberschenkel schlug.

»Das ist meine Tochter.«

»Ja, das ist sie.«

Ich umarmte den Bildschirm, ließ meine Tränen fließen und spürte Jörgs Hand auf meiner Schulter.

»Meine Tochter. Sie ist es! Destiny. Schau, wie schön sie ist! Das schönste Mädchen der Welt! Dies ist der glücklichste Moment in meinem Leben.«

Am folgenden Tag waren Jörg und ich mit einem Bundeswehrseelsorger verabredet. Durch die »Aktion Volltreffer« war er auf mich aufmerksam geworden. Die deutsche Bundeswehr stand unmittelbar vor ihrem Einsatz in Kongo, und der Seelsorger musste die Soldaten darauf vorbereiten, dass sie dort möglicherweise auf Kindersoldaten treffen könnten.

Wir waren in einem Café verabredet, und in meiner Fantasie malte ich mir aus, dass ein blonder Riese in Uniform sich vor unseren Tisch aufbauen würde und militärisch grüßte. Aber stattdessen erschien ein netter Mann in Zivil, der nicht zu den kämpfenden Truppen gehörte. Er hatte Theologie studiert. Der Mann war voller Sorge vor einer Konfrontation der deutschen Soldaten mit Kindersoldaten im Kongo. Er schien ein wenig überrascht, als ich ihm sagte, wie sehr ich mich freue, dass endlich internationale Truppen eingesetzt würden, um die demokratischen Wahlen zu sichern. Die Etablierung einer Demokratie würde den Kindersoldaten schließlich am meisten helfen. Der Bundeswehrseelsorger fühlte sich in einer sehr schwierigen Lage und schien meine Freude nicht teilen zu können.

»Aber was soll ein Soldat machen, wenn er einem Kindersoldaten gegenübersteht?«, fragte er mich.

Ohne zu zögern, gab ich die Antwort, die mir richtig und plausibel erschien.

»Wenn ein Soldat angegriffen wird, dann muss er sich verteidigen. Aber die deutschen Soldaten werden ohnehin am Flughafen stationiert«, entgegnete ich. Diese Informationen waren inzwischen allgemein bekannt. »Die Wahrscheinlichkeit, dass sie dort in direkten Kontakt mit Kindersoldaten kommen, ist sehr gering. Außerdem hatten wir Kindersoldaten immer großen Respekt vor den amerikanischen und europäischen Soldaten, die perfekt trainiert und ausgerüstet waren.«

Ich wünschte mir, dass die deutschen Soldaten alles taten, um diesen Respekt vor ihrer militärischen Überlegenheit nicht zu verlieren. Dazu gehörte auch ein konsequentes Auftreten. Der Bundeswehrseelsorger schien überrascht von meinen Aussagen. Seine Sorgen konnte ich ihm offensichtlich nicht nehmen. Ich konnte mir nicht vorstellen, was er den Soldaten nach unserem Gespräch mit auf den Weg geben würde.

Die Angelegenheit ließ mir keine Ruhe. Das Thema tauchte täglich in der Presse auf und ich wurde mehrfach nach meiner Meinung gefragt. Schließlich kam ich auf die Idee, einen Brief an die Soldaten der Bundeswehr zu formulieren.

»Sehr geehrte Soldaten der Bundeswehr,
als ich die Nachricht vom Einsatz der deutschen Bundeswehrsoldaten in der Demokratischen Republik Kongo hörte, sprang ich vor Freude in die Luft und jubelte. Wenn Sie meine Geschichte kennen, werden Sie verstehen, warum mich die Botschaft so erfreut. Ich heiße China Keitetsi, musste zehn Jahre als Kindersoldatin in Uganda kämpfen, konnte fliehen und fand in Dänemark Asyl.
Ich war ein achtjähriges Mädchen, als für mich der Krieg begann. Eine AK 47 war für mich leicht zu tragen und kinderleicht zu bedienen. Ich bin häufig in Deutschland, weil ich hier von mehreren Organisationen unterstützt werde.
Ich schreibe Ihnen, weil ich Ihnen im Voraus danken will für Ihren Einsatz in der Demokratischen Republik Kongo. Für die Zivilisten ist dies eine frohe Botschaft. Denn sie haben Hoffnung auf Schutz, Frieden und Freiheit. Für die Kriegstreiber ist Ihr Friedenseinsatz hingegen eine Drohbotschaft: Sie wissen, dass die internationale Friedenstruppe der Gewalt Einhalt gebieten wird.
Der Einsatz Ihrer Truppe ist ein so wichtiges Signal für Frieden und Demokratie in Afrika. Aber wie sollen sich Bundeswehrsoldaten verhalten, wenn sie in einen direkten Konflikt mit Kindersoldaten geraten? Müssen sie dann um des Friedens Willen auf Minderjährige schießen? Diese Frage habe ich in den letzten Wochen oft ge-

hört. Natürlich ist es eine schwierige Frage, die ich Ihnen jedoch aus meiner Sicht als ehemalige Kindersoldatin beantworten möchte. Zu jener Zeit als Kindersoldatin wusste ich nicht viel über die Welt, aber der professionelle Ruf der westlichen Soldaten war bis zu uns gedrungen und wir Kindersoldaten hatten und haben Respekt vor ihnen. Wir selber waren eine zusammengewürfelte Truppe aus entführten Kindern, die von skrupellosen Kriegstreibern in die Schlacht geschickt wurden. Es gab keine richtige militärische Ausbildung, keine Strategie.
Die Wahrscheinlichkeit, dass Sie auf Kindersoldaten treffen, ist gering. Und wenn es dazu kommen sollte, werden nicht Sie diejenigen sein, die Kindersoldaten angreifen werden. Sollten Kindersoldaten in die Offensive geschickt werden und Ihr Leben bedrohen, so werden Sie wie jeder vernünftige Soldat handeln: Sie werden zuerst versuchen, die Angreifer abzuschrecken, und notfalls werden Sie sich verteidigen. Wenn Sie nach den demokratischen Wahlen nicht den Frieden sichern, droht die Fortführung des Krieges und Leids. Dann werden die Kindersoldaten in das so genannte Feindesland geschickt und in den Dörfern Zivilisten angreifen. Dieses muss verhindert werden.
Mit Ihrer Friedensmission sind Sie nicht alleine. Die Projektpartner der ›Aktion Volltreffer‹ gegen den Einsatz von Kindersoldaten setzen sich bereits seit Jahren für Frieden und Versöhnung im Kongo ein. Es sind kirchliche Mitarbeiter, die dort als Seelsorger traumatisierte Kindersoldaten betreuen. Sie rufen die Menschen in der Demokratischen Republik Kongo auf, den Krieg zu beenden und eine friedliche Gesellschaft aufzubauen.
Wir brauchen Ihren Schutz und Ihre Hilfe. Sehen Sie mich als Kindersoldatin nicht als Monster an, sehen Sie mich als Kind, als ein Mitglied einer großen Familie. Helfen Sie uns. Denken Sie einfach an mich. An China Keitetsi, die Ihre Tochter sein könnte und die aus den Händen der Entführer und Kriegstreiber befreit werden muss. Ich habe es geschafft und konnte fliehen. Hingegen haben die Menschen in der Demokratischen Republik Kongo nur durch Ihren Einsatz eine Chance.

Möge Gott Ihnen viele Schutzengel auf den Weg für Ihre Friedensmission in der Demokratischen Republik Kongo geben.
Ihre zutiefst dankbare
China Keitetsi«

*

Sobald ich konnte, flog ich nach Südafrika. Als ich einige Stunden auf den Abflug warten musste, warf ich einen Blick zurück auf mein Leben in Dänemark, auf die sieben Jahre, die ich dort verbracht hatte. Ich war ein vollkommen anderer Mensch geworden. Hier im Warteraum des Flughafens saß ich als eine erwachsene Frau in einer modischen Hose und einer figurbetonten Bluse, bei deren Anblick niemand an eine Soldatin dachte. Ich machte einen eleganten Eindruck, ich hatte Geld in meiner Tasche, konnte die Wartezeit in einem Café verbringen und mir eines der vielen Getränke auswählen. Ich kannte die Namen der verschiedenen Kaffeesorten und angebotenen Snacks. Die anderen Menschen machten mir keine Angst. Ich verschickte eine SMS, nahm ein Telefongespräch an, schaute auf die Anzeigentafel und fühlte mich dazugehörig. Ein internationaler Airport konnte mich schon lange nicht mehr einschüchtern. Ich fand mich überall zurecht.

Als unsere Maschine nach Johannesburg aufgerufen wurde, bekreuzigte ich mich. Es würde eine lange Reise werden und ich würde ganz sicher nicht schlafen können. Wortlos saß ich neben meinen Mitreisenden und nahm ihre Getränke, als sie eingeschlafen waren. Bei jedem Schluck stellte ich mir vor, wie ich getadelt wurde, abgeurteilt, wie mit dem Finger auf mich gezeigt wurde, auf mich, die ich meine Tochter zehn Jahre lang nicht gesehen habe. Vielleicht würde ich sogar gehasst werden. Je mehr Gedanken mich attackierten, desto mehr Schlucke musste ich nehmen. In meinem Leben hatte ich viele Fehler gemacht. So viele, dass ich sie nicht zählen konnte. Einige dieser Fehler versuchte ich gutzumachen. Andere würden für immer Fehler bleiben müssen und möglicherweise andere Fehler nach sich ziehen. Das Leben kann wie eine Schlange sein! Wie eine Schlange, die sich verzweifelt im Kreis dreht, um am Ende in ihren eigenen Schwanz zu beißen. Noch einen Schluck, bis wir endlich landeten.

Ich suchte mir ein ruhiges Hotel, in dem ich einige Tage bleiben wollte, bis ich mich innerlich stark genug für ein Treffen fühlte. Doch das Alleinsein ängstigte mich. Allein in einer Stadt, die so viele Leiden über mich gebracht hatte. In der ich Schuld auf mich geladen hatte und in der mein Lebenslicht beinah erloschen war.

Es war Winter, aber der Himmel strahlte blau, ohne die unerträgliche Hitze, an die ich mich so gut erinnern konnte. Manch kalter Windstoß überraschte mich. Plötzlich fühlten sich der europäische Sommer und meine europäische Heimat unendlich weit entfernt für mich an. Ich ging durch Straßen, die ich eigentlich kennen musste, aber mein Blick hatte sich vollkommen verändert. Damals hatte ich kaum etwas wahrgenommen. Wie benommen musste ich durch die Stadt getaumelt sein, auf der Suche nach einem Schlafplatz, auf der Suche nach etwas zu essen, nach einem Job, nach Wärme und nach Sicherheit.

Sister Mary holte mich vom Hotel ab. Vor mir stand eine resolute hellhäutige Dame, die ich auf Anhieb in mein Herz schloss. Sie lud mich sofort ein, vorerst bei ihr und den anderen Nonnen zu bleiben, und so packte ich meine Sachen. Wir fuhren durch die Straßen von Johannesburg, ohne dass ich mich orientieren konnte. Fast alles war mir fremd geworden. Als wir ihr Zuhause, einen kirchlichen Gebäudekomplex, erreichten, entdeckte ich im Vorgarten zunächst eine Statue der Jungfrau Maria. Es gab eine Schule, einen Wohnbereich für Senioren und ein Gebäude für die Schwestern. Dort wurde ich herzlich empfangen und jeder schien meine Geschichte zu kennen. Man führte mich herum und zeigte mir meinen eigenen Schlafraum.

Sister Mary hatte bereits Vorbereitungen für unser weiteres Vorgehen getroffen und der erste Termin führte uns zu einem Familienanwalt. Bevor wir aufbrachen, bat ich die Nonnen darum, für mich zu beten, aber sie lächelten nur und sagten, das sei längst geschehen.

»Du gehst mit Sister Mary! Nichts wird schiefgehen« waren die Abschiedsworte einer der Schwestern, und ich fühlte mich gestärkt.

In meinen Augen verwandelte sich meine liebevolle Helferin immer mehr zu der Mutter, die ich nie hatte, und ich mich zu einer Tochter voller Vertrauen. Nun war ich nicht mehr allein. Bei jedem unserer Schritte blieb sie an meiner Seite und spendete mir Mut und Trost. Beim Anwalt musste ich unzählige Fragen beantworten und eine Reihe von Papieren hinterlegen. Meine Geschichte war derart kompliziert, dass es Stunden dauerte, bis wir den besten Weg für das weitere Vorgehen herausgefunden hatten. Es war nicht einfach, zu beweisen, dass ich die leibliche Mutter war. Sollten Peter oder die Frauen sich querstellen, so würde es nicht leicht für mich werden. Ich war nur eine Ausländerin in diesem Land. Die rechtliche Lage musste umfassend geklärt werden. Später fuhren wir zu unterschiedlichen Behörden und Institutionen. Sister Mary fand immer die richtigen Worte und sprühte vor Energie. Sie schien niemals müde zu werden, ihre Laune war immer gut, und dabei musste sie offenbar nicht einmal etwas essen. Während sie das Auto lenkte, schaute ich aus dem Fenster.

»Sister Mary, warum habe ich Sie nicht schon damals getroffen? Als ich allein und hilflos durch diese Straßen wandelte?«

»Jetzt haben wir uns kennen gelernt, und jetzt werde ich das für dich tun, was ich damals schon hätte tun sollen, wenn wir uns begegnet wären. Wir bringen dich und deine Tochter zusammen.«

Ich lächelte sie an und ihre Augen sprühten vor Zuversicht.

Am nächsten Tag sollte ich Destiny treffen. Als es um den Ort des Treffens ging, pochte mein Herz bis zum Hals. Sister Mary telefonierte erneut mit dem Anwalt, und es wurde entschieden, dass wir Destiny in Soweto trafen.

Warum nicht bei den Schwestern oder im Büro vom Rechtsanwalt?, fragte ich mich. Ich hatte Angst vor Soweto. Mein Magen verkrampfte sich und ich zitterte. Ich dachte an Nelson Mandela, der am Tag zuvor anlässlich seines Geburtstages im Fernsehen gezeigt worden war. Ob ich ihn treffen konnte? Wie sollte ich das anstellen? Wie konnte ich an ihn herankommen? Wenn etwas schiefging mit meiner Tochter, würde er mir sicher helfen. Er kannte mich doch! Ich wollte mich absichern, wo immer ich konnte. Es gab so vieles zu bedenken. Ich war so lange fort gewesen. Meine Tochter kannte mich nicht einmal. Wenn doch nur Moses und Ebby hier wären! Sie würden mir beistehen und Destiny davon überzeugen, dass ich eine gute Mutter sei. Allein meine Gedanken an meine beiden Jungen ließen mich weitermachen. Ansonsten hätte die Angst vor dem Zusammentreffen mich gelähmt.

Als es so weit war, fuhr Sister Mary energisch die Auffahrt hinunter. Schnell erreichten wir den Vorort im Südwesten von Johannesburg, der allen als Soweto bekannt war. Die Schwester steuerte den Wagen durch das trostlose Armenviertel, als sei dies die normalste Sache der Welt. Mich hatte Europa zu einem Feigling gemacht. Der Anblick der einfachen Wohnviertel und der bedürftigen Menschen machte mir Angst. Niemals hätte ich mich getraut, aus dem Auto zu steigen und allein meinen Weg zu gehen.

Wir fuhren zu Goba, der Frau, die Kontakt zu mir aufgenommen hatte. Je näher wir dem Haus kamen, desto deutlicher wurde meine Erinnerung. Wir hielten gegenüber einer Polizeistation, die ich wiedererkannte.

»Dort ist es! Dort wohnt Goba«, sagte Sister Mary.

»Ja, jetzt erinnere ich mich an die Straße. Dort hinten ist das Haus von ihm.«

Es fiel mir schwer, seinen Namen auszusprechen. Er hatte

mich erniedrigt, und ich konnte nur hoffen, dass meine Tochter nicht leiden musste.

Sister Mary klopfte an die Tür, die sofort geöffnet wurde. Eine Frau stellte sich als Goba vor und begrüßte uns freundlich. Sie kam mir bekannt vor, aber meine Augen suchten bereits den kleinen Raum hinter ihrem Rücken ab. Dort stand sie. Mein Mädchen. Wie groß sie doch war! Sie reichte mir bis über die Schultern. Schüchtern schaute sie zu Boden.

Wie sollte ich sie ansprechen? Wie sollte ich mich vorstellen? Jedes Wort schien wichtig zu sein.

»Hallo Destiny. Ich bin es … ich bin deine Mutter. Ich komme aus Europa, um dich zu sehen«, sagte ich auf Englisch. Sie schaute mich erstaunt an und sagte einige Worte zu Goba, die ich nicht verstand.

Ich wusste, dass es dieses Sprachproblem geben würde, aber ich wusste auch, dass sie ausreichend Englisch sprach. Sie stand regungslos neben einem Stuhl und schaute mich an. Warum sagte sie nichts zu mir? Wenn doch nur Moses und Ebby hier wären! Sister Mary schaltete sich ein.

»Destiny, diese liebe Frau ist einen sehr weiten Weg hierhergekommen, um dich zu sehen. Wollt ihr euch nicht ein wenig unterhalten?«

Sie nickte. Sister Mary und Goba gingen in einen Nebenraum und wenig später hörte ich das Zischen eines Wasserkessels.

»Ich freue mich sehr, dich endlich zu sehen, Destiny. Ich bin so glücklich, endlich bei dir zu sein. Bestimmt wunderst du dich, dass ich erst jetzt komme. Aber es war nicht einfach. Glaub mir bitte. Ich wäre gerne früher zu dir gekommen, aber es ging nicht.«

»Warum kannst du unsere Sprache nicht?«, wollte Destiny wissen.

»Ich bin in Uganda groß geworden. In Südafrika habe ich nur wenige Jahre gelebt. Es war eine sehr schwere Zeit für mich.«

Destiny beobachtete mich sehr aufmerksam, und ich hatte das Gefühl, keinen Fehler machen zu dürfen.

»Du bist jung«, sagte sie.

»Ich war achtzehn Jahre alt, als du auf die Welt gekommen bist. Jetzt bin ich neunundzwanzig.«

»Du siehst nicht aus wie eine Mutter.«

Ich holte ein Foto aus meiner Tasche.

»Das ist Moses. Dein Bruder. Er möchte dich auch gern kennen lernen. Er kann dir sagen, dass ich wirklich eine Mutter bin, auch wenn ich vielleicht nicht so aussehe.«

»Er ist größer als ich.«

An der Wand hing ein Spiegel. Ich bat Destiny, dort hineinzuschauen und dann mich anzuschauen. Sie tat es sehr vorsichtig. Dann stellte ich mich neben sie vor den Spiegel. Die Ähnlichkeit war unverkennbar. Unsere Augen und unsere Nasen hatten die gleiche Form. Ich hatte sie noch nicht lachen sehen, aber ihre ebenmäßigen Zähne ähnelten meinen.

»Siehst du die Ähnlichkeit?«

Sie nickte, aber ich spürte ihre Zweifel. Ich stimmte nicht mit ihrem Bild von einer Mutter überein. Immer wieder schaute sie mich prüfend an und stellte Fragen, mit denen ich nicht gerechnet hatte. Als sie wissen wollte, ob ich auch kochen könne, zeigte ich ihr Fotos von unserem Haus in Ruanda. Dort war auch eine Küche zu sehen, und ich erzählte ihr, dass ich für Moses und Ebby kochen würde.

Destiny schien verwirrt zu sein. In ihrem Gesicht und der krausgezogenen Stirn entdeckte ich die Spuren eines schweren Lebens. Sie war sehr einfach gekleidet. Auch das Haus von Goba zeigte alle Merkmale der Armut.

Noch hatte ich Destiny nicht berührt. Sie war ein so hübsches Mädchen. Zu gern hätte ich sie in den Arm genommen, aber das traute ich mich nicht, und Destiny wirkte derart skeptisch, dass ich nichts überstürzen durfte.

Mit Goba vereinbarte ich, dass ich am nächsten Tag wiederkommen würde und dann vielleicht sogar für länger bliebe.

Ich musste mich sehr langsam zu meiner Tochter hervortasten und erinnerte mich an meine erste Begegnung mit meiner leiblichen Mutter. Damals war ich nur wenig jünger gewesen als Destiny und hatte meine Mutter gesucht und gefunden. Aber vor lauter Angst und wilden Fantasien war ich schon nach einer Nacht in ihrem Haus vor ihr davongelaufen, obwohl sie mich freundlich aufgenommen hatte.

Als ich mit meiner Tasche bei Goba eintraf, hatte ich mir alles andere gewünscht, als ausgerechnet an diesem Ort in Soweto zu verweilen. Im Winter war es hier noch trostloser als ohnehin schon. Hier traute ich mich nicht allein auf die Straße. Die Armseligkeit und die freudlosen Gesichter schüchterten mich ein. In der Wohnung war es zugig und Destiny kam erst spät aus der Schule. An unserem ersten gemeinsamen Wochenende lud ich sie ein, mit mir zu einem Einkaufsbummel nach Johannesburg mitzukommen. Mir war aufgefallen, dass sie nur ein einziges Paar ausgetretener Schuhe und zwei Kleider hatte.

Wir fuhren zu einem modernen Einkaufszentrum und Destiny schaute sich neugierig um. Ich begriff sehr schnell, dass sie noch nie in ihrem Leben einen Einkaufsbummel gemacht hatte. In einem Restaurant bestellte ich mir ein großes Menü, denn endlich war mein Appetit zurückgekehrt. Destiny hatte offenbar nie zuvor in eine Speisekarte geschaut. Sie genoss ein großes Stück Torte und schaute sich immer wieder im Lokal um. Es schien ihr zu gefallen, dass wir beide uns einen schönen Tag machten. Manchmal stellte sie mir Fragen, mit denen sie meine Muttertauglichkeit überprüfen wollte. Sie schien sich große Sorgen darüber zu machen, ob ich überhaupt ein richtiges Essen zubereiten konnte. Offenbar erschien ich ihr zu dünn für eine Mutter, die kochen konnte. Meine Figur war eher mädchenhaft, und mir fiel auf, dass Destiny häufiger auf meinen flachen Bauch schaute. Später gingen wir in eine Boutique und probierten einige Jeanshosen an. Wir hatten fast die gleiche Größe. Destiny war groß für ihr Alter und ich war relativ klein gewachsen. Später zog meine Tochter Blusen, Röcke und

Schuhe über. Es machte ihr Freude, sich in der schönen Kleidung zu sehen, und sie drehte sich lächelnd vor dem Spiegel hin und her.

»Such dir aus, was dir am besten gefällt«, sagte ich zu ihr.

»Nehmen wir es mit?«

»Ja, ich kaufe es für dich.«

»Wirklich?«

»Aber sicher!«

Eine Verkäuferin reichte Destiny einen Pullover in der passenden Größe und lächelte meine Tochter an.

»Du hast aber eine liebe Schwester, meine Kleine. Da kannst du wirklich froh sein! Deine Schwester liebt dich«, sagte sie zu meiner Tochter.

»Sie ist nicht meine Schwester. Sie ist meine Mummy«, sagte Destiny kaum hörbar, und ich tat so, als habe ich es nicht mitbekommen. Dabei hätte ich vor Glück aufschreien können.

Später tranken wir noch einen Tee in einem der vielen Lokale des Einkaufszentrums und ich zeigte ihr Fotos.

»Sind das wirklich deine Kinder?«, fragte sie, als sie eine Aufnahme von mir mit Ebby und Moses sah.

»Ja, das Foto haben wir im Garten unseres Haus in Ruanda gemacht. Dort haben wir letztes Jahr zusammen Weihnachten gefeiert. Vielleicht kannst du schon bald mit uns feiern. Deine Brüder freuen sich auf dich. Möchtest du mit Moses sprechen? Wir können ihn anrufen.«

Sie schüttelte den Kopf. Meine Tochter blieb skeptisch und ich nahm es ihr nicht übel. Wenn wir uns nicht so ähnlich gesehen hätten, wäre die Situation sicher noch viel schwieriger gewesen. Inzwischen schien sie wirklich überzeugt davon zu sein, dass ich ihre Mutter war. Dennoch war sie verwirrt von meinen Erzählungen aus Dänemark, Ruanda und Uganda. Und dass sie sogar noch einen älteren Bruder haben sollte, war ebenfalls eine große Überraschung für sie. Ich wusste nicht, was sie in ihrem Leben schon alles mitgemacht hatte, und ich fragte sie auch nicht danach. Dafür war es noch zu früh. Wir sprachen kaum ein Wort über Peter, aber ich spürte, dass sie keine Verbundenheit zu ihm fühlte. Auch wenn ich nichts überstürzen wollte, so musste ich sie doch irgendwann fragen, ob sie sich vorstellen konnte, an einem anderen Ort zu leben. Wenn sie bereit dazu wäre, dann würde ich sie so bald wie möglich außer Landes bringen und in einem Internat ausbilden lassen. Die Ferienzeiten würden wir gemeinsam mit Moses und Ebby in unserem Haus in Ruanda verbringen.

Wenn Destiny und ich allein waren, überwand sie manchmal ihre Zurückhaltung. Mir fiel auf, dass ihr Vertrauen in mich gestärkt wurde, wenn andere Menschen positiv auf mich reagierten. Sister Mary schien sie sehr zu beruhigen. Einmal saß ich neben Destiny auf dem Sofa in Gobas Haus. Sie zeigte auf meinen Bauch und schaute mich wieder einmal skeptisch an.

»War ich da drin?«

»Ja sicher, my sweetheart, du warst in meinem Bauch. Als du nicht mehr in mir bleiben wolltest, bin ich in ein Krankenhaus gegangen. Dort bist du zur Welt gekommen.«

»Und wie hast du mich gefüttert?«

»Zuerst mit meiner Milch. Du hast sie getrunken.«

Auch das schien ihr nicht sehr glaubwürdig zu sein, aber immerhin hörte sie mir aufmerksam zu und versuchte, sich alles ganz genau vorzustellen.

»Und du kannst wirklich kochen?«

»Ja, ich werde es dir zeigen, wenn wir in unserem Haus in Ruanda sind.«

»Warum heißt du China? Hast du etwa auch schon in China gelebt?«

»Aber nein!«

Meine Tochter wollte alles ganz genau wissen, und ich bemühte mich um Ehrlichkeit, ohne sie unnötig mit den grausamen Details der Vergangenheit zu belasten.

»Der Mann hat mir gesagt, du bist gestorben, als ich zur Welt kam«, sagte Destiny mit einem Kopfnicken in die Richtung von Peters Haus am anderen Ende der Straße.

»Vielleicht wusste er nicht, was er dir sonst sagen sollte. Aber nun weißt du, dass ich sehr lebendig bin und gekommen bin, um meine kleine Tochter zu sehen.«

Ich blieb fast drei Wochen in Soweto, obwohl die Atmosphäre in Gobas Haus und die Nähe zu den Orten meines Leidens mir in manchen Momenten sehr auf den Magen schlugen. Es ließ sich nicht vermeiden, Peter zu treffen. Er fühlte sich als Verantwortlicher gegenüber Destiny, auch wenn Goba und eine andere Frau sich in all den Jahren um meine Tochter gekümmert hatten. Als ich sein kleines Haus von weitem sah, atmete ich tief durch und machte mir selber Mut. Als er dann vor mir stand, wirkte er eingeschüchtert. Er schaute zu Boden und meine Ängste waren wie weggeblasen. War das der derselbe Mann, der mich geschlagen und missbraucht hatte? Der Mann, vor dem ich eine Todesangst gehabt hatte und vor dem ich davongelaufen war? Wie konnte diese Person, dieser ungebildete und engstirnige Mann mir jemals Angst einjagt haben? Er wirkte schwächlich und fast unterwürfig. War er damals nicht viel größer gewesen? Er vermied jeglichen Augenkontakt mit mir und schaute unentwegt nach unten. Es gab nicht viel zu besprechen. Ich musste mir nur sicher sein, dass er Destiny problemlos ziehen lassen würde, wenn der Moment gekommen war.

Es wurde immer kälter in Südafrika und mein Heimweh nach Dänemark konnte ich nicht länger verdrängen. Außerdem musste ich Termine wahrnehmen und Geld verdienen. Von nun an hatte ich drei Kinder zu versorgen. Zu diesem Zeitpunkt war ich mir sicher, dass meine Tochter genügend Vertrauen zu mir bekommen hatte. Sie stellte sich eine Zukunft unter meiner Obhut deutlich besser vor als ihr bisheriges Leben. Ich sprach mit ihrer Lehrerin und erkundigte mich nach ihren Leistungen. Das war eine ungewohnte Rolle für mich, aber diese Informationen benötigte ich für die Anmeldung in einem Internat. Das Gleiche hatte ich auch für Moses und Ebby getan. Meine Kinder sollten in guten Händen sein und eine gute Ausbildung erhalten.

»Sweetheart, ich muss zurück nach Dänemark. Sobald ich kann, komme ich wieder und hole dich. Du kannst dich darauf verlassen. Deine Mummy liebt dich und wird alles für dich tun«, sagte ich beim Abschied zu meiner Tochter.

»Wann kommst du?«

»Bald, mein Schatz. Es gibt noch ein Menge Papierkram zu erledigen. Ich werde dich ganz oft anrufen. Jede Woche mindestens ein Mal. Und wenn du ein Problem hast, dann wirst du es mir sagen, nicht wahr?«

»Mh.«

»Versprochen?«

»Versprochen!«

Ich küsste sie und stieg als Mutter einer wunderbaren Tochter in ein Flugzeug nach Europa. Wenn alles gut ging, dann würde ich schon bald wiederkommen und Destiny für immer aus Soweto mitnehmen. Moses und Ebby würden eine Schwester bekommen.

Merry Christmas

Im Dezember 2006 sollte es endlich so weit sein. Zunächst traf ich mich mit meinen Söhnen in Ruanda. Ihre Weihnachtsferien hatten bereits begonnen. In der Nähe meiner großen Jungen war ich die glücklichste Frau der Welt. Sie gaben mir die Liebe, die mir so oft fehlte. Als Moses mich bei meiner Ankunft am Flughafen umarmte, erschien es mir für einen Moment lang, als sei ich seine kleine Schwester. Er war inzwischen größer als ich. Fast schon ein richtiger Mann.

Nachdem ich mich wieder vollkommen zu Hause fühlte, trafen wir Vorbereitungen für die Ankunft ihrer Schwester. Wir stellten uns vor, wie es sein würde, sie bei uns zu haben. Welches Zimmer solle sie bekommen, was würden wir für sie kochen? Wir pflegten den Garten, und ich staunte darüber, wie schnell die Bäume seit unserem letzten Besuch gewachsen waren. Jeder einzelne Baum war ein Freund geworden, dessen Wachsen und Gedeihen ich aufmerksam beobachtete. Mir schien es so, als habe ich sogar zu jedem einzelnen Ast eine Verbindung, und ich überlegte mir, wie die Pflanzen sich in der roten Erde Afrikas verwurzelten. Manchmal streichelte ich über die Stämme und dachte an meinen Lieblingsbaum in der Nähe meiner Kopenhagener Wohnung. Ob diese Bäume jemals so groß werden? Würde ich es noch erleben? Oder meine Kinder? Oder deren Kinder?

Und ich dachte an Clint, der dieses Haus und den Garten erst möglich gemacht hatte. Er hatte dafür gesorgt, dass meine Kinder und ich hier Wurzeln schlagen konnten. Wenn ich am Rande unseres Grundstücks stand und unser Haus betrachtete, dann spürte ich seine Liebe. In Gedanken schickte ich ihm eine innige Umarmung und einen lieben Kuss.

Es fühlte sich an, als sei ich auf dem Weg zum vollkommenen Glück mit meinen Kindern, doch das Ziel war noch nicht erreicht. Es waren noch einige Hürden zu überwinden, deren Höhe ich nicht absehen konnte. Unentwegt versuchte ich, mich von der bevorstehenden Reise nach Südafrika abzulenken, um mir die Angst vor möglichen Komplikationen zu ersparen. Destiny trug nicht meinen Namen. Faktisch war sie noch immer nicht meine Tochter. Sie war ein elfjähriges Mädchen, das mich kaum kannte. Ich wollte sie in ein fremdes Land mitnehmen. Würde sie mitkommen? Hatte sie genug Vertrauen? Wie würden die anderen Beteiligten reagieren? Wie sah die offizielle Seite aus? Reichten die vorhandenen Papiere als Beweisstücke aus?

Wenn ich meine Stirn krauszog und an meinen Nägeln kaute, riefen meine Söhne mich nach draußen zum Fußballspielen. Ich hatte mich zu einem respektablen Torwart entwickelt und prahlte mit der gemeinsamen Botschafterrolle mit dem deutschen Bundestorwarttrainer Andreas Köpke. Immerhin war das deutsche Team bei der Weltmeisterschaft Dritter geworden und an den Torhütern gab es nichts auszusetzen. Ich erzählte meinen Söhnen, ich hätte mir einige Tricks abgeschaut.

»Mummy, du siehst irgendwie komisch aus mit deiner Schirmmütze und der kurzen Hose«, sagte Moses zu mir, und ich war ihm dankbar für seine vertrauensvolle Kritik.

»Ist doch vollkommen egal, wie deine Mummy als Torwart aussieht. Nun schieß doch endlich.«

»Aber heute abend ziehst du wieder einen Rock an, oder?«

»Schämst du dich etwa für mich?«

»Oh nein. Du bist meine Heldin! Das weißt du doch. Aber als hübsche Dame gefällst du mir besser.«

»Okay!«

Wenn wir im Garten tobten, kamen meist die Nachbarskinder und auch die vielen Cousins und Cousinen aus unserer Verwandtschaft vorbei. Sie wussten, dass es bei uns immer lustig zuging und es hier keine normale Mutter gab, die etwas an ihrem Verhalten auszusetzen hatte. Immer wenn ich aus Europa kam, hatte ich Geschenke für alle Kinder dabei. Manche von ihnen lebten in Armut und freuten sich riesig über die Schulhefte, Stifte, Kleidung und die Spielsachen, die ich mitbrachte. Die meisten Kinder waren es nicht gewohnt, dass Erwachsene sie nach ihrer Meinung fragten und wie Ebenbürtige mit ihnen sprachen. Hier wurden die Kinder selten von den Erwachsenen ernst genommen. Es wunderte sie, wenn ich ein ernsthaftes Gespräch mit ihnen suchte. Nicht wenige der Kinder waren neidisch auf Moses und Ebby, die so vertraut mit mir sprechen konnten, als seien wir die besten Freunde und nicht Mutter und Kinder. Unser Miteinander gab meinen Verwandten ein Beispiel, und manchmal war ich stolz, wenn ich bemerkte, dass auch sie sich aufmerksamer gegenüber ihren Kindern zeigten als zuvor.

Frank hatte mir einmal gesagt, dass er beeindruckt davon sei, dass ich einen *fremden Jungen,* wie er Ebby nannte, aufgenommen hatte und ihn genauso behandelte wie meinen eigenen Sohn. Frank wusste, dass ich keine wohlhabende Frau geworden war, sondern mir das Schulgeld, den Unterhalt und die Reisekosten hart erarbeiten musste. Alle anderen Verwandten schienen sich an den Glauben zu klammern, ich sei reich, weil ich im Fernsehen interviewt worden war und ständig zwischen Europa und Afrika hin- und herpendelte. Und wie es in vielen armen Ländern unserer Welt üblich ist, hatte ich häufig Besuch von Bittstellern aus der Großfamilie, der Nachbarschaft und auch weit darüber hinaus. Sehr gern hätte ich allen geholfen, aber weder verfügte ich über die notwendigen Mittel, noch konnte ich mich daran erinnern, selber jemals Hilfe angeboten bekommen zu haben. Manchmal bekam ich das Gefühl, sie würden mich aussaugen, wenn ich mich nicht zur Wehr setzen würde. Ich verstand nicht, warum sie keine Scham davor hatten, mich immer wieder um Hilfe zu bitten. Ich war eine junge Frau mit drei Kindern und einer Vergangenheit, die alles andere als rosig war.

Als der Tag des Abflugs nach Südafrika gekommen war, brachten meine beiden großen Jungen mich zum Flughafen. Sie sprachen mir Mut zu und wirkten voller Hoffnung. Sie vertrauten darauf, dass ich mögliche Probleme meistern würde. Sie freuten sich auf ihre Schwester, mit der ich so schnell wie möglich wieder bei ihnen sein wollte.

Es waren nur wenige Monate vergangen, seitdem ich Destiny getroffen hatte, aber jetzt wirkte sie gereifter und viel erwachsener. Durch unsere regelmäßigen Telefonate hatte sich ihr Vertrauen gestärkt. Auch wenn ich ihre Ängste vor einem neuen Leben in einem anderen Land deutlich spürte, so sagte sie klar und deutlich, dass sie bereit dazu sei. Meine kleine Tochter war ein Teenager geworden, und mehr denn je hatte ich das Gefühl, sie müsse ihre Umgebung so schnell wie möglich verlassen. Wenn ich daran dachte, dass sie fast täglich auf Peter traf, und wenn ich mir vorstellte, was er mir damals alles angetan hatte, dann war es höchste Zeit, sie fortzubringen. Ich hatte alles so weit vorbereitet, wie ich konnte. Unsere Flüge waren gebucht, Destiny hatte sich von ihren Freunden und ihrer Schule verabschiedet. In der kurzen Zeit, die ich in Südafrika war, hat die dortige Frauenzeitschrift *Vrouekeur* Sister Mary und mich für eine Reportage interviewt. In der Rubrik *lewensdrama* berichteten sie in aller Ausführlichkeit über mich und die Suche nach meiner Tochter. Es war kurz vor Weihnachten und Hochsommer in Südafrika. Destiny hatte nur eine Tasche, in der die Kleidung steckte, die ich ihr vor Monaten gekauft hatte. Sie hatte Angst vor dem Flug, und als wir unser Gepäck aufgegeben hatten und zur Sicherheits- und Passkontrolle gingen, warf sie einen traurigen Blick zurück. Wenn sie jetzt mit mir ginge, wird sie sicher gedacht haben, dann war es ein Weg in eine ungewisse Zukunft mit einer Mutter, die sie kaum kannte. Ich verstand sie und bemühte mich, so gut ich konnte, ihr Sicherheit und Geborgenheit zu vermitteln. Meine Tochter war schweigsam und schaute mit nervösem Blick auf das Fließband für unser Handgepäck. Sie war kaum jemals aus Soweto herausgekommen und nun sollte sie mit mir in ein Flugzeug steigen.

»Ihre Ausweise bitte!«, sagte eine Beamtin auf Afrikaans zu mir.

Ich reichte ihr unsere Pässe, und dann fragte sie etwas, was ich nicht verstand.

»Ich spreche Englisch«, sagte ich, während Destiny etwas auf Afrikaans antwortete.

»Wer sind Sie?«, wurde ich auf Englisch gefragt.

»Ich bin China Keitetsi und das ist meine Tochter Destiny.«

»Wo leben Sie?«

Es folgten unzählige Fragen, deren Beantwortung die Angelegenheit nicht vereinfachte.

»Wohin wollen Sie mit dem Mädchen?«

Ich bemühte mich um einen ruhigen Tonfall, während mein Puls raste und die Angst mir in den Kopf stieg. Ich glühte und durfte keinen Fehler machen.

»Wer ist sie?«, wurde Destiny gefragt.

»Meine Mummy«, sagte sie mit verängstigter und leiser Stimme.

»Woher weißt du das?«

»Man hat es mir gesagt.«

Für einen Moment trat eine furchtbare Stille ein. Ich dachte, mein Herz blieb stehen. Dann sprachen die Beamten Afrikaans mit meiner Tochter und mir schossen Tränen in die Augen. Mein Gott! Was sollte ich tun? Ein Sicherheitsbeamter sagte etwas in sein Funkgerät. Kurz darauf kam eine Polizistin.

»Madame, Sie müssen mit mir mitkommen. Das Mädchen wird gleich von einer Kollegin abgeholt.«

Oh nein! Bitte nicht! Was sollte Destiny von mir denken? Warum nahm die Polizei uns mit? Ich konnte keinen klaren Gedanken mehr fassen.

»Keine Sorge, sweetheart. Sie stellen uns nur ein paar Fragen. Gleich sehen wir uns wieder.«

Meine schlimmsten Befürchtungen traten ein! Ein Alptraum: Sie dachten, ich wolle das Mädchen entführen! Die Polizisten führten mich in einen kleinen Raum und stellten mir unzählige Fragen. Fieberhaft überlegte ich, was zu tun sei. Ich war so dumm gewesen, den Rest meines südafrikanischen Bargelds bei Goba zurückzulassen. Ich hatte keinen einzigen Penny, um zu telefonieren. In meinem Handy war bereits die Chipkarte aus Ruanda. Ich hatte nicht einmal die Telefonnummer von Sister Mary bei mir. Wie konnte ich nur so dumm sein?! Ich war wütend auf mich selber. Gleichzeitig musste ich gefasst bleiben. Ich erzählte der Polizistin einen Teil meiner Geschichte und sie hörte aufmerksam zu.

»Rufen Sie Nelson Mandela an«, sagte ich schließlich, »er kennt mich. Er kennt meine Geschichte. Er wird Ihnen bestätigen, wer ich bin.«

Sie schaute mich irritiert an und sagte nichts.

»Der südafrikanische Konsul in Deutschland kennt meine Geschichte auch. Bitte versuchen Sie, ihn zu erreichen. Er wird Ihnen alles ganz genau erklären.«

Dann fiel mir ein, dass ich die deutsche Ausgabe meines Buches im Gepäck hatte. Die englische Ausgabe hatte ich leider verschenkt. Mit zitternden Fingern blätterte ich im Fototeil in der Mitte des Buches.

»Schauen Sie! Das bin ich mit Nelson Mandela. Und dort sehen Sie mich mit Bill Clinton!«

Sie schien überrascht zu sein und hörte nun aufmerksam zu, als ich ihr von Peter, dem kleinen Haus in Soweto, von Goba und von Sister Mary erzählte. Ich erzählte ihr die ganze Geschichte von der Suche nach meiner Tochter und von meinem Leben in Dänemark. Irgendwann sah ich das Glänzen in ihren Augen.

»Wir afrikanischen Frauen müssen so viel Leid ertragen. Das ist ungerecht. Wann wird das endlich aufhören?«

Sie telefonierte, aber ich verstand nicht, worum es ging. An der Wand hing eine Uhr. Noch hatten wir unseren Flug nicht verpasst. Wenigstens daran hatte ich gedacht: rechtzeitig am Flughafen zu sein, falls es Komplikationen gab. Moses und Ebby fieberten in diesem Moment mit uns. Das wusste ich.

»Warum fliegen Sie nach Kenia, wenn Sie nach Ruanda wollen?«, fragte sie mich.

»Es war die günstigste Verbindung, soweit ich weiß.«

Da meine Geografiekenntnisse äußerst schwach waren und es mir egal war, ob ich fünf oder acht Stunden in einem Flugzeug saß, nahm ich immer die kostengünstigste Verbindung. Ob es sich dabei um Umwege handelte, wusste ich meistens nicht einmal.

Als Destiny zu mir gebracht wurde, atmete ich erleichtert auf. Die Polizistin drückte meine Hände und ich sah die Tränen in ihren Augen. Destiny und ich durften gehen. Vor uns lag ein langer Gang, der zu den verschiedenen Gates führte. Meine Tochter blieb stehen und fing an zu weinen.

»Destiny, mein Engel, bitte weine jetzt nicht. Hier hängen überall Kameras. Wenn die Polizisten dich jetzt weinen sehen, dann denken sie vielleicht, du willst nicht mit mir kommen. Bitte sei stark! Tu es für mich! Bitte! Lass uns weitergehen.«

Sie wischte sich die Tränen ab und ging weiter. Immer wieder nahm sie eine Hand vors Gesicht, um ihre Tränen zu verstecken. Aus den Augenwinkeln sah ich einen Weihnachtsbaum und hätte auch losheulen können. Die Maschine stand zum Abflug bereit. Jeder Schritt wog schwer. Noch waren wir nicht in Sicherheit. Ich hatte Angst, sie würden uns zurückrufen. Vielleicht hatten sie es sich anders überlegt. Der Flug nach Nairobi wartete auf uns. Eine Mitarbeiterin stand allein am Gate und schaute in unsere Richtung. Sie hatte ein Funkgerät in der Hand. Wir gingen schneller. Sie schaute kurz in die andere Richtung, dann wieder zu uns herüber. Sie hantierte an der Türverriegelung.

Lieber Gott! Wenn du uns in dieses Flugzeug einsteigen lässt und zu meinen Söhnen fliegen lässt, dann beginnt das schönste Weihnachtsfest meines Lebens. All die vielen Feste zu Christi Geburt, die ich in meinem Leben verpasst habe, werde ich mit diesem einzigartigen Weihnachten nachholen. Bitte, lieber Gott! Lass meine Tochter und mich mit dieser Maschine abheben!

Als wir an Bord gingen, hatte Destiny ihre Tränen besiegt. Sie schluckte noch einmal, schaute sich in der Maschine um und dann nahmen wir unsere Sitze ein. Ich war vollkommen erschöpft, aber gleichzeitig überwältigte mich das Glück und ich fühlte wohlige Schauer. Ermattet und selig hielt ich die Hand meiner Tochter. Es war Mitternacht und wir kamen den Sternen immer näher.

In Nairobi musste ich diverse Formalitäten für unseren Anschlussflug regeln und dabei bemerkte ich die bewundernden Blicke meiner Tochter. Sie schien es zu genießen, dass ihre Mutter sich in der großen und weiten Welt auskannte. Als wir auf unseren Flug nach Kigali warteten, waren die Sorgen von uns abgefallen. Wir fotografierten uns gegenseitig, schnitten lustige Grimassen und wünschten allen Leuten, die uns anschauten, ein *Merry Christmas!*

»Ich bin sehr aufgeregt, meine Brüder zu treffen«, sagte Destiny, und ich drückte ihre Hand.

Der Flug bei Tageslicht über das südliche Afrika gefiel meiner Tochter. Unentwegt schaute sie aus dem Fenster, drehte sich manchmal zu mir um und lächelte.

Als wir uns zur Landung anschnallen sollten, verging jede einzelne Sekunde viel zu langsam. Ich wollte endlich da sein.

Ich sah sie schon von weitem. Meine beiden Jungen hielten Blumen in den Händen und reckten ihre Hälse. Als sie uns entdeckten, riefen sie: *Welcome home Mummy! Welcome home sister!*

Sie übergaben uns die Sträuße, nahmen mich in den Arm und reichten Destiny die Hand. Ich war so stolz auf die beiden. Sie trugen unsere Taschen, fragten Destiny immer wieder, wie es ihr gehe und wie ihr der Flug gefallen habe. Ihre Schwester war noch ein wenig zurückhaltend, aber sie schaute die Brüder mit großen und neugierigen Augen an.

Moses und Ebby hatten unser Haus dekoriert und die schönsten Blumen in Destinys Zimmer gestellt. Unsere Kleine war überwältigt. Noch vor wenigen Monaten hatte sie keine Familie gehabt und nun gab es plötzlich eine Mutter, zwei Brüder und ein neues Zuhause.

Ich schaute meine drei Lieblinge an. Alle meine Wünsche waren erfüllt worden.

Am nächsten Morgen hörte ich Moses' Stimme neben mir. Er saß auf dem Bett und strich mir übers Haar.

»Mummy, wach auf! Ich habe eine Überraschung für dich.«

»Lass mich bitte schlafen. Ich bin noch ganz müde!«

»Nein! Du musst aufstehen! Ich will dir etwas zeigen. Komm schon! Du sollst die Erste sein!«

»Was ist es denn?«

»Dafür müssen wir in den Garten gehen.«

Mühsam öffnete ich meine Augen, obwohl ich den wunderbaren und sorglosen Schlaf der letzten Nacht gern noch länger genossen hätte. Er nahm mich an die Hand und zog mich nach draußen. Es war kaum hell geworden und die Morgenluft umgab uns mit wohltuender Frische.

»Jetzt mach deine Augen zu!«, sagte Moses und führte mich über den Rasen. Ich fühlte das feuchte Gras unter meinen nackten Füßen. Behutsam führte er mich den kleinen Hang hinunter.

»Und jetzt darfst du schauen!«

Mitten im Garten standen wir vor einem geschmückten Weihnachtsbaum. Moses hatte die kleine Pinie, die ich im letzten Jahr gepflanzt hatte, mit Schokolade, Sternchen und Papierblumen behängt. Es sah wunderschön aus. Ein afrikanischer Weihnachtsbaum.

»Merry Christmas, Mummy!«

»Merry Christmas, my sweetheart!«

Wir umarmten uns und ich erfreute mich an meinem Sohn und der liebevollen Dekoration des Baums.

»Komm, lass uns deine Geschwister wecken!«

Wenig später saßen wir gemeinsam neben dem Baum, wünschten uns *Merry Christmas* und naschten die Schokoladenweihnachtsmänner, die ich aus Dänemark mitgebracht hatte.

Bildnachweis

Privatarchiv China Keitesi: S. 1, S. 2, S. 3, S. 5, S. 8

missio/Harald Oppitz: S. 6 oben und unten

missio/Markus Passeva: S. 6 Mitte

Privatarchiv Bruni Prasske: S. 7

KINDER IM KRIEG

STOP

HILFE FÜR EHEMALIGE KINDERSOLDATEN
UND AFRIKANISCHE KRIEGSOPFER E.V.
Eine Initiative der ehemaligen Kindersoldatin China Keitetsi

WERDEN SIE FÖRDERMITGLIED!

MIT 10 € IM MONAT fördern Sie z.B. den Bau und Unterhalt eines Kinderheimes in Ruanda.

MIT 20 € IM MONAT unterstützen Sie einen Schüler mit Schulgeld.

- Ihre Spende ist steuerlich absetzbar
- Wir informieren Sie über das Projekt im jährlichen Newsletter
- Sie können jederzeit ohne Angabe von Gründen kündigen

STOP

DEUTSCHER FÖRDERVEREIN
Hilfe für ehemalige Kindersoldaten
und afrikanische Kriegsopfer e.V.
Gemeinnütziger Verein

INFORMATION UND FORMULARE
Claus Schmidt (Projektkoordinator)
E-Mail: clausschmidt@chinakeitetsi.info
Telefon: 0441 · 15406
Web: www.chinakeitetsi.info

China Keitetsi

Sie nahmen mir die Mutter und gaben mir ein Gewehr

Mein Leben als Kindersoldatin

ISBN 978-3-548-36481-0
www.ullstein-buchverlage.de

Die achtjährige China Keitetsi aus Uganda wird von Soldaten in ein Rekrutierungslager verschleppt und lernt dort den Umgang mit der Waffe. Schon bald kämpft sie als Frontsoldatin und Leibwächterin für hohe Militärs, von ihren erwachsenen Führern zum Morden gezwungen und vergewaltigt. Nach Jahren des Krieges und Missbrauchs gelingt ihr im Alter von neunzehn Jahren endlich die Flucht. Erstmals berichtet hier eine Betroffene von ihrem Leben als Kindersoldatin.

»Eine herbe und aufwühlende Lektüre.« *Die Zeit*

US67

ullstein

Sueli Menezes · Bruni Prasske

Amazonaskind

ISBN 978-3-548-36829-0
www.ullstein-buchverlage.de

Mitten im brasilianischen Dschungel, am Amazonas, kommt Sueli Menezes zur Welt – und wird von ihrer Mutter ausgesetzt, vor der Tür einer fremden Familie. Ihre Kindheit ist geprägt von den Gefahren des tropischen Regenwaldes und der Brutalität des Pflegevaters, der über die Familie herrscht wie ein Tyrann. Eines Tages beobachtet ein französischer Ingenieur, wie das sechsjährige Mädchen misshandelt wird. Er bietet Sueli an, sie in die Großstadt Manaus mitzunehmen und für sie zu sorgen. Suelis Leben nimmt eine unverhoffte Wendung …

»Die Geschichte von Sueli Menezes liest sich wie ein Roman, aber geschrieben hat sie das Leben.« *Journal für die Frau*

»Die fesselnde Geschichte einer starken Frau, die sich trotz aller Rückschläge nicht unterkriegen lässt.« *dpa*

US230

ullstein

Waris Dirie

Schmerzenskinder

ISBN 978-3-548-36886-3
www.ullstein-buchverlage.de

Bestsellerautorin und UN-Sonderbotschafterin Waris Dirie, die im Alter von fünf Jahren die Qualen der Beschneidung erlebte, war die erste Frau, die öffentlich über diese schlimme Folter sprach. Jetzt erzählt sie ihr Leben weiter, von dem Tag an, als sie ihr Schweigen brach: Sie berichtet von Begegnungen mit Opfern und Tätern, von den mühsamen Recherchen, von Rückschlägen und Erfolgen. *Schmerzenskinder* ist in vielerlei Hinsicht ein erschütterndes Buch, doch es ist auch ein Buch voller Kraft und Hoffnung für Millionen Frauen in aller Welt.

»Dieses Buch macht Hoffnung!« *Woman*

»Einfühlsam erzählt Waris Dirie von ihren Treffen mit den Opfern – und gibt den ›Schmerzenskindern‹ eine Stimme.« *Alles für die Frau*

US236

ullstein

JETZT NEU

Aktuelle Titel | Login/ Registrieren | Über Bücher diskutieren

Jede Woche vorab in einen brandaktuellen Top-Titel reinlesen, ...

... Leseeindruck verfassen, Kritiker werden und eins von **100** Vorab-Exemplaren gratis erhalten.

vorablesen.de